人的資本可視化ハンドブック

Excelでできる
データ集計 分析 資料作成

Fフロンティア株式会社／社会保険労務士
深瀬 勝範［著］

日本法令®

はじめに

2022年8月、内閣官房より、人材に関する情報開示を企業に求める「人的資本可視化指針」が公表されました。

これからの日本企業は、自社の従業員に関する様々な情報を、ホームページに掲載するなどの方法により、投資家や労働者に対して開示していかなければなりません。経営層が、自社の従業員の状況に関して社外に説明する機会も増えるでしょう。

これに伴い、人事関係者は、「人的資本の状況を整理した資料を作成し、投資家、労働者、経営層などに提出する」という、新たな役割を担うことになります。

人的資本の状況を整理した資料は、「見やすさ・わかりやすさ」が重要です。見栄えが良く、言いたいことがしっかりと伝わるような資料にしないと、投資家などは見向きもしてくれません。

そして、見やすい、わかりやすい資料を作成するためには、次の3点がポイントになります。

図表(グラフ)を効果的に用いる

「従業員の高齢化が進んでいます」と言葉や文章で説明するよりも、従業員の平均年齢が年々上昇している折れ線グラフなどを示したほうが、手っ取り早く、かつ正確に状況を伝えることができます。

業界水準や同業他社のデータとの比較を行う

「売上高に占める人件費の比率が高い」というよりも、「人件費比率は、業界水準50％に対して当社は55％」のようにデータの比較を用いた説明のほうが、問題点が明確に伝わります。

状況が生じる要因や根拠などを合理的に示す

「男女の賃金差異が大きい」という説明だけではなく、その差異を生じさせている要因（例えば「女性管理職比率が男性と比べて低いことによる」など）を合理的に示すことが必要です。説明を受ける側は、要因や根拠などを納得しない限り、「状況がわかった」とは言ってくれないのです。

これらのポイントを押さえた資料を作成する上では、パソコンの表計算ソフト（エクセル）を使いこなすスキル、インターネットを通じて業界水準のデータ等の情報を収集するスキルが欠かせません。

本書は、人的資本の状況のグラフ化、業界水準との比較、根拠を示した説明の仕方などの具体的な方法をまとめたハンドブックです。本書を参考にしていただければ、誰でも、見やすくてわかりやすい資料を作成することが可能です。そして、資料作りを繰り返して何回か行った頃には、エクセルを使いこなすスキルやインターネットから情報を収集するスキルが、自然と身に付いていることでしょう。

このようにして身に付いた「見える化」や「情報収集」に関するスキルは、人的資本に関する資料作りの場面だけではなく、ビジネスにおける様々な場面で役立つものになると思います。

本書が、人的資本に関する資料作りを行う人事関係者、そして様々な場面で資料作りを行うビジネスパーソンの一助になれば、幸いです。

2023年10月

Fフロンティア株式会社
深瀬勝範

※本書では、パソコンの表計算ソフトとして、米国 Microsoft Corporation の「Excel」を使用しています。なお、本書においては、以下、「エクセル」と表記します。
※パソコン操作の説明は「エクセル 2019」を使用して行っています。なお、本書で説明している内容は、2019 以外のバージョンのエクセルでも適用することができます。
※「Excel」は、米国 Microsoft Corporation の登録商標です。その他、本書中のシステム名や製品名には、各社の登録商標または商標を表記していることがあります。なお、本書では、TM、® は記載していません。
※本書は、エクセル操作の説明において、次の用語を使っています。
　タ　　ブ：シートの上方に表示される、「ファイル」「ホーム」などの操作の分類が示された部分
　リ ボ ン：タブの下に表示される、操作（ボタン）を選択するための部分
　ボックス：セルなどを右クリックしたときに表示される、次に行う操作をまとめた部分

▷エクセル操作の説明で使用する用語

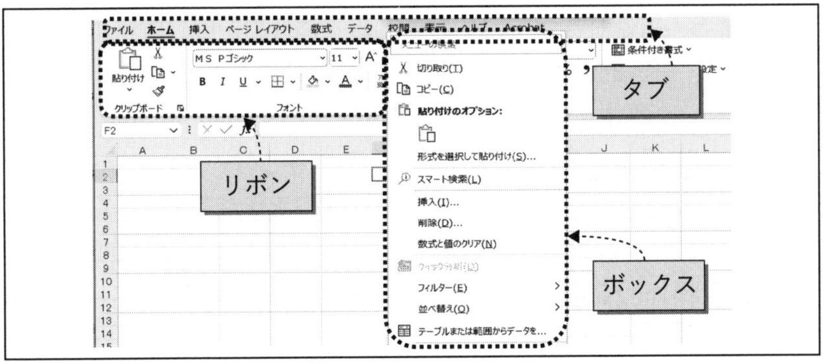

目　次

第1章 「人的資本の情報開示」と資料作りのポイント

第2章 グラフによるデータの「見える化」

第3章
数値や表によるデータの「見える化」

第4章
人的資本指標の算出と統計データ等の収集

第5章
人的資本に関する資料作りの事例

凡例

本書では、法令等の表記につき、本文等で以下のように省略しています。

正式名称	略称
青少年の雇用の促進等に関する法律	若者雇用促進法
女性の職業生活における活躍の推進に関する法律	女性活躍推進法
育児休業、介護休業等育児又は家族介護を行う労働者の福祉に関する法律	育児・介護休業法
労働施策の総合的な推進並びに労働者の雇用の安定及び職業生活の充実等に関する法律	労働施策総合推進法
高年齢者等の雇用の安定等に関する法律	改正高年齢者雇用安定法
障害者の雇用の促進等に関する法律	障害者雇用促進法

※令和５年８月時点の法令に基づいています。

第１章

「人的資本の情報開示」と資料作りのポイント

1 「人的資本の情報開示」の動きと企業の対応

1 「人的資本」とは

「人的資本（Human Capital）」とは、人材を事業活動において価値を産み出す「資本」と捉える言葉です。この言葉は、1960 年代にアメリカの経済学者ゲイリー・ベッカーらによって広められたといわれています。

それまでは、人材を捉えるときには「人的資源（Human Resource）」という表現が用いられていました。そこでは、人材は「企業が事業活動のために使用する労働力」であり、人材にかかる費用は「今期支出したコスト」と考えられていました。これに対し、「人的資本」という言葉は、人材を「知識、スキル、経験を保有し、事業活動における価値創造の源泉」と捉えて、人材にかける費用は「企業の成長に向けての投資」と考えます。

人材が行う仕事は、「物を作る、運ぶ」等の身体的労働から、「開発する、サービスを提供する」等の知的労働へと移行してきています。今後、人材の持つ知識やスキルを重視する「人的資本」の捉え方はさらに広がり、社会に定着するものと考えられます。

▷ **「人的資源」と「人的資本」**　　【図表１－１】

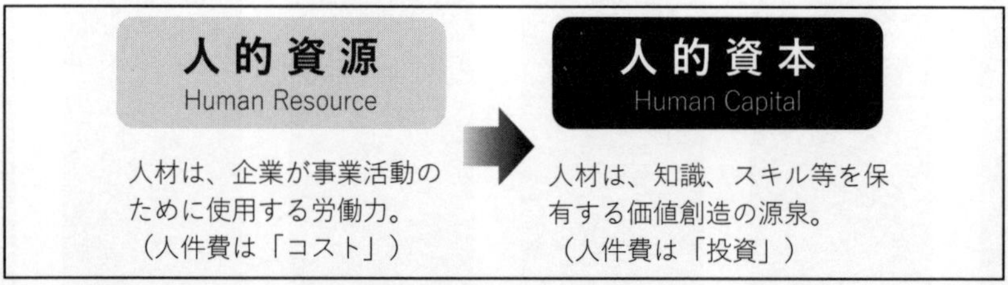

2 「人的資本の情報開示」が求められる背景

近年、企業に人的資本に関する情報を開示することを求める動きが活発化しています。

その主な背景としては、次の3つが挙げられます。

◆ESG投資の拡大

ESG投資とは、環境（Environment）、社会（Social）、企業統治（Governance）に対する取組みを重視して行われる投資のことです。2005年頃から欧米で始まり、2020年において、その額は全世界で約3,900兆円に達し、全運用資産の35.9%を占めています。投資家は、ESG投資先を選別するにあたり、企業に対して、環境配慮・社会貢献・企業統治に関する情報の開示を求めるようになりました。その中には、人的資本に関する情報も含まれます。

企業は、新たな投資を呼び込むために、「教育研修に力を注いでいる」「ダイバーシティを推進している」等の情報を開示し、投資家にアピールすることが必要になったのです。

◆人材確保への関心の高まり

知的労働が仕事の中心となると、「専門知識・技術を持ち、大きな成果を出す人材の確保」が、事業運営における最も重要な課題となります。どの企業も、優秀な技術者や経営者を欲しがり、その結果、世界中で人材獲得競争が激化しました。

このような状況のなか、投資家も、投資先の「人材の採用・育成」や「経営者候補の準備」等に高い関心を持つようになり、企業に対して、これらに関する情報開示を求めるようになったのです。

◆ブラック企業の社会問題化

「ESG投資の拡大」と「人材確保への関心の高まり」は、人的資本の情報開示が行われる背景として世界共通のものですが、3つ目の「ブラック企業の社会問題化」は日本独特のものです。

2000年以降、日本では、募集時に虚偽の情報（あるいは虚偽に近い情報）を流して労働者や学生を誘い込み、入社後に劣悪な条件・環境の下で働かせる、いわゆる「ブラック企業」が社会問題化しました。労働者や学生は、ブラック企業を見抜くため、労働条件や職場環境に関する正しい情報を流すことを企業に対して求めました。これを受け、行政（主に厚生労働省）も、事業主に対して職場情報の公表を義務付ける法改正等を行いました。

こうした一連の流れから、企業は、採用者数や育児休業取得状況等の情報を労働者向けに開示するようになっています。

3 「人的資本の情報開示」に関する基準やガイドライン

「人的資本の情報開示」への社会的要求が高まり、実際に行う企業が増えると、それに関する基準・ルールの制定が必要になります。そこで各種機関は次の基準やガイドラインを策定しました。

◆ GRIスタンダード

国際的な非営利団体であるGRI（Global Reporting Initiative）が2016年に公表した、企業が経済、環境、社会に与えるインパクトを報告し、持続可能な発展への貢献を説明するためのフレームワークです。同様の基準に、国際会計基準（IFRS）財団傘下のISSB（International Sustainability Standards Board）が、ESG情報の国際的な開示基準として策定した「IFRSサステナビリティ開示基準」(2023年1月現在では「公開草案」）があります。

◆ISO30414

国際標準化機構（ISO）が2018年に策定した、人的資本の情報開示に関するガイドラインです。11の領域と58の項目で構成されており、大企業と中小企業に分けて、社内で議論する項目と対外的に開示する項目が示されています。

◆コーポレートガバナンス・コード

金融庁と東京証券取引所が2015年に公表した、企業統治の原則を示した指針です。基本原則の1つに「適切な情報開示と透明性の確保」が盛り込まれており、具体的には次の記述があります。

> コーポレートガバナンス・コードより一部抜粋
>
> 【基本原則3】
>
> 上場会社は、会社の財政状態・経営成績等の財務情報や、経営戦略・経営課題、リスクやガバナンスに係る情報等の非財務情報について、法令に基づく開示を適切に行うとともに、法令に基づく開示以外の情報提供にも主体的に取り組むべきである。
>
> その際、取締役会は、開示・提供される情報が株主との間で建設的な対話を行う上での基盤となることも踏まえ、そうした情報（とりわけ非財務情報）が、正確で利用者にとって分かりやすく、情報として有用性の高いものとなるようにすべきである。
>
> 補充原則
>
> 3－1③　上場会社は、経営戦略の開示に当たって、自社のサステナビリティについての取組みを適切に開示すべきである。 また、人的資本や知的財産への投資等についても、自社の経営戦略・経営課題との整合性を意識しつつ分かりやすく具体的に情報を開示・提供すべきである。（後略）

◆人的資本可視化指針

内閣官房が2022年8月に公表した、情報開示の在り方、既存の基準といった人的資本情報の活用方法等を整理したガイドラインです。

人的資本に関する19項目（【図表1－2】参照）について、4つの基準（価値向上、リスク管理、独自性、比較可能性）から情報開示を求めています。

参考までに、「人的資本可視化指針」に示された19の開示項目とISO30414等の各種基準で挙げられた人的資本情報を対比させると次のようになります。

▷「人的資本可視化指針」と各種基準の開示情報の比較 【図表1－2】

「人的資本可視化指針」で示された19項目		各種基準で挙げられた人的資本情報の例
育成	①リーダーシップ	管理職1人当たり部下の数（I）
	②育成	従業員1人当たり研修時間（I,W,G,E）、研修費用（I,W,E）
	③スキル／経験	プログラムの種類、対象、支援（G）、研修受講者割合（I）
④エンゲージメント		従業員満足度（I,S）
流動性	⑤採用	新規採用数（G）、1人当たり採用コスト（I）
	⑥維持	離職率（I,S,G）、社内人材でのポジション充足率（I）
	⑦サクセッション	幹部候補の準備度（I）、 重要ポジションの内部充足率（I）
ダイバーシティ	⑧ダイバーシティ	年齢・性別構成比（I,W,G,S,E）、リーダーの多様性（I）
	⑨非差別	差別事例の発生件数、対応措置（W,G,E）
	⑩育児休業	育児休業取得率（G,E）、育児休業者復職率（G,E）
健康・安全	⑪精神的健康	精神疾患による休業者数（I,W,G,E）
	⑫身体的健康	身体疾患による休業者数（I,W,G,E）
	⑬安全	労災の発生件数・死亡者数（I,W,G,S,E）、安全教育（I,W,G,S）
労働慣行	⑭労働慣行	平均時給（I,S）、週48時間労働を超える労働者割合（E）
	⑮児童労働／強制労働	人権レビュー等の対象となった事業（所）の総数・割合（W,G）
	⑯賃金の公平性	男女間・正規・非正規間の賃金差異（I,W,G,E）
	⑰福利厚生	福利厚生の種類、コスト（G,E）
	⑱組合との関係	労働争議の発生件数、業務停止日数、措置（G,E）
⑲コンプライアンス／倫理		懲戒処分、ハラスメントの種類と発生件数（I,G,E）

※各種基準とは以下の5つを指し、「人的資本可視化指針」で示された項目と重なる内容を持つ基準は、その頭文字を記載しています。
I：ISO30414　W：WEF（World Economic Forum）　G：GRI（Global Reporting Initiative）S：SASB（Sustainability Accounting Standards Board）　E：ESRS（European Sustainability Reporting Standard）

これらの基準やガイドラインでは、人的資本情報のリストは示されているものの、特定の項目や情報について開示を義務付けているわけではありません。したがって、各企業は、これらの基準やガイドラインで示された考え方や開示項目を参考にして、それぞれの判断で開示する人的資本情報を決定することになります。

4　雇用状況等の情報公表を定めた労働法令

雇用状況等に関する情報の公表を事業主に義務付けた労働法令としては、次のものがあります。一定規模以上の企業は、これらの人的資本情報を開示することが必要です。

◆若者雇用促進法

応募者、ハローワーク、職業紹介事業者等から求めがあった場合は、下記の（A）～（C）の３類型それぞれについて１つ以上の情報提供が必要です。

（A）募集・採用に関する状況
- 過去３年間の新卒採用者数・離職者数
- 平均勤続年数　等

（B）職業能力の開発・向上に関する状況
- 研修の有無および内容
- 自己啓発支援の有無および内容　等

（C）企業における職場定着に関する状況
- 前年度の月平均所定外労働時間の実績
- 有給休暇の平均取得日数　等

◆女性活躍推進法

常時雇用する労働者が301人以上の事業主は、（A）～（C）の３項目の情報を公表することが必要です。

(A) 女性労働者に対する職業生活に関する機会の提供に関する実績（「採用した労働者に占める女性労働者の割合」「管理職に占める女性労働者の割合」等の8項目から1項目選択）

(B) 男女の賃金の差異

(C) 職業生活と家庭生活との両立に資する雇用環境の整備に関する実績（「労働者の1月当たりの平均残業時間」「有給休暇取得率」等の7項目から1項目選択）

なお、常時雇用する労働者が101人以上300人以下の事業主も、上記の（A)～(C）でリストアップされた計16項目から任意の1項目以上の公表が必要です。

◆育児・介護休業法

常時雇用する労働者が1,000人を超える事業主は、2023年4月より、（A）か（B）を年1回公表することが必要です。

(A) 男性の育児休業等の取得割合

(B) 男性の育児休業等と育児目的休暇の取得割合

◆労働施策総合推進法

常時雇用する労働者が301人以上の事業主は、直近3事業年度の各年度について中途採用比率（採用した正規雇用労働者のうち、新規学卒等以外の雇入れで採用した人の比率）を公表することが必要です。

5 有価証券報告書への人的資本情報の記載の義務化

2023年1月31日、「企業内容等の開示に関する内閣府令等の一部を改正する内閣府令」が公布・施行されました。ここでは、次の事項が定められています。

・人材の多様性の確保を含む人材育成の方針や社内環境整備の方針および当該方針に関する指標の内容等について、サステナビリティ情報の記載欄の「戦略」と「指標および目標」における必須記載事項とする。
・提出会社やその連結子会社が「女性管理職比率」、「男性の育児休業取得率」および「男女間賃金格差」を公表する場合には、これらの指標について、有価証券報告書においても記載を求める。

これにより、2023年3月期以降、上場企業等は有価証券報告書に人的資本に関する情報を記載することが義務となりました。

6 「人的資本の情報開示」の動きのまとめ

ここまでの説明をまとめると、「人的資本の情報開示」は、投資家および労働者からの要求が強くなってきたことを受けて始まったといえるでしょう。

投資家からは、ESG投資の拡大や人材確保への関心の高まり等を背景として、2010年頃から人材育成やダイバーシティ推進等の人的資本情報に対する開示要求が強まりました。これに対して、企業は、ESGへの取組みをまとめた「統合報告書」を作成するなどして、投資家への情報開示を進めました。そして、このような企業が増えてきたため、情報開示に関する基準やルールの整備が必要になり、ISO30414等のガイドラインが策定され、また金融庁等はコーポレートガバナンス・コードを通じて企業による適切な情報開示の必要性を明確に示しました。

労働者からは、ブラック企業が社会問題化したことを背景として、働き方や職場環境等に関する情報開示を企業に強く要求するようになりました。この動きを受けて、行政は、一定規模以上の企業

に、特定の人的資本情報の開示を義務付けました。

投資家と労働者の2方向からの要求が強まり、企業としても、人的資本の情報開示に取り組まざるを得ない状況になってきました。

2022年、このような動きを加速化させる出来事が発生します。

政府が策定した「新しい資本主義のグランドデザイン及び実行計画」において、「人的資本等の非財務情報の株式市場への開示強化」および「男女間の賃金差異の開示義務化」という2つの方針が示されたのです。さらに、この方針が公表された翌月（2022年7月）には、女性活躍推進法の省令・告示が改正され、常用労働者301人以上の企業に対し、男女の賃金差異に関する情報公表が義務化され、また翌々月（2022年8月）には、人的資本の情報開示の在り方等を定めた「人的資本可視化指針」が策定されました。これらの一連の出来事は、政府が情報開示の促進に本腰を入れて取り組む姿勢を示したものと捉えられます。

2023年1月には、内閣府令の改正により、有価証券報告書に人的資本情報を記載することが義務付けられました。これにより、日本企業における「人的資本の情報開示」が、いよいよ本格的にスタートしたのです。

▷「人的資本の情報開示」の動きと企業の対応 【図表1－3】

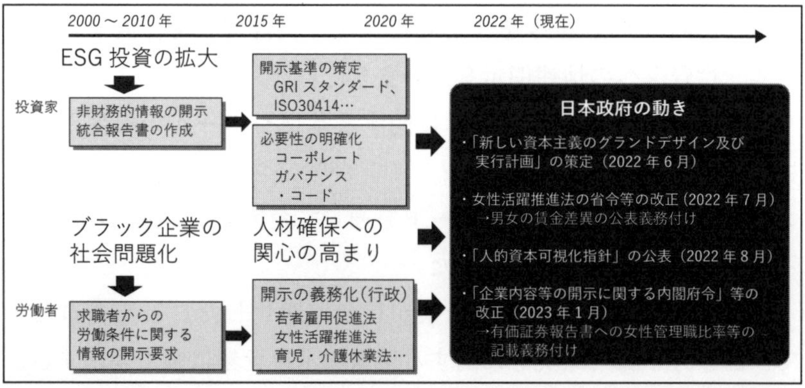

2 「人的資本の情報開示」のポイント

「人的資本の情報開示」では、２つのポイントがあります。

情報の開示先と開示する内容を明確にする

１つ目のポイントは、「情報の開示先と開示する内容を明確にする」ことです。主な情報の開示先および開示内容は、大きく分けると次の２つとなります。

①投資家等に対して、人材育成や人件費等に関する情報を開示
②労働者等に対して、働き方や職場環境に関する情報を開示

基本的に、①は主に上場企業、②は非上場の中小企業を含むすべての企業が実施することになります。なお、中小企業であっても、企業イメージ向上のために①を積極的に行うことが望ましいです。

各企業は、「人的資本可視化指針」等を参考にして、情報の開示先や開示内容を社内で決めていくことが必要です。

開示情報およびその関連情報については、しっかりと説明できるようにしておく

「人的資本の情報開示」の２つ目のポイントは、「開示情報およびその関連情報については、しっかりと説明できるようにしておく」ことです。

投資家や労働者から開示情報に関して質問されることが予想されるので、経営者や人事関係者は、しっかりと回答できるように準備しておくことが必要です。「人的資本の情報開示」を進める

人は、情報開示には説明責任が伴うことを忘れないようにしてください。

さて、ここで重要になることは、説明の仕方です。

投資家や労働者は、基本的に、投資先あるいは勤務先を選択するために、他の企業との比較を行いながら情報をチェックします。ですから、説明の仕方が下手な場合、情報を十分にチェックせずに、他の企業の情報を見にいってしまいます。そうなれば、その企業は、投資先・勤務先に選ばれることはなくなり、情報開示を行っても無意味になってしまいます。

人事関係者にとって、2つ目のポイントである「開示情報およびその関連情報の説明」が喫緊の課題となる理由はここにあります。

今後、情報開示を行えば（また行っていないとしても）、投資家や労働者から「人的資本の詳しい状況を教えてください」という問合せが入る可能性があります。また、そのような問合せを受けた経営者が人事部門に対して資料の提出を求めてくるかもしれません。人事関係者は、これらの問合せや資料提出の要求に対して的確な対応ができるように準備しておかなければなりません。

3 人的資本に関する資料作りのポイント

人的資本情報についてしっかりと説明できるようになるためには、言いたいことを効果的に伝えることができて、かつ相手に好印象を与える資料を作ることが必要です。

このような資料のポイントは、次の2点となります。

わかりやすく、見栄えが良い

グラフや図表等を効果的に使って、言いたいことが一目でわかるように工夫しましょう。見栄えが良く、相手の興味を惹きつけるものを目指します。

論理的で、かつシンプルである

根拠や理由を示して、論理的な説明を記載しましょう。加えて、言いたいことが明確に伝わる、シンプルなものにすべきです。丁寧な説明は必要ですが、それが長かったり複雑だったりすると、かえって言いたいことが相手に伝わりません。

資料は、文章で長々と書くよりも、言いたいことが表現されているグラフや図表を使い「見える化」して示したほうがわかりやすく、見栄えも良くなります。

1 A4・横版のスライド形式の資料を作成するポイント

Microsoft社のパワーポイント等のアプリケーションを使って、わかりやすく見栄えの良い資料を作るには、次の点を意識します。

文章を少なくする

ここで作るものは、あくまでも説明に使う「資料」です。言葉数を使わなくては表現できない詳細な内容は、口頭での説明に任せて、資料ではなるべく文章を少なくしましょう。

グラフや図表で言いたいことを示したり、箇条書きを使って要点やポイントを列挙したりすることで、相手にとってわかりやすく、印象に残る資料となるように心がけます。

パワーポイントを使ってA4・横版の資料を作る場合、1スライドに載せる文字数（タイトルなどを除く）は、最大でも500字を目安にすると良いでしょう。

言いたいことが的確に伝わるグラフ等を選択する

エクセルでは、様々なグラフを作成できます。それぞれのグラフには特徴があり、例えば「折れ線グラフは時間経過に伴うデータ量の変化を示すのに適している」「円グラフはデータの構成割合を示すのに適している」などです。それらを理解した上で、言いたいことが的確に伝わるグラフを選択することが重要です。

なお、グラフではなく、単に数字で示したほうが伝わりやすい場合もあります。例えば、女性管理職比率を示すときには、10年間の推移を示した折れ線グラフを用いるよりも、「10年前20.0%⇒現在26.5%」のように数値で示したほうが、相手に伝わりやすくなります。その都度、言いたいことが最も的確に伝わる方法を選択するようにしましょう。

パワーポイントは1スライドにつき「言いたいこと1つ、図表・グラフ1つ」を原則とする

パワーポイントの1スライドに多くの言いたいことが含まれていたり、多くのグラフが示されていたりすると、メッセージが伝わりにくくなります。また、1つのことを言うために多くのグラ

フを使ったり、逆に１つのグラフから多くのことを言ったりすると、相手は何が言いたいのかわからなくなってしまいます。

ですから、１スライドにつき、「１つの言いたいことを、１つの図表・グラフで示す」ことを原則としましょう。

なお、これはあくまでも原則であって、外れても良い場合（伝わり方に支障がない場合）もあります。

【図表１－４】を参考にして、自分の資料作りのルールを決めておくと良いでしょう。

字体や色の使い方に気をつける

小さい字が並んでいたり、多くの色が使われていたりすると、資料の見栄えが悪くなります。字のサイズは、説明文は12～16ポイント、見出しは18～24ポイント、スライドのタイトルは24～32ポイントが目安で、字体は、ゴシック体や明朝体等の見やすいものが基本です。また、資料に使う色は最大で４色ぐらいとし、強調したい部分は赤色を使うなど、使い方は全体を通して統一すると良いでしょう。

根拠等をしっかりと示す

例えば、「賃金水準が高い」と言いたいのであれば、自社と業界水準のデータを比較したグラフ等を示すことが必要です。感覚的にいうのではなく、根拠や数値データ等をしっかりと示して、論理的な説明ができるような資料とすることが必要です。

できるだけシンプルにする

スライド数が多い資料は、相手の見る気を喪失させます。説明内容やプレゼンテーションにかける時間にもよりますが、基本的に１つの資料は、最大でも20スライド（表紙、目次は除く）にとどめておいたほうが良いでしょう。

▷ A4・横版のスライド形式の資料を作成する場合の原則【図表1－4】

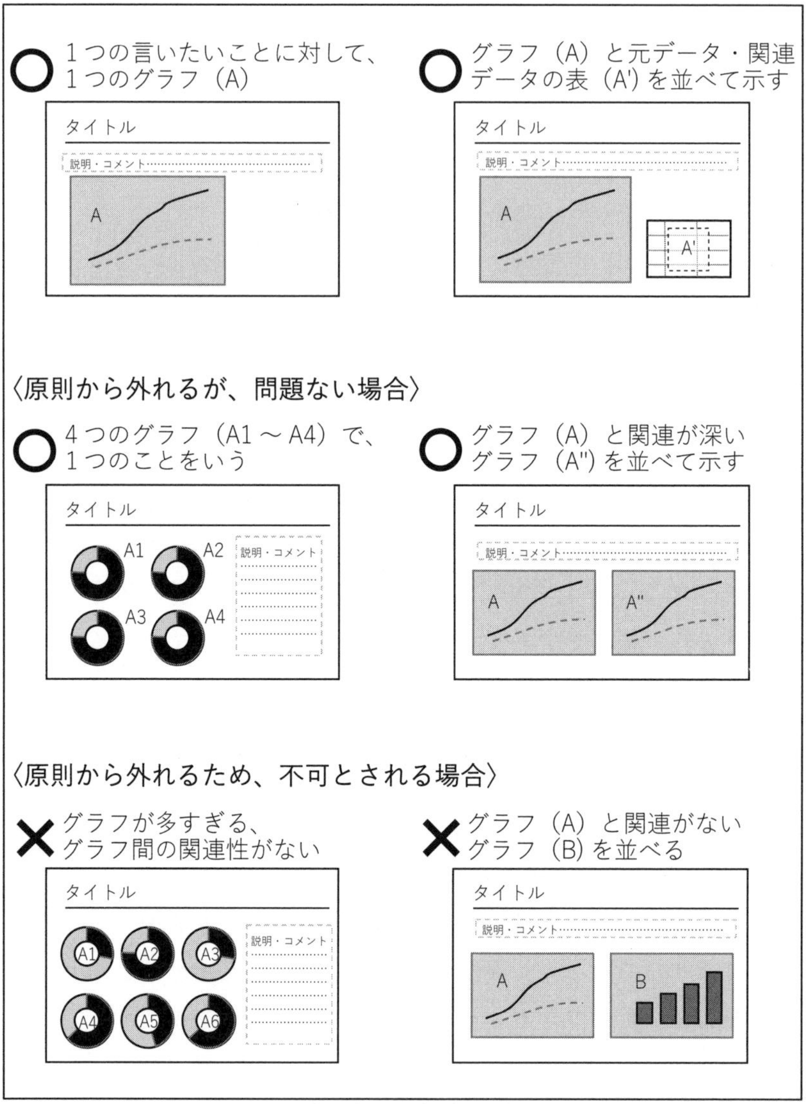

2 A4・縦版の報告書形式の資料を作成するポイント

なお、パワーポイントではなく、ワード等を使ってA4・縦版の報告書形式の資料を作成する場合は、これらの注意点のうち、「文章を少なくする」や「1スライドにつき図表・グラフ1つを原則とする」等は適用されません。字のサイズは、説明文は10.5〜11ポイント、小見出しは12〜14ポイント、各章のタイトルは16〜20ポイントが目安です。

A4・縦版の報告書形式は、説明文が中心となり、文章の間に図表を挿入することになります。この形式は、A4・横版のスライド形式と比べると、次のような長所・短所があります。

〈長所〉

・文章で詳しく説明できるため、口頭でのプレゼンテーションがなくても、相手に内容を伝えられる。そのため、資料の配布しか行わない場合などに適している。
・「言いたいこと1つを1スライドに収める」という原則を気にせずに説明を続けることができるため、スペースの無駄がない。また、両面印刷して冊子のように資料を作成できるので、紙を節約できる。

〈短所〉

・言いたいことを文章で表現することになるため、文章を書くことが苦手な人には不向き。また、文章を読むことが苦手な相手は、資料を見ようとしてくれない。
・図表が小さくなり、見づらくなってしまうことが多い。資料作りの途中で試し印刷をして、図表の大きさ等の確認が必要。
・口頭でのプレゼンテーションを行うときには、パワーポイント等でスライド形式の資料を別に作らなければならない。

▷ A4・縦版の報告書形式の資料を作成する場合の原則【図表 1 － 5】

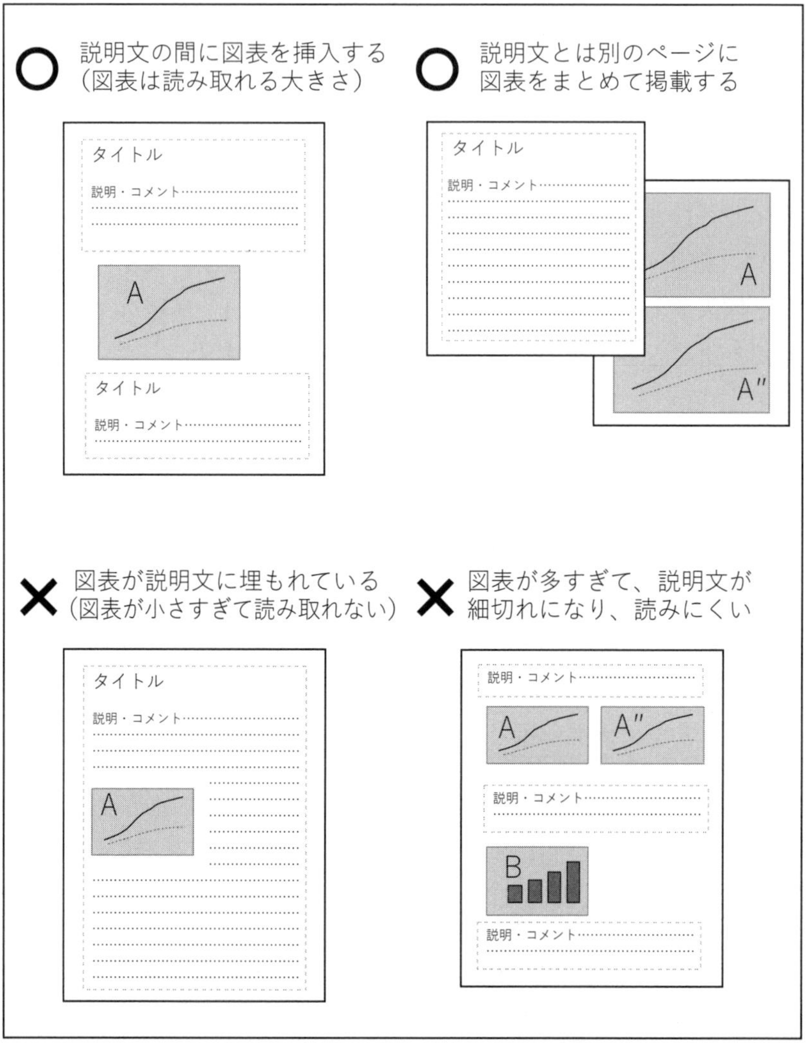

4 資料作りの進め方

人的資本に関する資料作りは、次の流れで進めます。

▷**資料作りの進め方**　【図表1－6】

STEP 1
言いたいことの明確化

STEP 2
掲載する情報および表示方法の決定

STEP 3
情報の収集、分析・見える化、掲載

STEP 4
資料を使った説明、状況の改善

STEP 1　言いたいことの明確化

資料を作るときには、それを使って説明する人の「言いたいこと」が必ず存在します。逆に言えば、説明する人の言いたいことが見えない資料は、作っても意味がありません。ですから、最初に、資料を通して言いたいことを明確にすることが必要です。

2「人的資本の情報開示」のポイントで説明したとおり、人的資本に関する資料の場合、説明する主な対象は、「投資家」あるいは「労働者（就活中の学生を含む）」ですから、説明者が言いたいことは、基本的に次のようになると考えられます。

① 投資家に対して、「当社は投資先として適している」ことを伝えたい。具体的には、資料を通して「順調に成長している」「人材確保・育成に問題はない」「ダイバーシティに対応している」等を言いたい。

② 労働者に対して、「当社は安心して働くことができる」ことを伝えたい。具体的には、資料を通して「雇用状況が安定している」「女性活躍が進んでいる」「過重労働が行われていない」等を言いたい。

ただし、上記の①、②には重複する内容もあるので、両者の区分けについて、あまりこだわる必要はありません。

以上を踏まえて、まず、資料を通して言いたいことを社内で検討し、明確にしましょう。また、経営層や上司から資料作りを依頼された場合は、資料を作る前に、依頼者に言いたいことを確認しておくと良いでしょう。

STEP 2 掲載する情報および表示方法の決定

言いたいことが明確になったら、それを効果的に示すことができる人的資本情報および表示方法（数値で示す、またはグラフ化する等）を検討します。自社が業界水準よりも良い状況であることを言いたいときには、インターネット等を通じて業界水準のデータを検索し、それと比較した結果を示します。

ここでのポイントは、資料に掲載する人的資本情報と併せて、「資料には掲載しないが、開示する情報に影響を及ぼしている情報（関係部署で定期的にチェックする情報）」も抽出しておく、ということです。

これについて、「男女の賃金差異」を例にとって説明しましょう（【図表１－７】参照）。

▷**賃金差異の発生要因と関連情報**　【図表１－７】

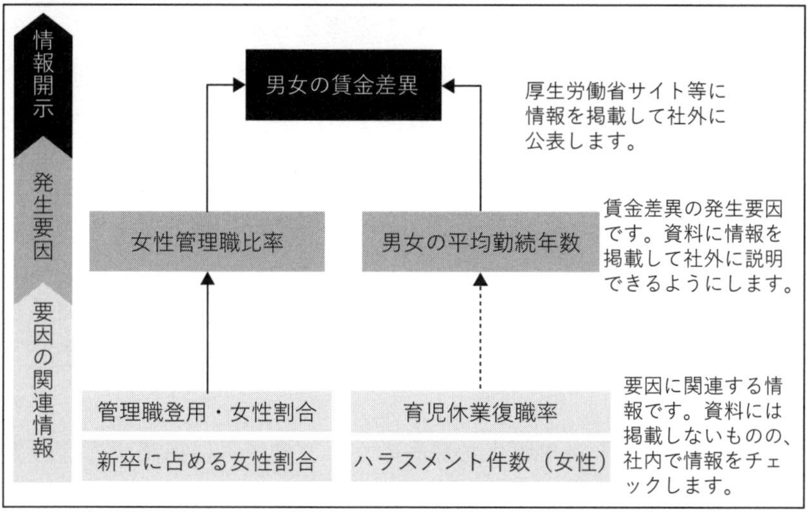

女性活躍推進法改正により、従業員301人以上の企業は「男女の賃金差異（＝女性の平均年収÷男性の平均年収）」の公表が義務付けられました。この情報を開示するのであれば、企業は賃金差異が生じる要因を説明できるようにしておく必要があります。多くの場合、「男女の賃金差異」は、「女性の管理職比率が男性と比べて低いこと」や「女性の勤続年数が男性と比べて短いこと」等の要因により生じています。

そこで、労働者等から賃金差異に関する質問がきたときに、それが生じる要因を説明できるように、資料においては、直近数年度分の「男女の管理職比率」や「男女の平均勤続年数」を掲載することが必要になります。

また、「男女の管理職比率」の違いは、管理職登用者数の男女差によって生じています。したがって、女性の管理職比率を高めていくためには、人事部門は、管理職登用者数の男女比を毎年チェックして、状況によっては、女性の管理職登用者数を増やすなどの施策を講じることが必要になります。

ただし、企業によっては「管理職登用者数のような踏み込んだデータを社外に示すべきではない」と考えるかもしれません。このような場合は、「管理職登用者数については、資料には掲載しない（労働者等への説明では数値を示さない）が、女性管理職比率に影響を及ぼす情報として、定期的に、人事部門でデータを集計・分析して、関係部署でチェックする」といったルールを定めておくと良いでしょう。

このように人的資本情報については、それぞれの関係性や開示した場合の効果・影響等を考慮すると、次の３つに分けられます。

・有価証券報告書や厚生労働省のウェブサイトに掲載する等の方法により、投資家や労働者に開示・公表するもの
・人的資本の状況を説明したり、開示情報に関する質問に対応したりするために、資料に掲載しておくもの
・開示情報に関するもので、資料には掲載しないが、状況改善のために、社内で定期的にチェックするもの

資料を作るときには、これらの区分に該当する人的資本情報および表示方法について決定することが必要です。

STEP 3 情報の収集、分析・見える化、掲載

STEP 2 で資料に掲載する人的資本情報と決定されたものについては、実際にデータを収集し、それらをエクセル等で分析、見える化した上で、資料に掲載します。ここでは、エクセルを使ってグラフを作成する、業界水準データを入手して比較する等を行っていきます。

資料を作成するときには、最初に全体の構成（目次等）を大まかに決めておくと効率的に進めることができます。また、全体の構成を決めておけば、経営層や上司から資料作りの進捗状況を尋

ねられたときに、「あと5ページで完成します」などと明確に回答できるので、焦らずに資料を作ることができます。

なお、資料の中心的な部分ができた段階で、それを使って人的資本の状況について説明する人に、内容や表示方法を確認してもらうと良いでしょう。資料を使って説明のリハーサルを行うと、ほとんどの場合、「こういう情報を追加してほしい」「このように表示してほしい」等の要望が出てきます。資料作りは、「完成してからやり直す」よりも「途中で修正しながら完成させる」ほうが楽に進めることができます。

STEP 4 資料を使った説明、状況の改善

作成した資料を使って、人的資本の状況の説明を行います。

実際に説明を行うと、説明を行った人・受けた人から「この情報も掲載したほうが良い」「こういう表示のほうがわかりやすい」等の意見が出てくるので、それらを次回の資料作りに反映させましょう。

また、意見が出てこないのであれば、資料に掲載する人的資本情報および表示方法を固定化して、毎年、データの更新だけを行うようにします。それにより、資料作りの効率化が進んだり、各年度の資料の比較が容易になったりするなどのメリットがあります。

また、資料は、投資家や労働者への説明だけではなく、社内における人的資本の改善状況のモニタリングにも活用します。

STEP 2 の段階で抽出した「資料には掲載しないが、開示する情報に影響を及ぼしている情報（関係部署で定期的にチェックする情報）」については、改善が進んでいるか、それによって資料に掲載している情報や投資家等に開示している情報についても改善が進んでいるかを社内で確認し、改善が進んでいないようであれば対策を検討します。

「人的資本の情報開示」は、投資家や労働者に人的資本の状況を伝えるだけではなく、それを通じて、社内で目標や改善点を検討し、状況そのものを改善していくことにも大きな意味があります。人事関係者は、そのことを頭に置いて、人的資本の状況改善に役立つ資料作りを行うようにしましょう。

この章では、「人的資本の情報開示」の背景やポイントおよび人的資本の資料を作るときの注意点や進め方について説明しました。

次章以降では、実際に資料を作るときの、情報の見える化（エクセルを使ったグラフの作成等）や業界水準データとの比較の仕方等を解説し、さらに資料作りの実例をご紹介していきます。

第２章

グラフによる
データの「見える化」

1 人的資本情報の「見える化」のポイント

1　人的資本情報の数値化

わかりやすく、見栄えが良い資料を作成するためには、言いたいことが含まれている情報をグラフや図表で示し、「見える化」して伝えることが効果的です。

ただし、グラフの作成は、情報が数値で示されている場合にしかできません。人的資本に関していえば、従業員数、賃金および労働時間等に関する情報は、数値で示されているのでグラフ化することができます。一方、知識・能力（例：専門性が高い）および組織風土（例：自由な雰囲気）等は、基本的には数値で示されてはいない、定性的な情報です。これらの情報を「見える化」するためには、まず、それらを数値に置き換える「数値化」が必要となります。

定性情報を数値化する手法はいくつかありますが、ここでは、その主なものを説明します。

人数、金額、時間等の数値に置き換える

「当社は技術力が高い」といっても、社外の人に「どのような技術がどれくらい高いのか」は伝わりません。しかし、「当社の設計部門は従業員300名中200名が1級建築士の資格を取得している」と言えば、大きなビルを設計できるぐらい高い技術力を持っていることが明確に伝わります。

このように、従業員の知識・能力、スキル、経験等に関する情報は、「それらに関わる国家資格等の保有者数」「世間で広く使われている能力テストの受験率や平均点」「特定の経験（海外赴任

等）をした従業員数」等、従業員数や点数といった数値に置き換えて示すことが可能です。

「資格」には、国家資格、民間資格（公的資格）の２種類があり、その内容は多岐にわたっています。また、特定の業界における能力レベルを測定する基準（「IT スキル標準」等）や検定試験（「TOEIC」等）も多数あります。インターネット等で自社の職務と関係がありそうな資格や検定試験等をピックアップして、それらの保有者数などを示せば、従業員の知識・能力を数値化することができます。

▷数値化に用いる主な資格・検定試験等 【図表２－１】

区分	内容	具体例
国家資格	国や国が委託した機関が認定する資格。その分野に関する極めて高い知識・能力を保有しているものと社会的に認められる。	弁護士、公認会計士、税理士、社会保険労務士、中小企業診断士、技能士、医師、看護師、薬剤師、介護支援専門員　等
公的資格・検定試験	行政省庁等が認定している資格・検定試験。特定の業務を行うスキルを保有しているものと認められる。	日商簿記、ビジネス・キャリア検定、リテールマーケティング（販売士）検定、実用英語技能検定（英検）　等
民間資格・検定試験	民間団体等が独自に認定する資格・検定試験。世間に広く認知されているものは、能力・スキルを測定する基準として用いることができる。	CFP、DCプランナー、アクチュアリー、MOS（Microsoft Office Specialist）、TOEIC　等
その他スキル基準等	特定の業界において、人材に求められるスキルレベル等を示した基準。	IT スキル標準　等

※近年、公的資格・民間資格・検定試験の区分は、明確に行われていません。

また、「当社は人材育成に力を注いでいる」というのではなく、「従業員１人当たりの１年間の研修費は100万円、研修時間は100時間」と金額や時間に置き換えれば、その企業の人材育成への取組み状況が明確に伝わります。

従業員の研修に要した費用や時間を算出するためには、対象範囲を明確に定めておくことが必要です。例えば「会社の命令により社外の英会話教室を受講した場合は、それらに要した費用・時間を会社に届け出ることとして、研修として扱う。一方、自分の意思で受講した英会話教室の費用・時間は本人負担として、研修として扱わない」等のルールを定めます。人材育成への取組みが明確なルールの下で数値化されることにより、年度ごとの推移を見たり、他社と比較したりすることが可能になります。

アンケートの回答を数値に置き換える

組織風土や従業員意識等を数値化するためには、アンケートによって従業員のエンゲージメントや満足度を測定し、その回答を点数に置き換える方法が広く用いられています。

例えば、「現在の待遇に満足していますか？」という質問に対する従業員の回答を次のように点数に置き換えます。

「とても満足」　　　　= 5
「ほぼ満足」　　　　　= 4
「どちらとも言えない」= 3
「不満」　　　　　　　= 2
「大いに不満」　　　　= 1

置き換えた点数の平均値を算出し、それが3より大きければ待遇に対する満足度が高い状態、逆に3よりも小さければ満足度が低い状態であると判断します。

このような点数への置き換え、平均値の算出は広く行われていますが、厳密には正しい方法とはいえません。なぜなら、ここで置き換えた5～1の数値は、単なる記号であって、大きさを示すものではないからです。例えば、「ほぼ満足」は「不満」よりも満足度が2つ分だけ大きいわけではない、という意味です。大きさを示さない記号を合計したり、平均値を出したりすることはできないのです。

アンケートの回答を正しい方法で数値化するには、各回答の数（または構成割合）を集計します。例えば、「回答した人の割合について、5が20%、3が40%、2が40%」であれば、不満度が少し高いと判断します。この分布の平均値を算出した場合、3点になり、「満足度が高いとも低いともいえない」と判断することになります（【図表２－2】 CASE i ）。しかし、5点をつけた2人の人に引きずられて、満足度が現実よりもやや上振れしています。

回答数（構成割合）を集計して分布状況を見る方法は、5~1の5つの選択肢があれば、5つの数値を見ることが必要になるので、年々の推移を見ようとすると大変です（同 CASE ii ）。

このような場合は「肯定的な回答の割合－否定的な回答の割合」を算出して回答の分布状況を1つの数値で示せば、効率的に分析することができます。例えば、前述した例の場合、「とても満足」、「ほぼ満足」と回答した割合（20%）から、「不満」、「大いに不満」と回答した割合（40%）を差し引いた「－20%ポイント」という数値で満足度が示されます（同 CASE iii ）。この手法は「D.I.（Diffusion Index）」と呼ばれ、日本銀行の業況判断等で使われています。

▷アンケートの回答の数値化　【図表２－2】

アンケートの回答

選択肢	（点数）	回答数	構成割合
とても満足	5	2	20%
ほぼ満足	4		
どちらとも言えない	3	4	40%
不満	2	4	40%
大いに不満	1		
合計		10	100%

数値化

CASE i 各選択肢の点数の平均値を算出します。
（5×2＋3×4＋2×4）÷10＝3.0

CASE ii 各選択肢の構成割合を見ます。
とても満足20%
どちらとも言えない40%
不満40%

CASE iii 肯定的回答ー否定的回答を算出します。
（20%+0%）－（40%+0%）
＝－20%ポイント

以上のとおり、アンケートの回答を数値化する方法はいくつかありますが、通常は、最初に説明した「回答を点数に置き換えて、平均値を求める」という方法を使えば良いでしょう。厳密にいえば正しい方法ではありませんが、この方法が、最も簡単に算出できて、かつ相手にとってわかりやすく、伝わりやすいからです。

2　数値化した情報の「見える化」

情報を数値化することができたら、言いたいことが相手に効果的に伝わるように、図表等に示して「見える化」します。

数値化した情報を「表」の形式で示す（例えば、エクセルシートの一部を資料にそのまま貼り付ける）ことでも問題ありませんが、できるだけグラフ等で示すほうが良いでしょう。「数値」ではなく「図形」で示したほうが、言いたいことが一目瞭然ですし、また、インパクトを与えたり、記憶に残りやすくしたりすることもできます。

エクセルを使えば、棒グラフや折れ線グラフ等の様々な種類のグラフを作成することができますが、言いたいことを伝えるのに最適なグラフを選択することが「見える化」の大きなポイントです。

言いたいことと最適なグラフの対応について大ざっぱにいえば、ある時点での数値の大きさや構成割合を言いたいのであれば「棒グラフ」や「円グラフ」が、時系列での数値の変化を言いたいのであれば「折れ線グラフ」が適しています。詳しくは、2－2　グラフの種類と特徴で説明します。

グラフではなく、表の形式で資料に掲載する場合は、文字が読みやすくなるように、また、表の中のどこに注目すれば良いのかがわかるようにすることが重要です。したがって、資料として掲載する表は、できるだけ「6行×6列」よりも小さくすることや、注目する部分・数字の色を変えることなどといった工夫が必要です。

なお、数値そのものに大きな意味がある場合（例えば、目標値を

達成した場合）には、あえてグラフや表で示さずに、数値のみを大きく表示することも効果的です。

▷「見える化」の方法 【図表２－３】

〈グラフで示す場合〉

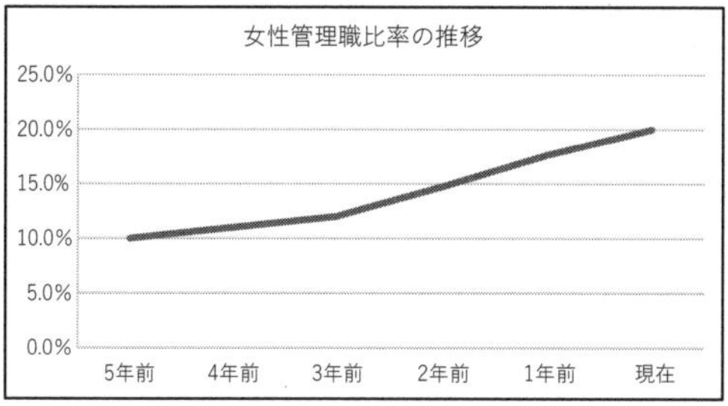

毎年、着実に比率が高まっていることを伝えやすいです。

〈数値で示す場合〉

5年前
10.0%
➡
現 在
20.0%

女性管理職比率が 20.0% に達したという現在の状況を強調して伝えられます。

〈表で示す場合〉

（単位:人）

	5年前	4年前	3年前	2年前	1年前	現在
管理職数	100	100	100	102	102	105
うち女性管理職	10	11	12	15	18	21
女性管理職比率	10.0%	11.0%	12.0%	14.7%	17.6%	20.0%

女性管理職比率がいつ、どのくらい高まったのかも伝えられます。

このように相手への伝わりやすさを考えて「見える化」の方法を選択するわけですが、これを行うためには、まず「言いたいこと」が明確になっていなければなりません。ですから、第１章 4 資料作りの進め方でも述べたとおり、資料作りにおいては、最初に「言いたいことの明確化」から始めるのです。

2 エクセルを使ったグラフの作り方

1 グラフ作成の手順

「見える化」の方法の中でも、資料作りで最も多く使われる「グラフの作成」について具体的に見ていきましょう。

エクセルを使ったグラフ作成は、一般的に次の手順で行われます。

▷グラフ作成の手順 【図表２－４】

STEP 1
言いたいことの明確化・グラフの選択

STEP 2
データの収集、整理（表の作成）

STEP 3
グラフの作成・見やすく加工

STEP 4
資料への貼付け、コメントの記入

STEP 1 言いたいことの明確化、グラフの選択

前述したとおり、最初に言いたいことを明確化し、それを最も効果的に伝えることができるグラフを選択します。

グラフを選択するスキルを高めるためには、日ごろから様々なグラフ等を見て、それらを参考にすると良いです。例えば、新聞記事やテレビの報道番組でも様々なグラフが使われています。それらを見て、「このグラフは使いやすそうだ」と思えるグラフがあったら、自分でも作成できるようにしておいてください。

STEP 2 データの収集・整理（表の作成）

グラフを作成する上で必要なデータや情報を収集します。定性的な情報であれば、1－1 人的資本情報の数値化で説明した方法により数値化します。

また、自社のデータと業界水準等を比較したグラフを作成したいときには、インターネット等を通じて統計データ等を収集します。なお、インターネット等を通じて収集できる統計データおよび入手方法については、第４章 2 人的資本指標に関する統計データ等の収集で説明します。

情報やデータを整理して、グラフ作成の元となる表をエクセルシート上に作成します。なお、原則として「1シートに1つの表を作成する」ようにして、シート名に表・グラフのタイトルをつけておくと、修正等を行うときに便利です。

なお、状況によっては、STEP 1 と STEP 2 の順番を逆にして、「とりあえず、情報・データを収集しグラフ化してから、言いたいことを明確にする（何が言えるかを考える）」こともあります。この場合も、言いたいことが明確になった時点で、あらためてグラフの選択を行い、必要に応じてグラフを作成し直してください。

STEP 3 グラフの作成・見やすく加工

エクセルは、データが入力されている表の範囲およびグラフの種類を選択すれば、自動的にグラフを作成し、パソコンの画面上に表示します。しかし、エクセルが表示したグラフが、イメージと異なり、自分の言いたいことが伝えられそうにない場合、あるいは見栄えが良くない場合等は、グラフを作成し直したり、見やすく加工したりすることが必要になります。ここでは、次のような作業を行います。

STEP 3−1 グラフのタイトルや縦軸・横軸の字体を大きくする
必要に応じて、軸ラベルやデータラベルを追加する

STEP 3−2 グラフの強調したいデータを目立つ色や線等に変更する

STEP 3−3 グラフに「テキストボックス」を使ってコメントを追加する（【図表２－5】参照）

▷グラフにテキストボックスでコメントを入れた例 【図表２－5】

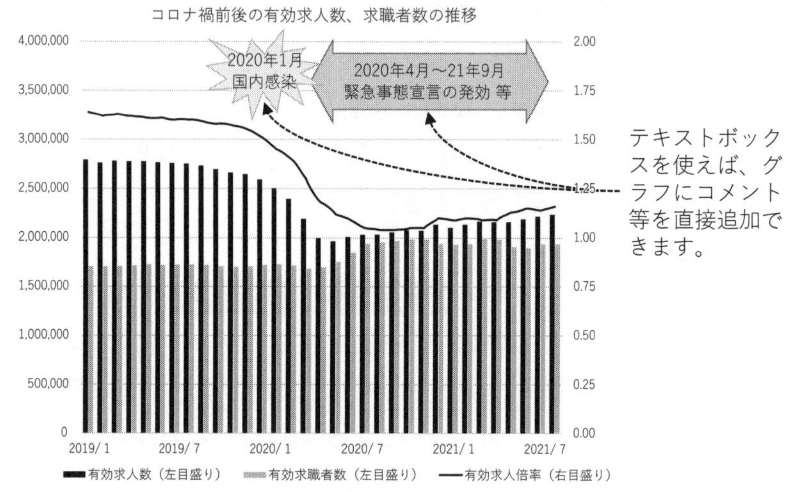

資料出所：厚生労働省「職業安定業務統計」

STEP 4 資料への貼付け、コメントの記入

エクセルで作成したグラフを、パワーポイントやワードを使って作成している資料に貼り付けます。

グラフを貼り付ける場合は、エクセルのグラフ（またはグラフが表示されているセルの範囲）を［コピー］して、パワーポイントやワードの資料に［形式を選択して貼り付け］るわけですが、この貼付けには、主に次の３つの形式が使われます。資料の用途等を考えて、どの形式を使うのかを決めてください。

CASE i 「Microsoft Office グラフィック オブジェクト」または、「Microsoft エクセルグラフオブジェクト」

CASE ii 「ビットマップ」または「拡張メタファイル」

CASE iii 「図（JPEG）」「図（PNG）」または「図（GIF）」

CASE i は、パワーポイントやワード上で、グラフの編集を直接行うことができるので、資料のグラフを見やすく加工するときに便利です。ただし、資料で編集できることは限られている（例えば、データの修正はできない）ため思うような加工ができない、資料だけグラフを加工してしまうとエクセルとの共通性がなくなり混乱を招くなどの短所もあります。

CASE ii は、グラフの編集等はできませんが、画像の劣化が少ないため、きれいな図として貼り付けることができます。ただし、その分、データ容量が大きくなるので、ページ数が多い資料を作成する場合には注意が必要です。なお、「ビットマップ」は、見た目と同じ画像が貼り付けられますが、「拡張メタファイル」の場合、字体等が変わってしまうことがあります。

CASE iii は、データ容量を節約できる反面、画像がやや劣化します。A4 判の資料を作成する分にはほぼ問題ありませんが、スライドで大きなスクリーンに投影すると粗くなることがあります。

なお、【図表２－5】のようにグラフにテキストボックス等を追加した場合、グラフだけを［コピー］すると、テキストボックス等は貼り付けられません。このような場合は、【図表２－6】で説明している CASE i ・ CASE ii いずれかの操作をします。

▷コメントを入れたグラフを資料に貼り付ける方法　【図表２－６】

CASE i エクセル上でグラフやテキストボックス等を［グループ化］してから［コピー］する

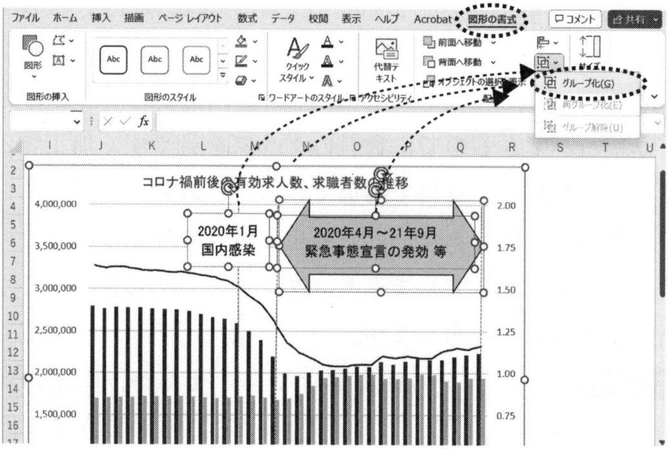

CASE ii グラフが表示されているセル範囲を［コピー］して1つの図として［貼り付け］る

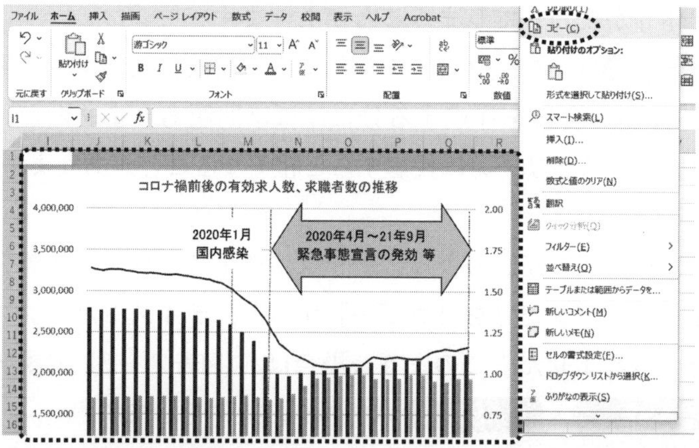

グラフを貼り付けたら、それに関するコメントや説明文を資料に記載します。当然ながら、コメントや説明文はグラフと整合性が取れて、「言いたいこと」を的確に示すものでなければなりません。

2　グラフの種類と特徴

エクセルを使えば様々なグラフを作成することができますが、その中から「言いたいこと」を的確に示すことができるグラフを選択することが、「見える化」を行うときの重要なポイントになります。

人的資本に関する資料でよく見かけるグラフは、棒グラフ、折れ線グラフ、散布図の３つではないでしょうか。

棒グラフは、項目ごとの量の大きさや構成割合等を表現できるもので、従業員数や雇用形態（正社員・非正規社員等の人員構成）の推移、アンケートの回答結果等を示す場面で使われます。

折れ線グラフは、比率や量の時系列での変化をシンプルに表現できるもので、直近数年間の人件費比率の推移、月ごとの労働時間の推移等を示す場面で使われます。

散布図は、横軸と縦軸にそれぞれ別の量をとり、データが当てはまるところに点を打って示すグラフで、横軸に年齢、縦軸に賃金を設定して、年齢ごとの賃金分布を示す場面等で使われます。

【図表２－7】では、上記３つを含めた、資料作りでよく使われるグラフとそれぞれの特徴を整理しています。これを参考にして、「言いたいこと」に応じて適切なグラフを選択してください。

これら８つのグラフの作成方法については次項以降で説明しますが、それをマスターすれば、「棒グラフと折れ線グラフを合体させた組み合わせグラフ」や「2つの横棒グラフを合体させたピラミッドグラフ」など、複雑なグラフも作成できるようになります。

▷資料作りで使用する主なグラフ　【図表２－７】

〈棒グラフ〉

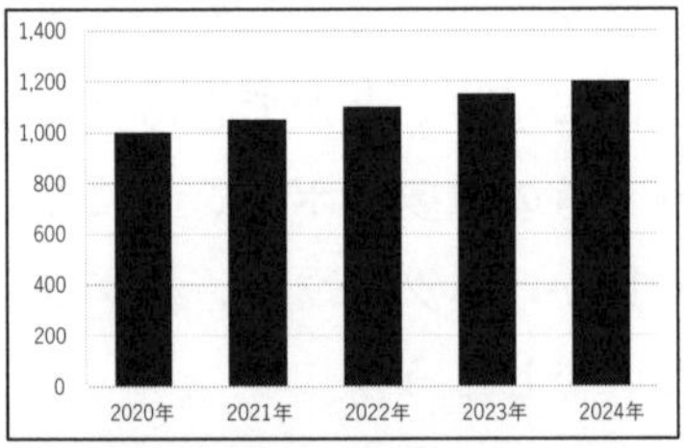

項目ごとの量の大きさを棒の高さで示したグラフ（横棒も可能）。

〈積み上げ棒グラフ〉

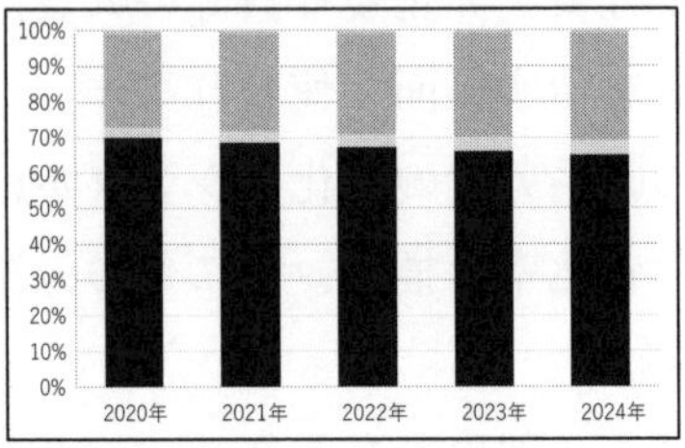

棒グラフの各部分（系列）の内訳等を示したグラフ（横棒も可能）。
データ量を積み上げるパターン、全体を100％として構成割合を示すパターンがあります。

〈ヒストグラム〉

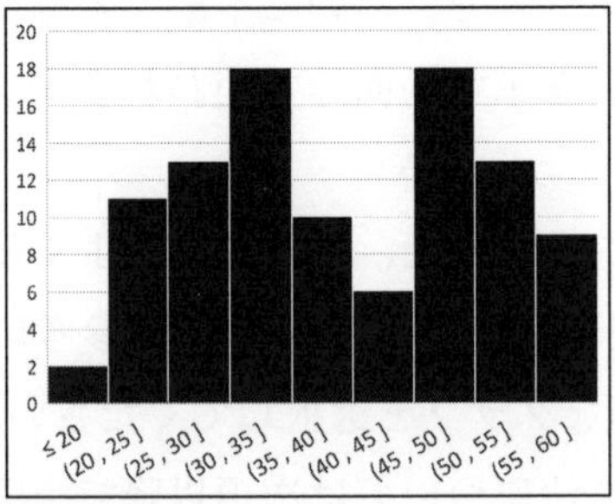

横軸にデータ区間、縦軸に各区間に含まれるデータ数を示して、データ全体の分布状況を見るグラフ。

〈折れ線グラフ〉

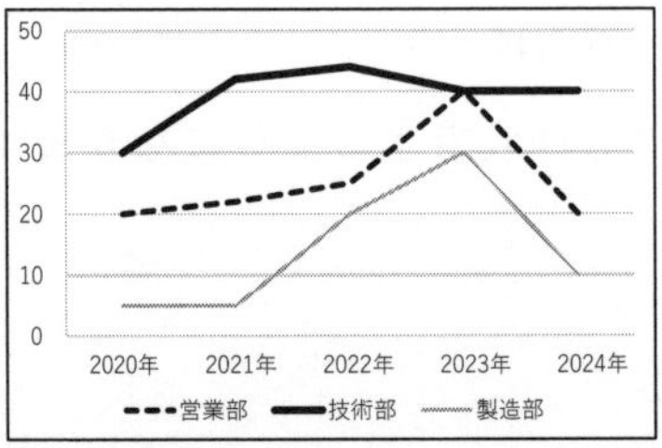

主に、横軸に時間、縦軸にデータ量や比率を示して、時系列での変化を見るグラフ。

〈円グラフ〉

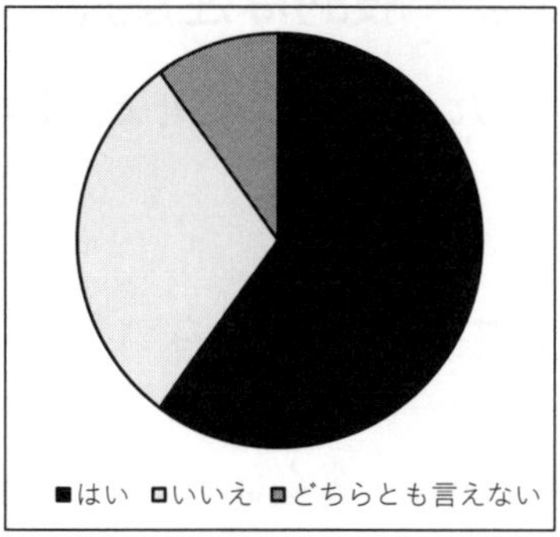

円全体を100％として各項目の構成割合を扇形で示したグラフ。
過半数を超えた回答を示すときに効果的です。

〈散布図（プロット図）〉

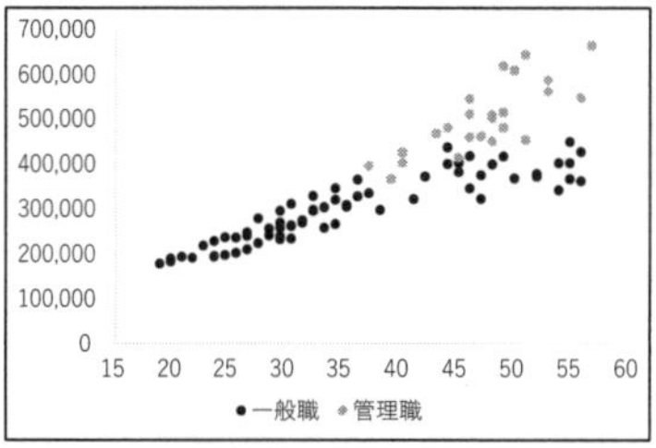

横軸と縦軸に別の量をとり、データが当てはまるところに点を打ったグラフ。

〈箱ひげ図〉

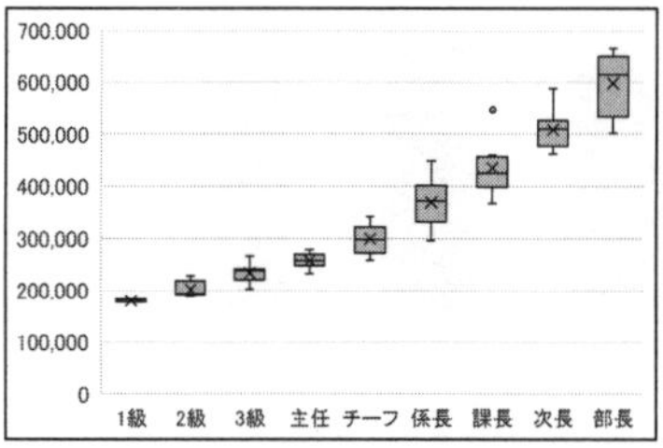

項目ごとの最大値・最小値を線（ひげ）で、全体の50％が含まれる範囲を箱で示したグラフ。

〈レーダーチャート〉

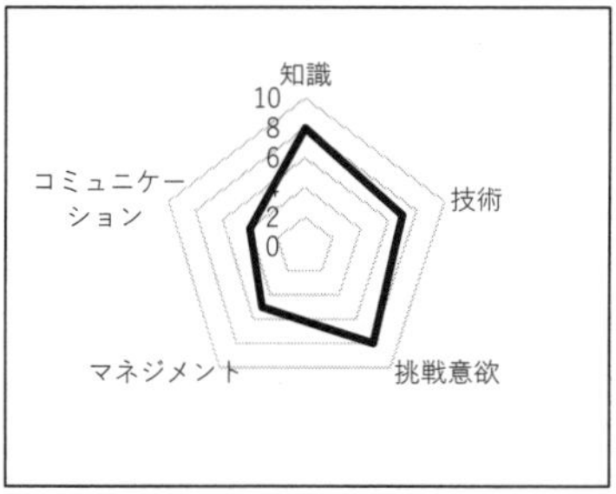

項目ごとの数値等の高低を多角形で示したグラフ。
多角形の凹凸を見て、長所・短所等を判断します。

3　グラフ化における一般的な注意点

グラフを作成するときには、どれを選択するにせよ、次の点に注意することが必要です。

グラフ上に多くの文字情報を入れない

グラフ上に元データの数値（データラベル）や説明等を表示しすぎると、ゴチャゴチャして見栄えが悪くなってしまいます。グラフ上に表示する文字情報は必要最小限のものだけに絞り込んで、「言いたいこと」が一目でわかる、シンプルな図にしましょう。

▷文字情報が多すぎて、見栄えが悪いグラフの例　【図表２－８】

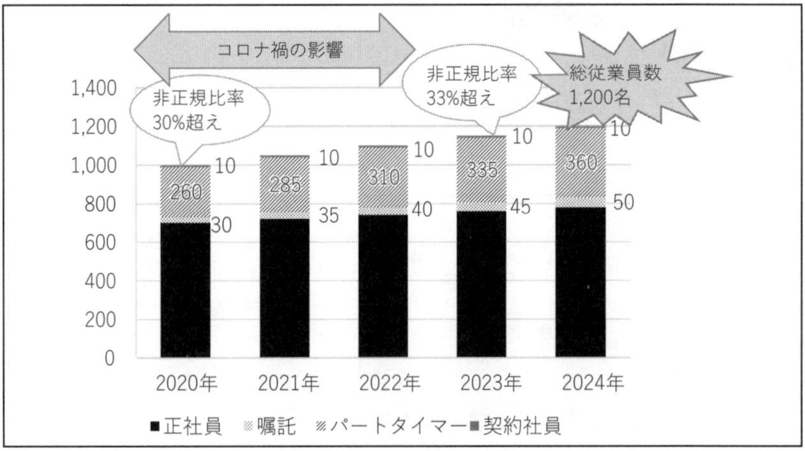

グラフの軸の設定に注意する

グラフは、軸の設定によって、見え方が変わってきます。例えば、従業員数の推移をグラフ化するときに、縦軸の起点を０とすれば「横ばい」のように、０以外の数値とすれば「増加」しているように見えます（【図表２－９】上段を参照）。「言いたいこと」によって、軸の設定を調整することがグラフ作成のポイントとな

ります。

また、2つのグラフを比較する場合、グラフの軸が揃っていないと、相手に間違った印象を与えてしまうこともあります。例えば、賃金分布図を男女別に作成するときには、2つのグラフの縦軸、横軸を合わせることが必要です（【図表2－9】下段を参照）。

▷軸の設定により、グラフの見え方が違ってくる例　【図表2－9】

〈縦軸の起点を0にした場合〉

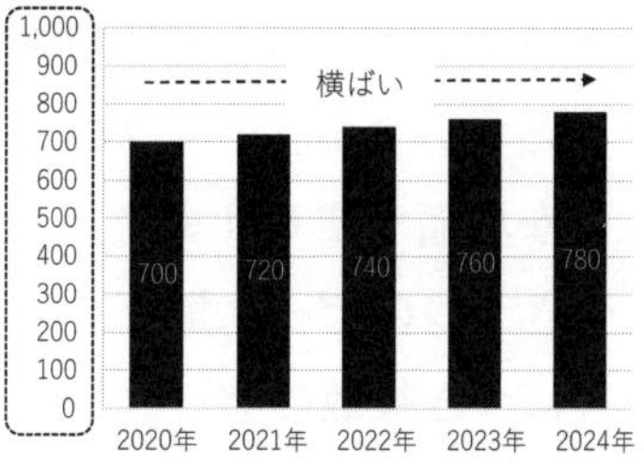

〈縦軸の起点を任意の数にした場合〉

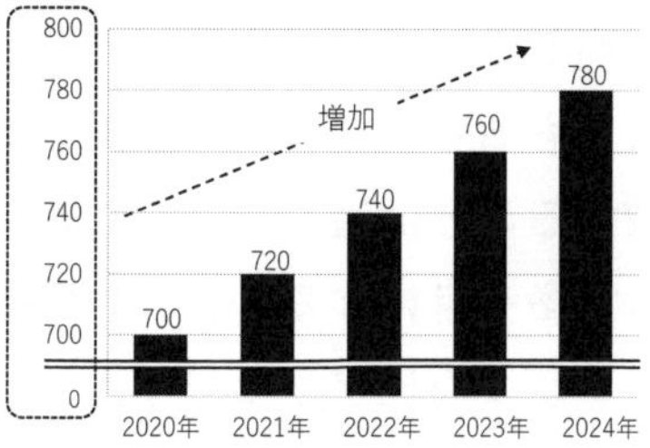

→同じデータが「横ばい」にも「増加」にも見えます。

〈縦軸の上限が異なるグラフを並べた場合〉

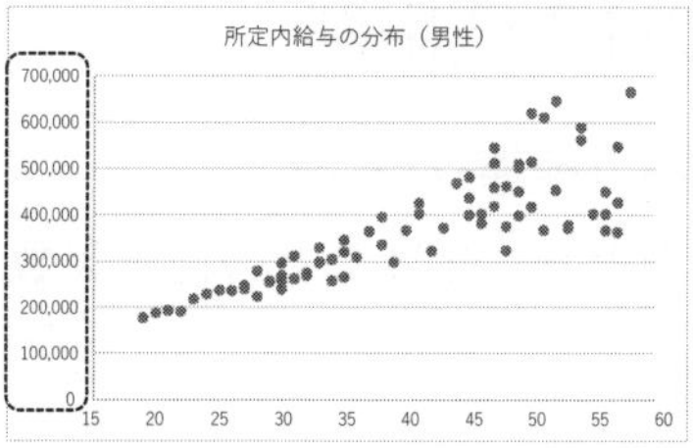

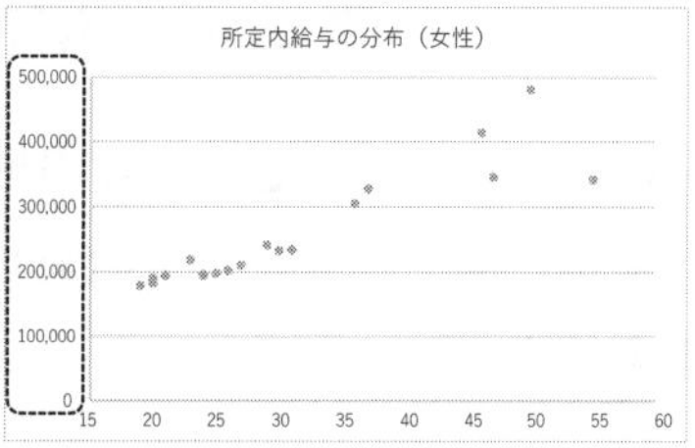

→男女の賃金が同じ水準であるかのように見えます。

過度な装飾をせず、シンプルなグラフにすること

3-Dグラフ（立体的に見えるグラフ）にしたり、イラストを加えたりすると、グラフが見にくくなります。また、折れ線グラフに多くのデータを載せると、ゴチャゴチャしてしまいます。過度な装飾をせず、シンプルなものにするように心がけましょう。

3 棒グラフ（縦棒／横棒）の特徴と作り方

1　棒グラフの特徴

「棒グラフ」とは、横軸に時間や項目、縦軸にデータ量をとり、棒の高さでデータの大小を表したグラフです。縦横を逆に組み替えることもあり、これを「横棒グラフ」といいます。データの大小を比較することに適しているため、様々な場面で使われます。

最も多く目にするのは、１項目につき１つのデータ量を対応させるシンプルな棒グラフですが、１項目につき複数のデータ量を対応させることもあり、これを「集合棒グラフ」といいます。

2　人的資本情報における使用例

〈例 1〉年度ごとの従業員数の推移（縦棒グラフ）

横軸に年度、縦軸に従業員数をとり、年度ごとの従業員数の増減を見ます。

▷年度ごとの従業員数の推移　【図表２－10】

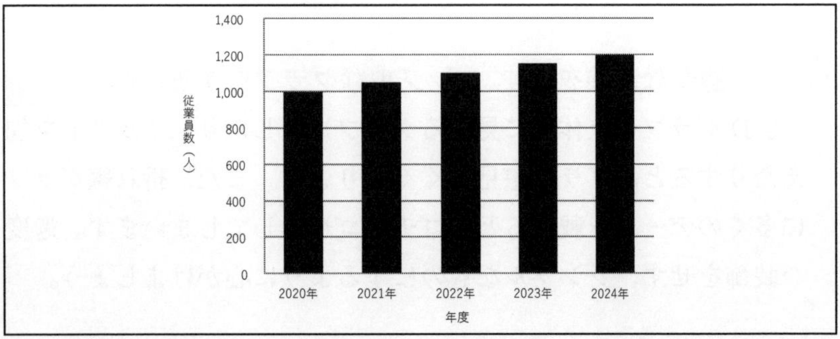

〈例 2〉 年度ごとの資格保有者（試験合格者）数の推移（集合縦棒グラフ）

横軸に年度、縦軸に資格保有者数をとり、年度ごとの資格保有者数の状況、各試験の合格者数の推移等を見ます。

▷年度ごとの資格保有者(試験合格者)数の推移 【図表２－11】

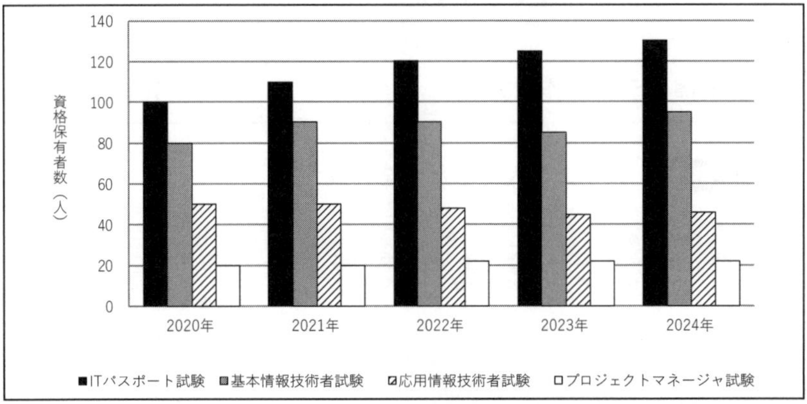

〈例 3〉 アンケートの「不満」回答の年度ごとの推移（集合横棒グラフ）

横軸に「不満」と回答した従業員の割合、縦軸に不満な項目をとり、年度ごとの推移を見ます。縦軸の項目が文章などで示される場合は、横棒グラフに組み替えたほうが読みやすくなります。

▷アンケートの「不満」回答の年度ごとの推移 【図表２－12】

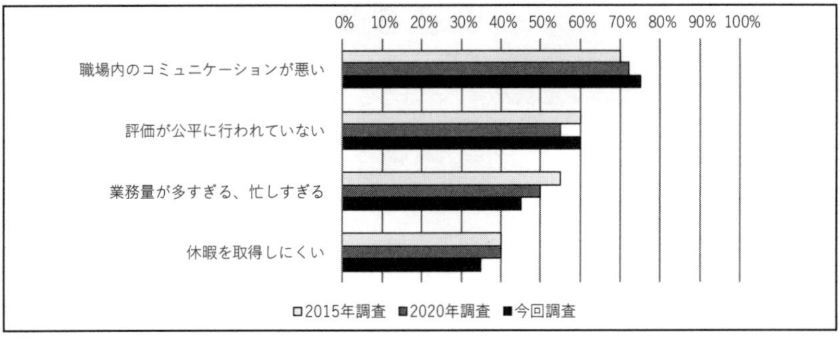

3 グラフの作成方法

【図表２－11】の集合縦棒グラフは、次の手順で作成します。なお、データ量が１項目のときは【図表２－10】のようなグラフが、項目が文章等の理由で［2-D 横棒］を選択したとき【図表２－12】のようなグラフが作成できます。

▷集合縦棒グラフの作成方法 【図表２－13】

STEP 1 データを入力した表を作成する

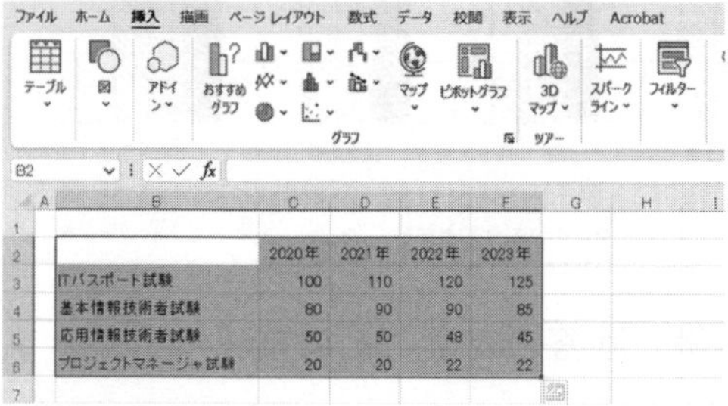

エクセルシートにデータを入力した表を作成。
項目名や年度等は、グラフの凡例の表示等に使うこともあるので、正確に入力しておきます。

STEP 2 ［挿入］タブ→［グラフ］→［縦棒／横棒グラフの挿入］→［集合縦棒］を選択する

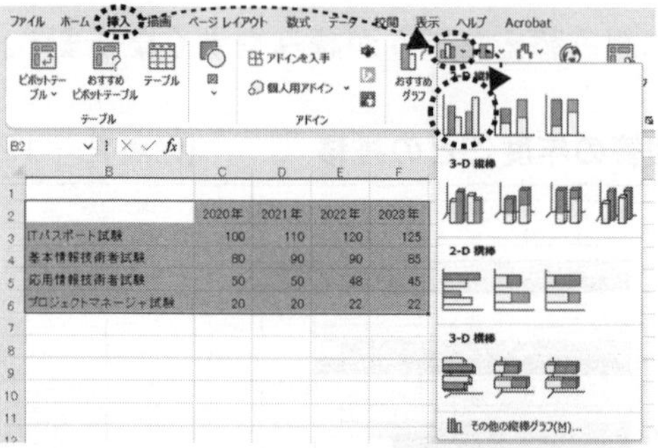

上部の［挿入］タブから、［グラフ］→［縦棒／横棒グラフの挿入］を選択。
表示されたボックスから、作成したいグラフを選びます。
ここでは［2-D 縦棒］の［集合縦棒］を作成します。
項目が１つしかない場合も［集合縦棒］を選択して構いません。

STEP 3 グラフのタイトルや軸ラベル等を追加する

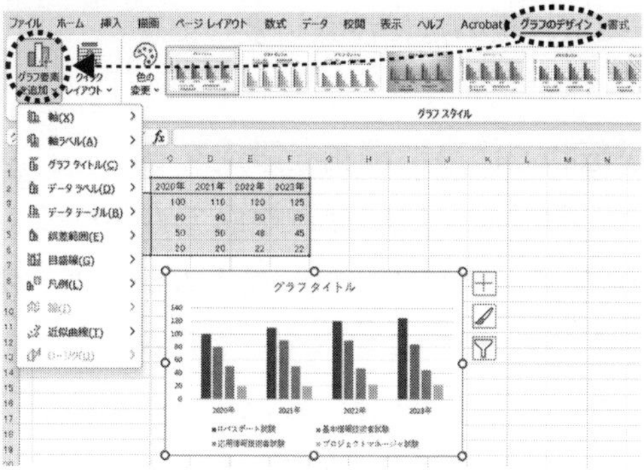

エクセルシートにグラフが表示されます。
［グラフ］をクリックすると［グラフのデザイン］タブが表示されるので、［グラフ要素を追加］を選択、必要に応じて［グラフタイトル］や［軸ラベル］等を入力します。

STEP 4 見やすいようにグラフのデザインを調整する

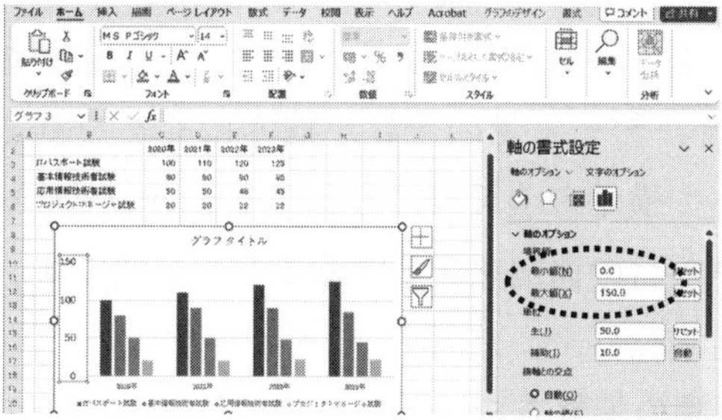

縦軸を調整したいときは、縦軸を右クリックし、ボックスの［軸の書式設定］を選択。
［軸のオプション］の［最小値］や［最大値］の数値を変更します。

STEP 4 補足 項目の順番を変更する

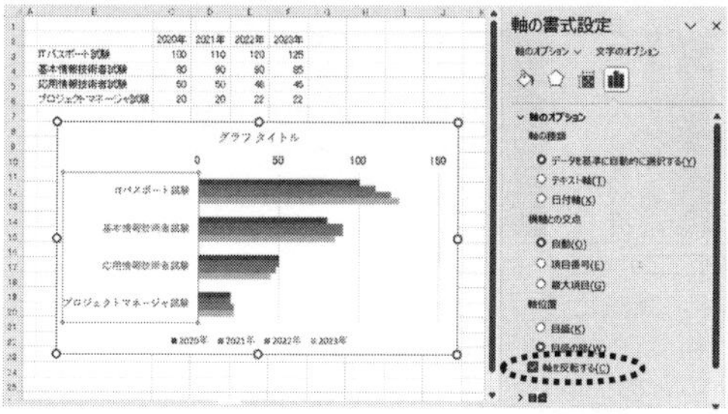

横棒集合グラフで、項目の順番が作成した表と逆になって表示される場合は、［軸の書式設定］→［軸のオプション］→［軸位置］の［軸を反転する］を☑します。

4 棒グラフを作成するときのポイント

棒グラフを作成するときには、次の点に注意しましょう。

「言いたいこと」が伝わるように縦軸を設定する

前項 **2**－3 グラフ化における一般的な注意点でも述べましたが、棒グラフは縦軸の設定の仕方によって、見え方が大きく変わってしまいます。自分が「言いたいこと（データ量が変化していない、変化している、のどちらを言いたいのか等）」を整理した上で、それが伝わるように縦軸を設定することが必要です。

棒と余白のバランス（系列の重なり・要素の間隔）に注意する

棒グラフは、棒が細すぎる（余白が大きすぎる）と見栄えが悪く、逆に棒が太すぎると、データ量の変化が掴みにくくなります。グラフ全体の大きさや横軸の項目数にもよりますが、グラフを見ながら、棒の太さや項目の間隔を調整することが必要です。

▷棒グラフの棒の太さ・間隔の調整方法 【図表２－14】

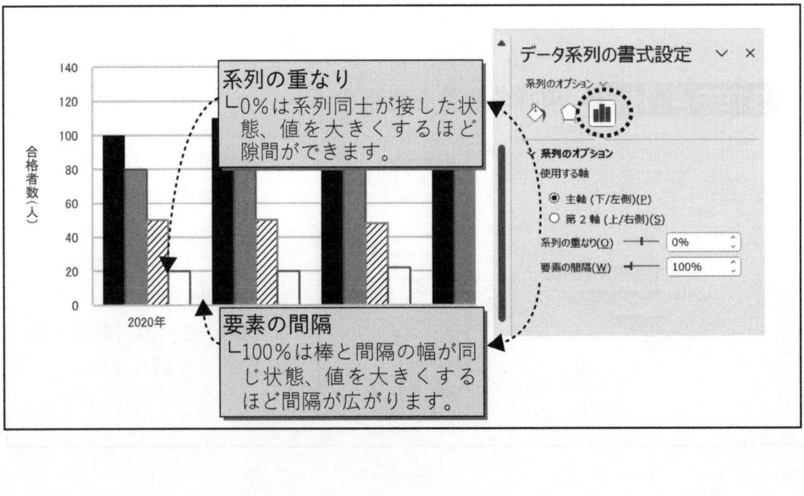

この調整は、グラフに示された任意のデータ（棒）を右クリックし、表示されたボックスから［データ系列の書式設定］→［系列のオプション］を使って行います。

アンケート結果等の項目はデータ量の大きい順に並べる

棒グラフは、棒の高さ（長さ）でデータ量の大小を読み取りますが、アンケートの回答結果を表示する場合等は、棒の最大値が凸凹になっていると、見栄えが悪い上に傾向も把握しにくくなります。このような場合は、表の項目をデータ量が大きい順に並べ替えて、棒グラフを作成したほうが良いでしょう。

▷大きい順に並べてグラフを見やすくする例　【図表２－15】

項目	不満
評価	60%
業務量	45%
コミュニケーション	75%
休暇	35%

➡

項目	不満
コミュニケーション	75%
評価	60%
業務量	45%
休暇	35%

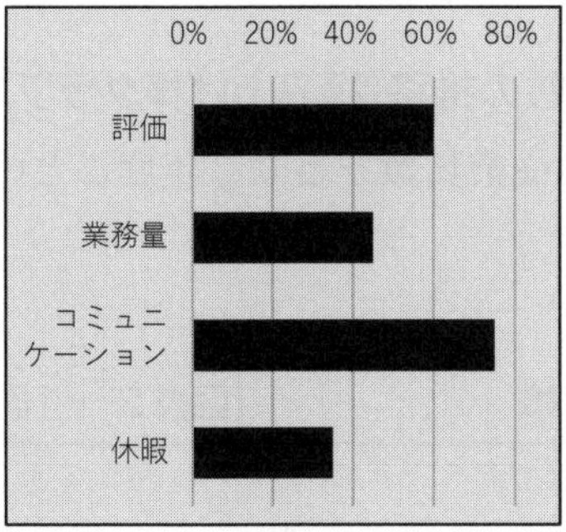

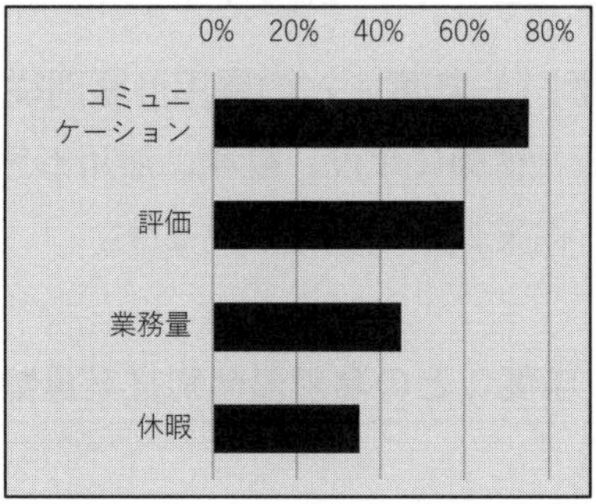

4 積み上げ棒グラフ（縦棒／横棒）の特徴と作り方

1 積み上げ棒グラフの特徴

「積み上げ棒グラフ」とは、棒グラフの各項目を構成する部分（「系列」といいます）で区切ったグラフで、ある時点でのデータ量の内訳や、時系列での構成割合の変化を見るときなどに使います。

データ量を積み上げていく（棒の長さが変化する）パターンと、各項目の全体量を100%として構成割合で示す（棒の長さが一定になる）パターンがあります。また、横棒グラフとすることも可能で、100%積み上げ横棒グラフは「帯グラフ」とも呼ばれます。

2 人的資本情報における使用例

〈例 1〉年度ごとの雇用形態別従業員数の推移（積み上げ棒グラフ）

横軸に年度、縦軸に雇用形態別の従業員数をとり、年度ごとの従業員数の変化を見ます。

▷年度ごとの雇用形態別従業員数の推移 【図表２－16】

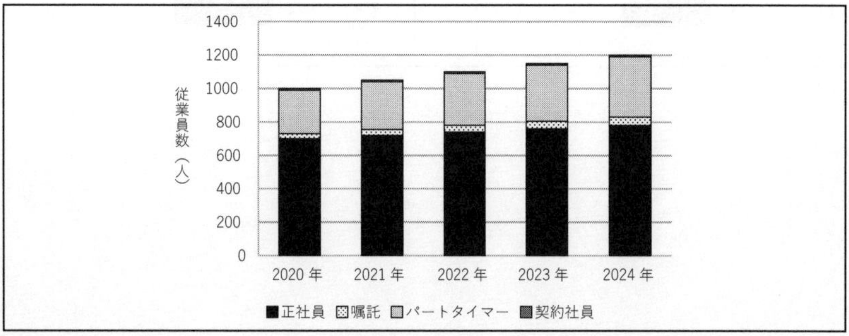

〈例 2〉年度ごとの雇用形態別従業員構成割合の推移
（100%積み上げ棒グラフ）

横軸に年度、縦軸に（総従業員数を 100%としたときの）雇用形態別従業員構成割合をとり、正社員比率の推移等を見ます。

▷年度ごとの雇用形態別従業員構成割合の推移　【図表２－17】

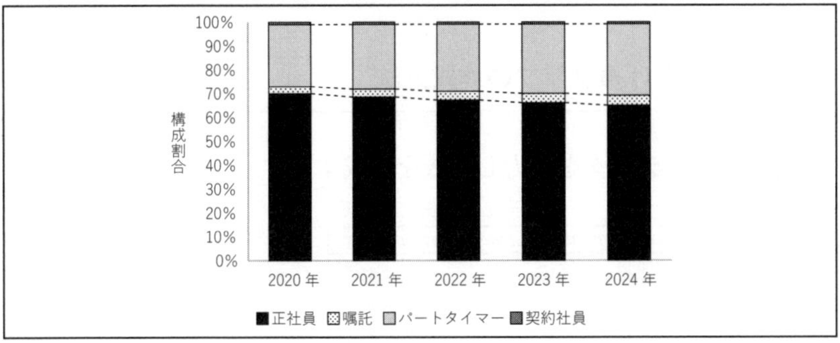

〈例 3〉年齢階級ごとのアンケートの回答結果
（100%積み上げ横棒グラフ・帯グラフ）

横軸にアンケートの回答結果の割合、縦軸に年齢階級をとり、各年齢階級の回答傾向を見ます。

▷年齢階級ごとのアンケートの回答結果　【図表２－18】

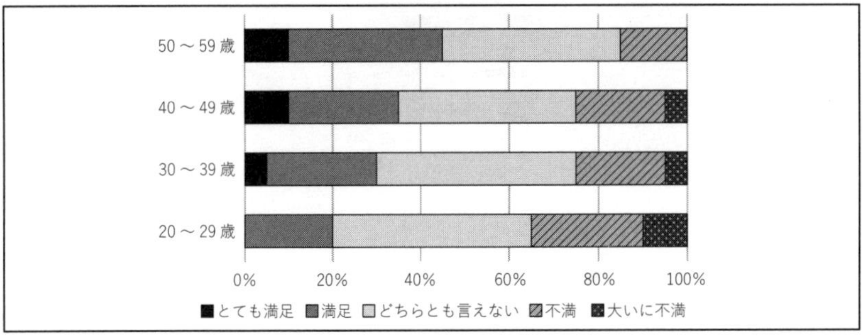

3　グラフの作成方法

【図表２－17】の100％積み上げ棒グラフは、次の手順で作成します。なお、【図表２－17】を作成した後、グラフをクリックし、表示されたボックスの［グラフの種類の変更］を選択すると、【図表２－16】に簡単に変更することできます。

▷100％積み上げ棒グラフの作成方法　【図表２－19】

STEP 1　データを入力した表を作成する

	2020年	2021年	2022年	2023年	2024年
正社員	700	720	740	760	780
嘱託	30	35	40	45	50
パートタイマー	260	285	310	335	360
契約社員	10	10	10	10	10

エクセルシートに項目別の数値を入力した表を作成。

STEP 2　［挿入］タブ→［グラフ］→［縦棒／横棒グラフの挿入］→［100％積み上げ縦棒］を選択する

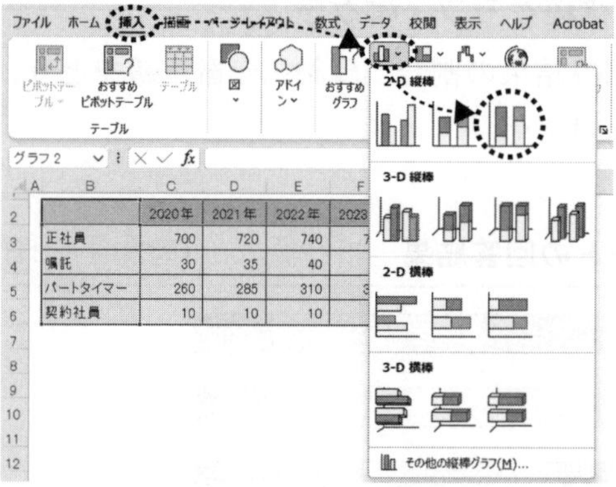

表を選択し、左図のように［挿入］タブ→［グラフ］→［縦棒／横棒グラフの挿入］→［100％積み上げ縦棒］を選択します。

STEP 3 グラフのタイトルや軸ラベル等を追加する

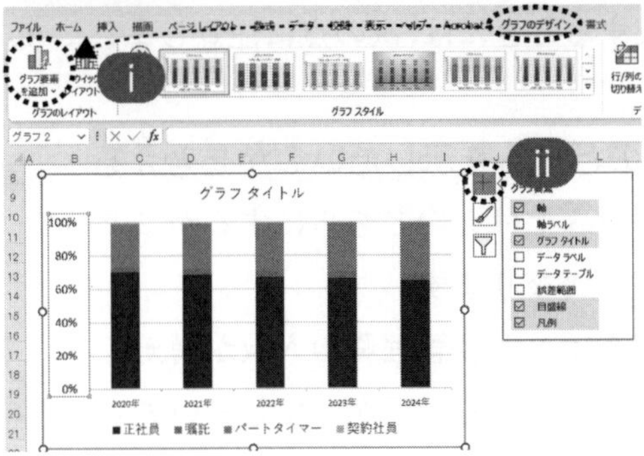

グラフにタイトルや軸ラベル（横軸、縦軸の名称）等を表示する場合は、グラフをクリックしてから、i・iiいずれかの操作をします。

i ［グラフのデザイン］タブ→［グラフ要素を追加］から追加する要素を選択

ii グラフを選択したときに表示される［＋］をクリックし、追加する要素を選択

グラフ要素が表示されたら、それを選択して文字を上書きします。

STEP 4 見やすいようにグラフのデザインを調整する

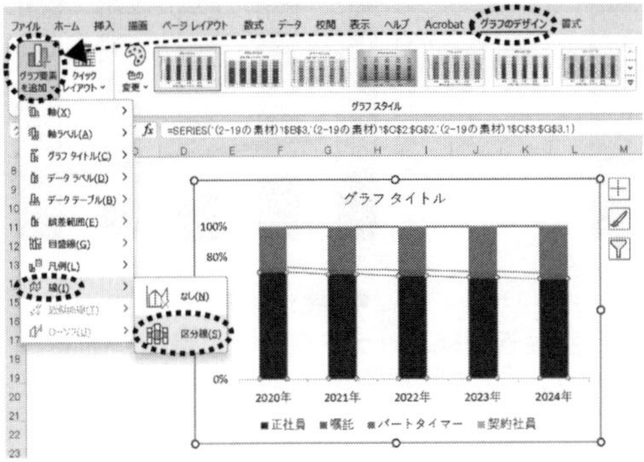

変更したいパーツをクリックして、表示された書式設定の画面で、必要に応じて網掛けや色の変更を行います。

棒グラフを系列ごとに線で結ぶときは、［グラフデザイン］タブ→［グラフ要素を追加］→［線］→［区分線］を選択します。

4　積み上げ棒グラフを作成するときのポイント

積み上げ棒グラフを作成するときには、次の点に注意しましょう。

データ量、構成割合のどちらを示したいのかを考える

「積み上げ」と「100％積み上げ」のどちらにするかによって、相手への伝わり方が大きく異なります。

例えば、女性管理職比率は、女性管理職の人数が増えても、それ以上に管理職全体の数が増加すると下がってしまいます。このようなときに管理職の構成割合を「100％積み上げ」で示すと、それを見た人に「女性管理職の人数が減っている」との誤解を与えてしまうことがあるので注意が必要です。

データ量、構成割合のどちらを示すべきかを考えた上で、それに適した グラフを選択することが重要です。

▷ **「積み上げ」と「100％積み上げ」で示したときの比較**　【図表２－20】

〈積み上げ棒グラフで「データ量」を示した場合〉　〈100％積み上げ棒グラフで「構成割合」を示した場合〉

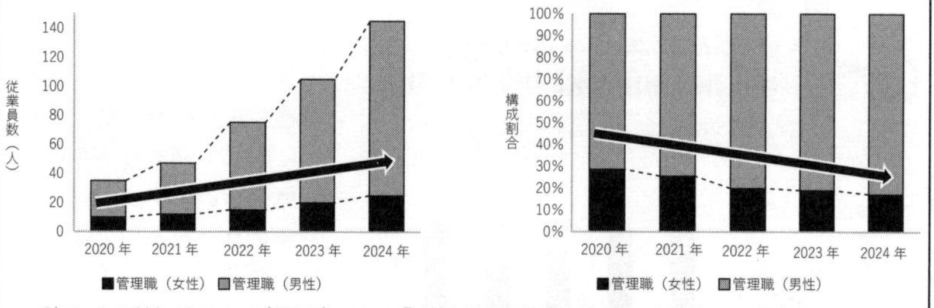

→積み上げ棒グラフ（左図）は、「女性管理職数（データ量）の増加」を100％積み上げ棒グラフ（右図）は、「女性管理職比率（構成割合）の低下」を示すときに使います。

構成部分の数は6項目以内に収めたほうが良い

積み上げ棒グラフは、基本的に各項目を構成する部分の内訳を見

るものなので、構成部分の数が多すぎて、それぞれの部分が細切れになってしまうと、傾向が掴みにくくなってしまいます。

データ量が小さい部分は「その他」等でまとめてしまい、構成部分の数は6項目以内に収めたほうが良いでしょう。

様々な場面で積み上げ棒グラフを活用してみる

積み上げ棒グラフは、いくつかの要素に分けてデータ量を示せることから、様々な場面で活用することができます。

例えば、【図表2－21】のように、報酬を「固定部分」と「変動部分」に分けたデータを入力することによって、役職ごとに年収の構造（年収の最低・標準・最高の金額）を示せます。

「見える化」のスキルを向上させるためにも、積み上げ棒グラフを積極的に活用してみてください。

▷**役職ごとにモデル年収の幅を示した例**　【図表2－21】

列1	一般社員	主任	係長	課長	部長
所定内賃金、賞与（基礎部分）	250	300	400	600	800
賞与（評価反映部分・標準）	75	100	150	200	300
賞与（評価反映部分・最高）	75	100	150	200	300

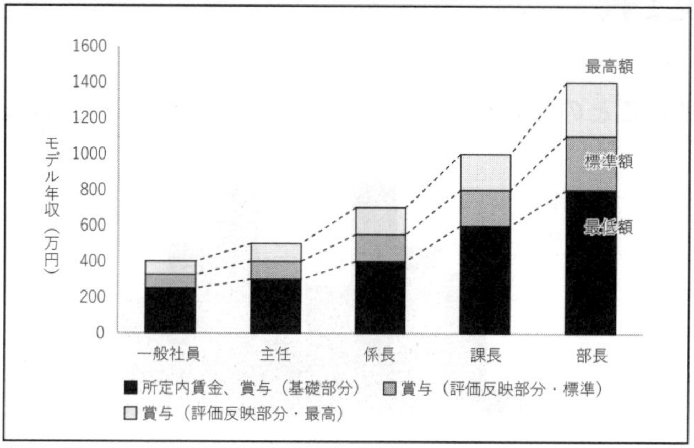

5 ヒストグラムの特徴と作り方

1　ヒストグラムの特徴

「ヒストグラム」とは、横軸にデータ区間（「階級」といいます）、縦軸に各区間に含まれるデータの数をとったグラフで、日本語では「度数分布図」とも呼ばれます。通常は、グラフの形状を見てデータ全体の分布状況を把握するために用いられます。

縦棒グラフと同じように見えますが、ヒストグラムの横軸は一定の幅を持つ「データ区間」、棒グラフは年度等の「項目」です。

2　人的資本情報における使用例

〈例 1〉年齢階級ごとの人員構成

横軸に年齢階級、縦軸に従業員数をとり、年齢層ごとの人員分布を見ます。

▷年齢階級ごとの人員構成　　【図表２－22】

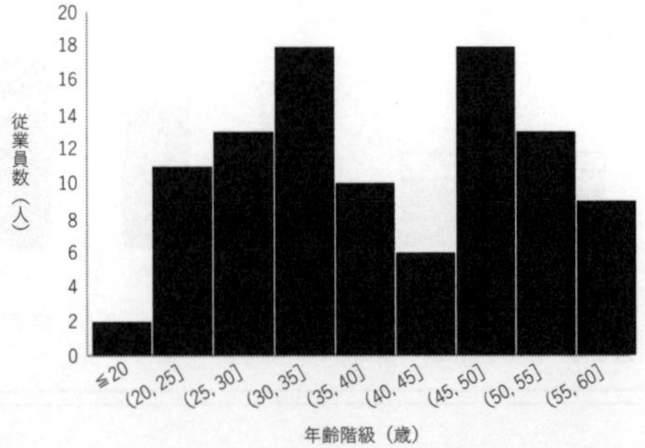

※横軸の（20,　25］は、「20 歳以上 25 歳未満」を表します。

〈例 2〉評価点のレンジごとの従業員分布

横軸に評価点のレンジ（この例では 10 点刻み）、縦軸に該当する従業員数をとり、評価点の分布を見ます。

▷評価点のレンジごとの従業員分布　　【図表 2 − 23】

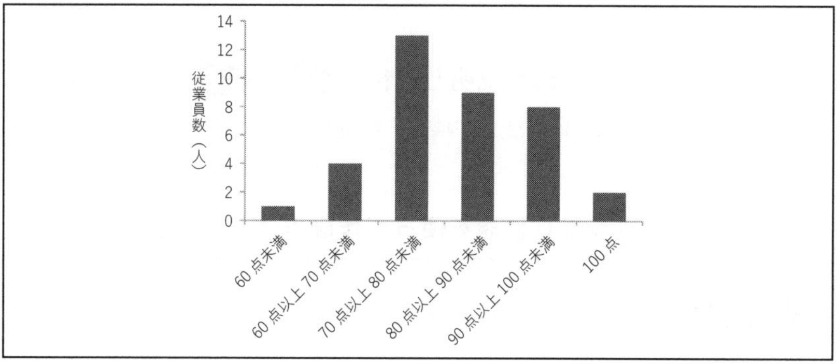

〈例 3〉男女別・年齢階級ごとの人員構成（ピラミッド図）

横棒グラフに加工した男女のヒストグラムを組み合わせると、年齢階級別ピラミッド図を作成することもできます。

▷年齢階級別ピラミッド図　　【図表 2 − 24】

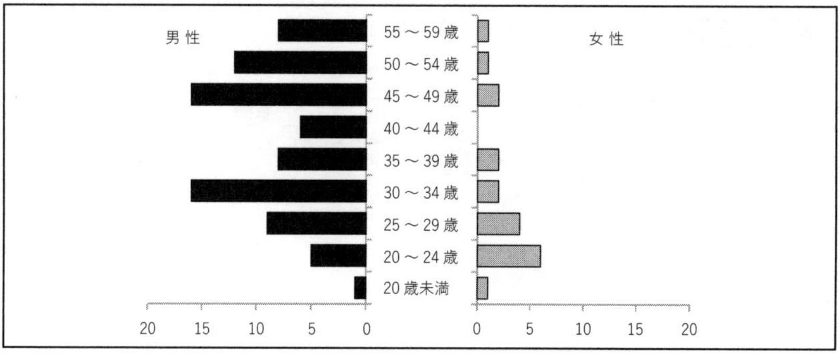

3 グラフの作成方法

ヒストグラムをエクセルで作成するには、2 つの方法があります。

CASE i ［グラフ］機能の［ヒストグラム］を使う方法

CASE ii ［データ分析］機能の［ヒストグラム］を使う方法

ここでは、2 つの方法を説明した後、CASE ii の方法を活用したピラミッド図の作成方法についても説明します。

▷ CASE i ［グラフ］機能を使った作成方法 【図表 2 − 25】

STEP 1 データを入力した表を作成する

番号	性別	年齢	勤続	等級	役職	管理／一般	基本給	役職手当	その他手当	所定内賃金	所定外賃金	年間賞与	年収
1	男	19	1	1		一般	178,000	0	0	178,000	25,000	632,000	3,068,000
2	女	19	1	1		一般	178,000	0	0	178,000	18,800	632,000	2,993,600
3	女	20	2	1		一般	183,000	0	0	183,000	12,900	548,000	2,898,800
4	女	20	2	2		一般	189,500	0	0	189,500	19,800	796,000	3,307,600
5	男	20	2	2		一般	188,500	0	0	188,500	13,100	704,000	3,123,200
6	男	21	3	2		一般	193,500	0	0	193,500	33,700	766,000	3,492,400
7	女	21	3	2		一般	193,500	0	0	193,500	29,700	766,000	3,444,400
8	男	22	4	2		一般	191,500	0	0	191,500	26,800	696,000	3,315,600
9	男	23	1	2		一般	218,500	0	0	218,500	30,900	932,000	3,924,800
10	女	23	1	2		一般	218,500	0	0	218,500	15,500	688,000	3,496,000
11	女	24	6	2		一般	193,500	0	0	193,500	13,500	684,000	3,168,000
12	女	24	4	2		一般	195,500	0	0	195,500	13,600	688,000	3,197,200
13	男	24	2	2		一般	228,500	0	0	228,500	32,400	694,000	3,824,800
14	女	25	7	2		一般	197,500	0	0	197,500	30,400	672,000	3,406,800

エクセルシートにデータを入力した表を作成。

※セルの範囲を指定すると自動集計されるため、データの抜粋や表の並べ直しは不要です。

STEP 2 作成したいグラフを選択する

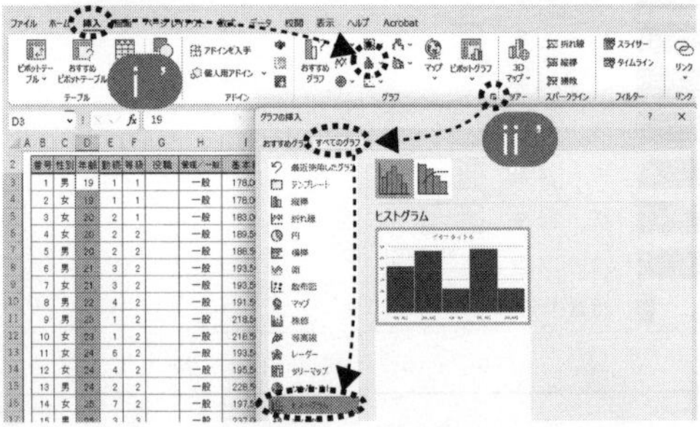

上部の［挿入］タブをクリックし、i'・ii' いずれかの操作をします。

i' ［グラフ］→［統計グラフの挿入］→［ヒストグラム］を選択。

ii' ［グラフ］→［グラフ］リボン右下の ⇲ をクリック→表示されたボックスから［すべてのグラフ］→［ヒストグラム］を選択。

STEP 3 グラフの横軸を設定する

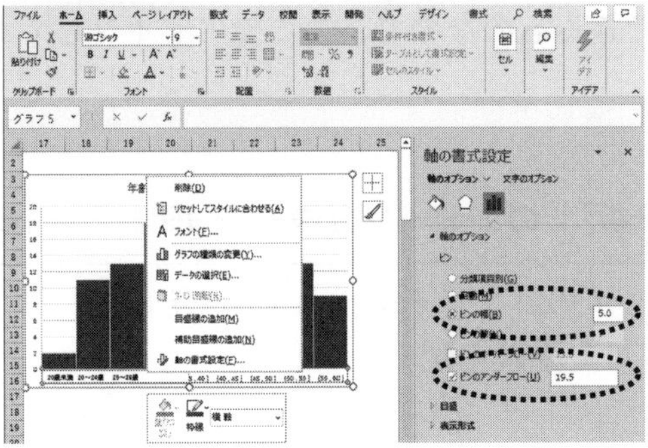

表示されたヒストグラムの横軸の修正が必要な場合は、横軸を右クリックし、[軸の書式設定]を選択します。

[ピンの幅]は年齢階級の刻みを、[ピンのアンダーフロー]は最も小さい階級を設定します。

ピンのアンダーフローを「19.5」に、幅を「5」に設定すると、「20〜24歳、25〜29歳…」の横軸となります。

STEP 4 見やすいようにグラフのデザインを調整する

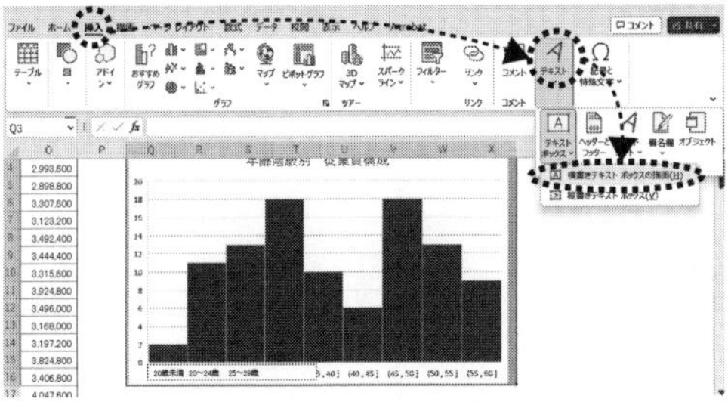

グラフのタイトル等を入力します。

横軸において「20以上25未満」を示す(20,25]を修正するときには、[挿入]タブ→[テキスト]→[横書きテキストボックス]を使って、グラフ上に文字を貼り付けます。

CASE ii の方法で行うのであれば、まずエクセルに「分析ツール」をアドインすることが必要です。この「分析ツール」は、資料作りの様々な場面で活用できるものなので、ここでアドインしておきましょう。

▷「分析ツール［データ分析］」のアドイン方法　【図表2－26】

STEP 1　エクセルシートの［ファイル］タブ→［その他］→［オプション］を選択する

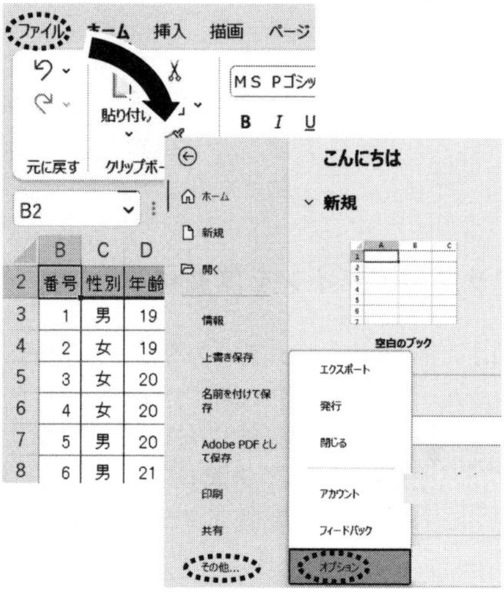

エクセルシートの左上の［ファイル］タブをクリックし、表示された画面の左下［その他］→［オプション］を選択します。

※エクセルのバージョンにより、画面が異なる場合があります。

STEP 2　［アドイン］→［エクセルアドイン］→［設定］を選択する

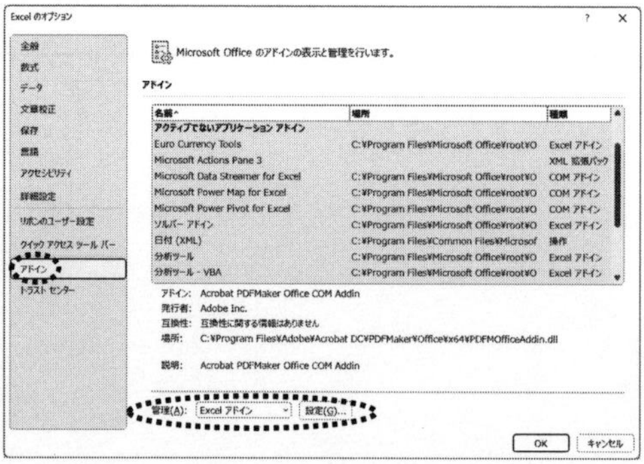

画面左の［アドイン］をクリックし、表示されたボックスの下にある「管理」が［Excel アドイン］になっていることを確認して、右の［設定］を選択します。

STEP 3 ［分析ツール］にチェックを入れて、［OK］をクリックする

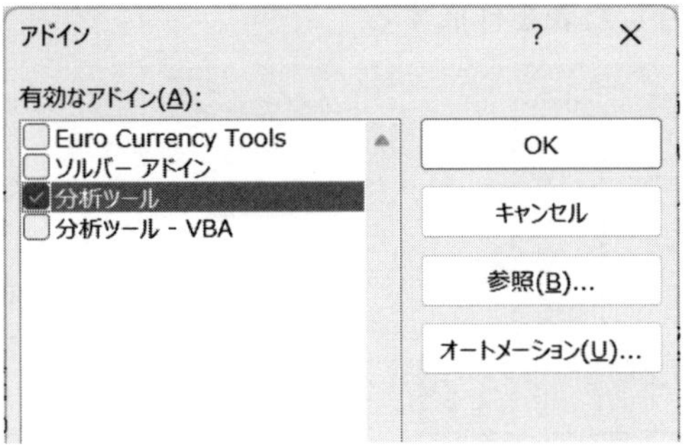

アドインできるアプリが表示されます。
［分析ツール］を☑し、［OK］をクリックします。

STEP 4 ［データ］タブに［データ分析］コマンドが追加される

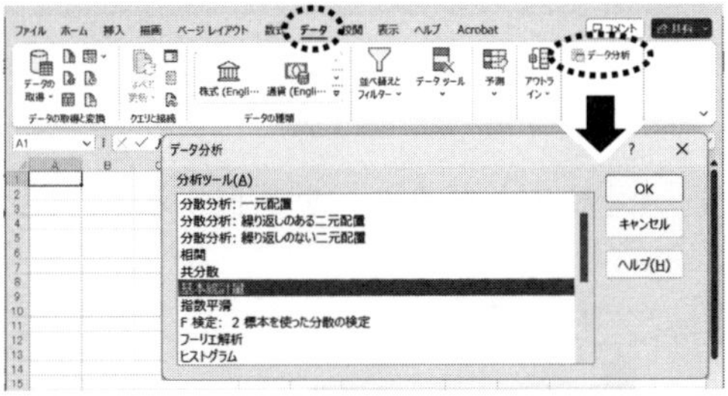

エクセルシートに戻り、［データ］タブを選択すると、リボンの右端に［データ分析］コマンドが表示されるようになります。
［データ分析］を選択すると、様々な統計的手法が列挙されたボックスが表示されます。

この操作を行った後に同じパソコンでエクセルを立ち上げると、すでに「分析ツール」がアドインされた状態になっています。以降、再度アドインを行う必要はありません。

なお、エクセルの設定によっては、「分析ツール」がアドインできないようになっていることがあります。この場合は、社内のシステム管理者に問い合わせてください。

▷ CASE ii ［データ分析］機能を使った作成方法 【図表2－27】

STEP 1 データを入力した表を作成する

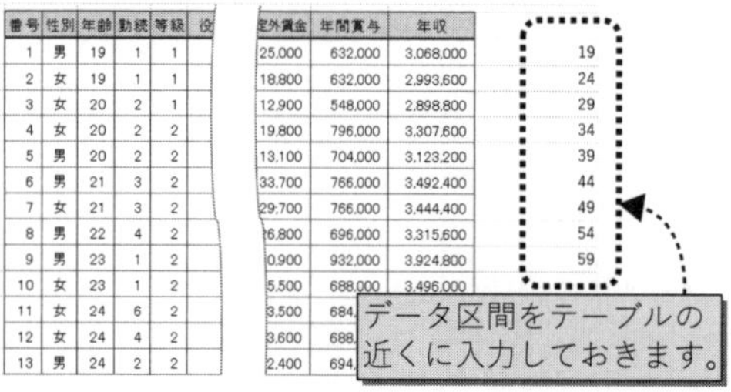

エクセルシートにデータを入力した表を作成。STEP 3 で行う設定で必要になるので、ヒストグラムの横軸のデータ区間を表の近くに入力しておきます。

例えば、横軸を「20歳未満、20～24歳、25～29歳…」のように5歳刻みとする場合、「19、24、29…」と区切りになる数値を入力します。

STEP 2 ［データ分析］→［ヒストグラム］を選択する

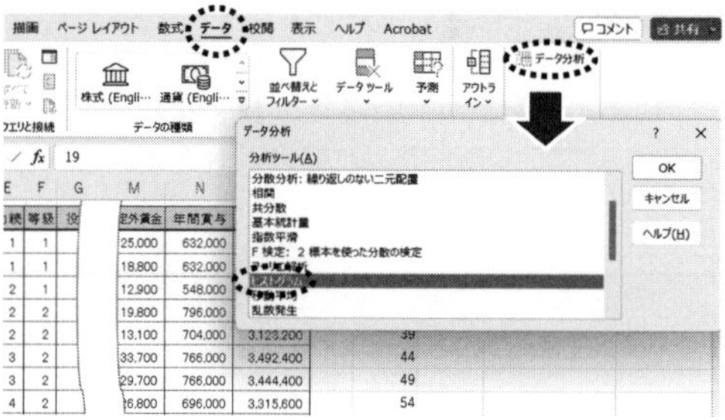

［データ］タブ→［データ分析］を選択し、表示されたボックスから［ヒストグラム］を選択します。

STEP 3 入力範囲やデータ区間等を設定する

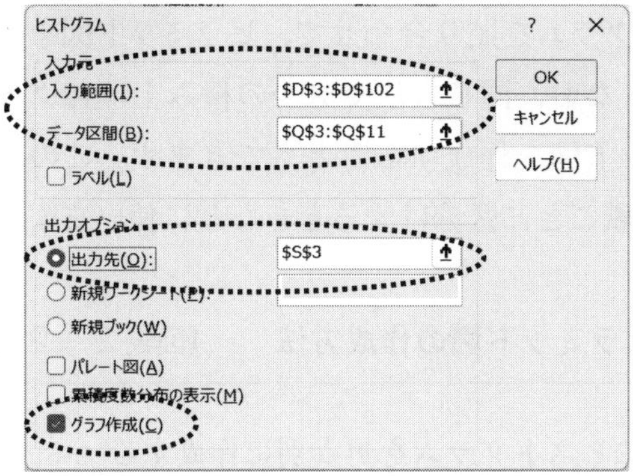

次のように設定します。
入力範囲：
年齢が入力されているセル範囲
データ区間：
STEP 1 で数値を入力したセル範囲
出力先：
ヒストグラムを表示する領域（またはシート）
さらに、ボックス最下行の［グラフ作成］に☑。

STEP 4 ヒストグラムの横軸等を修正する

データ区間	頻度
20歳未満	2
20～24歳	11
25～29歳	13
34	18
39	10
44	6
49	18
54	13
59	9
次の級	0

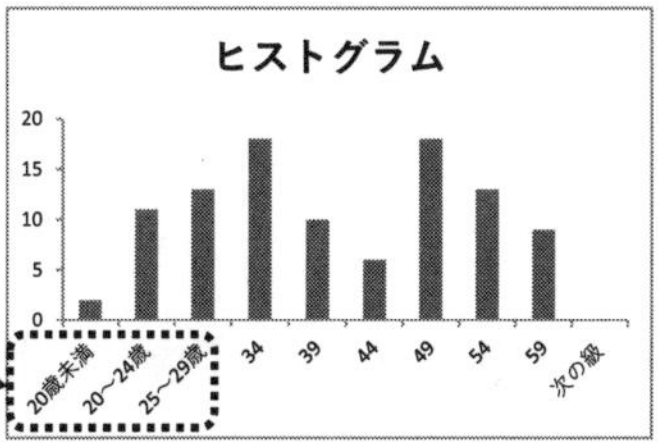

STEP 3 で出力先に指定した領域に「データ区間ごとの従業員数」（度数分布表）とヒストグラムが表示されます。
この方法で作成した場合、度数分布表のデータ区間を変更すると、ヒストグラムの横軸の表示も連動して修正されます。

［データ分析］機能は、「度数分布表を作り、その結果を縦棒グラフに示す」という手順を踏んでいるため、ヒストグラムを横棒グラフに置き換えることができます。

このメリットを活かすと、【図表２－24】 のようなピラミッド図を作成することも可能です。

ここでは、２つのヒストグラムを貼り合わせて、ピラミッド図を作成する方法を説明します。なお、同じ方法で２つの積み上げ棒グラフを貼り合わせたピラミッド図を作成することもできます。この方法は、各年齢階級の棒を役職ごとに区分けするときなどに使います。

▷ヒストグラムを使ったピラミッド図の作成方法　【図表２－28】

STEP 1　**年齢階級別のヒストグラムを男女別に作成する**

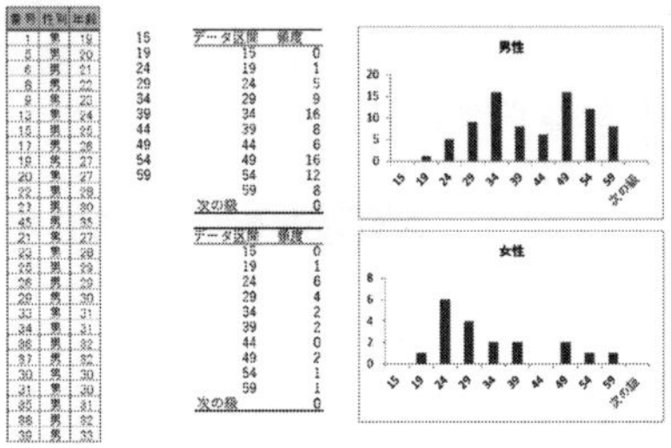

【図表２－27】の手順で、年齢階級別のヒストグラムを男女別に作成します。

２つのヒストグラムの縦と横の大きさが同じになるように作成しましょう。

STEP 2　**ヒストグラムを横棒グラフに変換し、横軸の最大値を揃える**

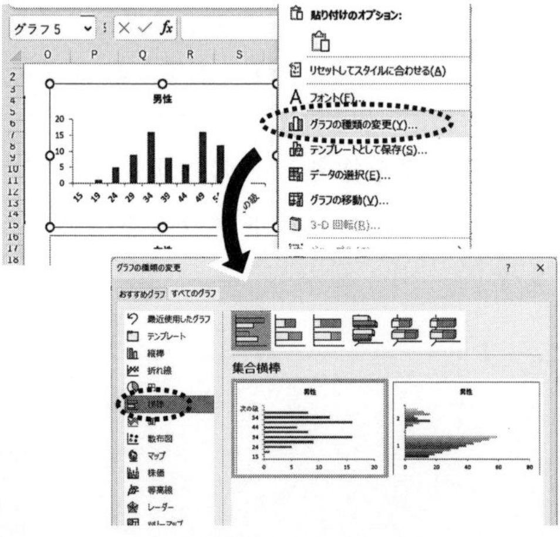

ヒストグラムを右クリックして、表示されたボックスから［グラフの種類の変更］→［横棒］を指定します。

２つのヒストグラムを横棒グラフにしたら、従業員数が少ないほうの横棒グラフの横軸を右クリックして、［軸の書式設定］→［軸のオプション］を指定、最大値をもう一方のグラフと同じに設定します。

STEP 3 一方のグラフを左右逆転させた上で、2つを貼り合わせる

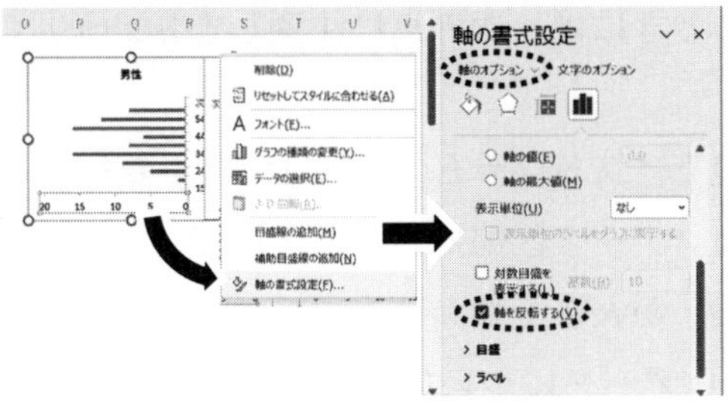

一方のグラフ（ここでは男性のグラフ）の横軸をクリックし、［軸の書式設定］→［軸のオプション］を指定します。
中間あたりにある［軸を反転する］に☑します。
一方のグラフが左右逆転したら、2つが重なるように貼り合わせます。

STEP 4 縦軸の修正等を行い、2つのグラフを［グループ化］する

データ区間	頻度
15	0
20歳未満	1
20～24歳	5
25～29歳	9
30～34歳	16
35～39歳	8
40～44歳	6
45～49歳	16
50～54歳	12
55～59歳	8

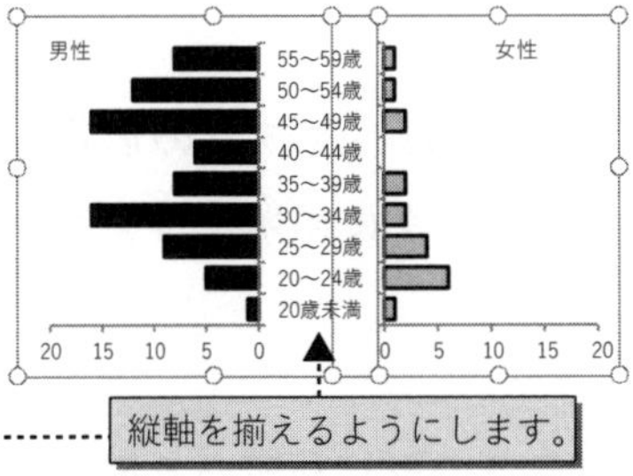

度数分布表のデータ区間を「20～24歳、25～29歳…」の表示に揃えます。
それぞれのグラフを右クリックし、［グラフエリアの書式設定］を選択して、枠線を「線なし」に。縦軸ラベルが表示されるようにグラフを重ねた上で、2つのグラフを指定し、［図形の書式］タブ→［グループ化］で1つのピラミッド図にします。

4　ヒストグラムを作成するときのポイント

ヒストグラムを作成するときには、次の点に注意しましょう。

横軸（データ区間）の設定でヒストグラムの形状は大きく変わる

ヒストグラムは、横軸（データ区間）の設定次第で、グラフの形状（棒の山・谷の状態）が大きく変わります。

【図表２－29】は、同じデータについて、異なるデータ区間を設定したヒストグラムを並べたものです。データ区間を10歳刻みにした右のヒストグラムは、5歳刻みの左図で見られた40歳前後のくぼみが完全に消えています。10歳刻みにすることで、従業員が少ない年齢階級がその前後のデータ区間に含まれてしまったのです。

ヒストグラムの作成においては、グラフの形状を見ながら、「言いたいこと」が伝わるか、相手に誤解を与えないかを確認しながら、進めるようにしましょう。

▷データ区間の設定によりグラフの形状が変わる例　【図表２－29】

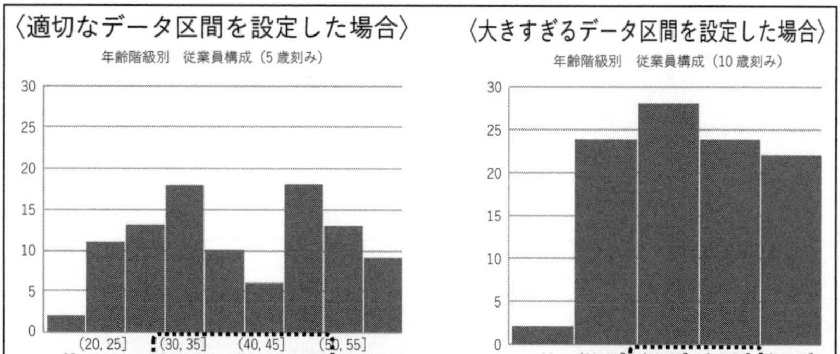

横軸(データ区間)の間隔は、原則として揃える

【図表２－30】は、35 歳未満のデータ区間の間隔を「3 歳」に、35 歳以上の間隔を「5 歳」に、さらに 50 歳以上のデータ区間をまとめた状態に（つまり、ここの間隔は「10 歳」に）して、ヒストグラムを作成したものです。3 歳刻みとしたデータ区間は、5 歳刻みとして区間よりも間隔が短い分だけデータ個数が少なくなり、50 歳以上は 10 歳分をまとめたためにデータ個数が多くなってしまいます。

棒の高さを的確に比較できるようにするために、1 つのヒストグラムでは、データ区間の間隔を揃えることが原則です。

なお、最小および最大のデータ区間で「xx 未満（以上）」のように他の区間よりも間隔を大きくせざるを得ない場合もありますが、このようなときは、棒の高さが隣接する区間よりも高くならないように注意してください。

▷**不揃いなデータ区間の不適切なヒストグラムの例**　【図表２－30】

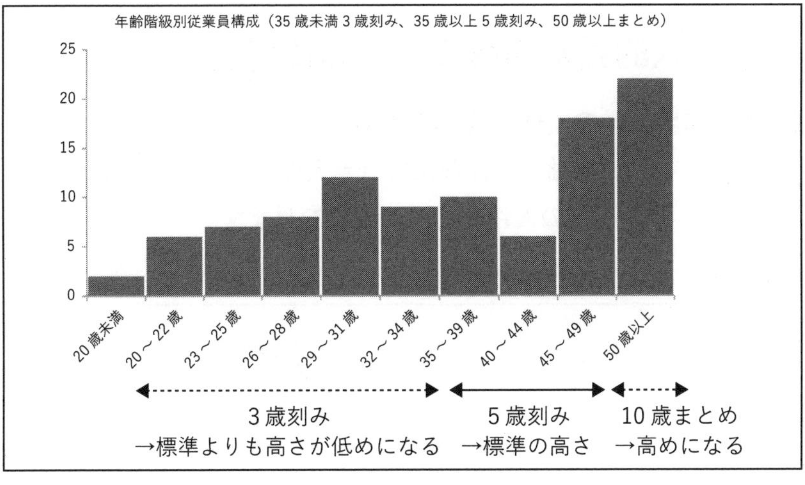

6 折れ線グラフの特徴と作り方

1　折れ線グラフの特徴

「折れ線グラフ」とは、主に時系列の変化を捉えるときに使用するもので、横軸に年や月といった時間を、縦軸にデータ量をとり、それぞれのデータを線で結んだグラフです。線の上がり下がりや傾きなどからデータの増減を捉えます。

1つのグラフに複数の項目（例：売上高と経常利益）の折れ線を示して連動性を見せる、棒グラフと折れ線グラフを組み合わせてデータ量と変化を同時に見せるなど、様々な「見える化」の工夫ができます。

2　人的資本情報における使用例

〈例 1〉 年度ごとの人件費比率の推移

横軸に年度、縦軸に人件費比率（＝人件費÷売上高× 100(%)）をとり、時系列での人件費比率の変化を見ます。

▷年度ごとの人件費比率の推移　　【図表２－31】

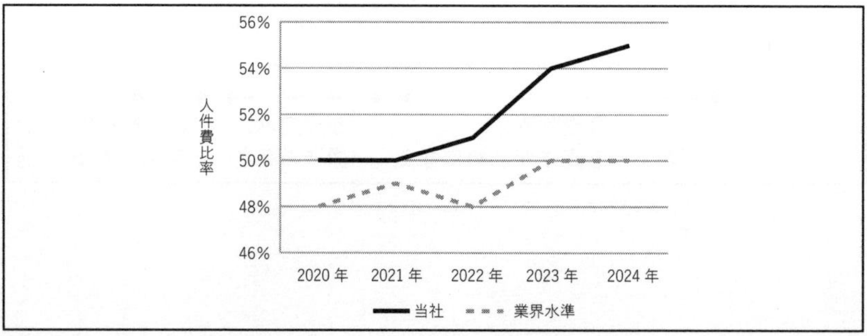

〈例 2〉 月ごとの所定外労働時間の推移（移動平均）

横軸に月、縦軸に所定外労働時間をとり、実測値（点線）と併せて移動平均（直近6か月間の平均値・実線）を示します。月ごとの変化をならした実線を見て、長期的な傾向を掴みます。

▷月ごとの所定外労働時間の推移 【図表2－32】

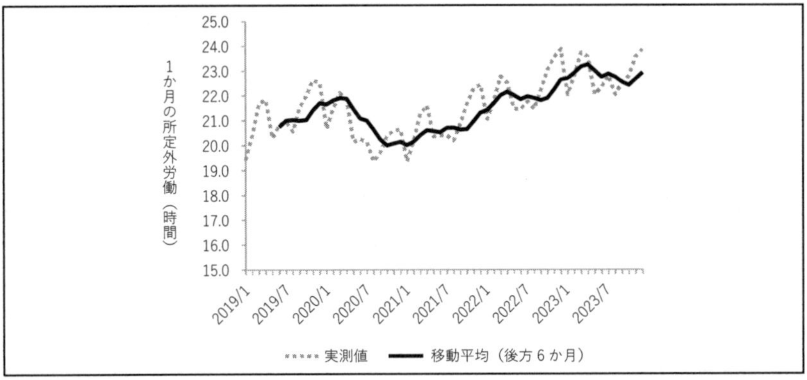

〈例 3〉 売上高と従業員数の推移（組み合わせグラフ／複合グラフ）

折れ線グラフで売上高、縦棒グラフで従業員数を示し、両者の連動性を見ます。

▷売上高と従業員数の推移 【図表2－33】

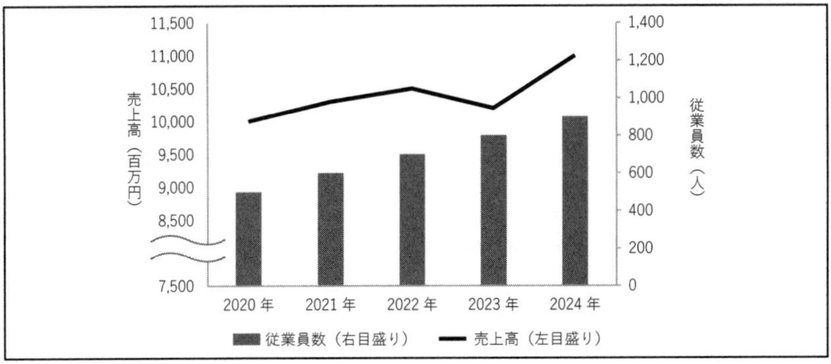

3　グラフの作成方法

【図表２－31】のような折れ線グラフは、データの範囲を指定して、［挿入］タブ→［グラフ］→［折れ線グラフの挿入］を選択すれば作成できます。

ここでは、【図表２－32】のような移動平均のグラフ、【図表２－33】のような組み合わせグラフの作成方法について説明します。

▷移動平均の折れ線グラフを示す方法　　【図表２－34】

STEP 1　データを入力した表を作成する

エクセルシートにデータを入力した表を作成。

※データの入力は、列でも行でも構いませんが、１つの列または行にすることが必要です。複数項目の移動平均のグラフを同時に作成することはできません。

STEP 2　［データ分析］→［移動平均］を選択する

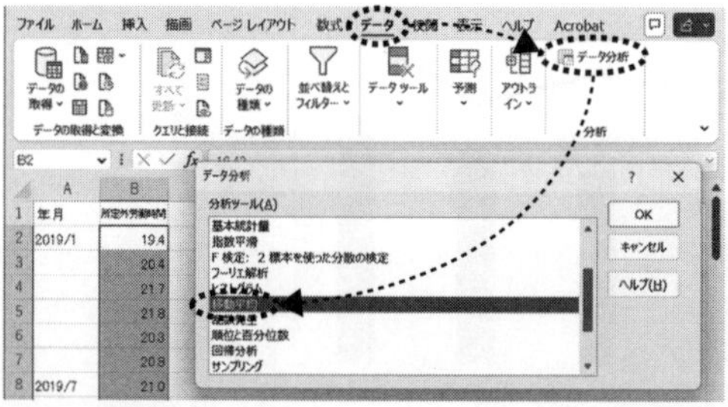

［データ］タブ→［データ分析］を選択し、表示されたボックスから［移動平均］を選択します。

STEP 3 ［入力範囲］や［区間］等を設定し、［グラフ作成］に☑する

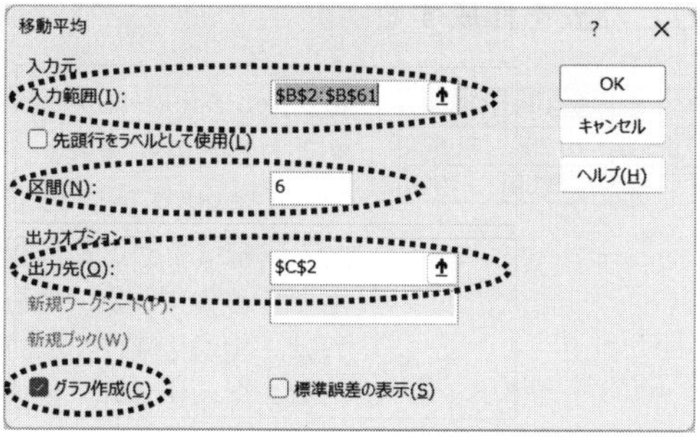

表示されたボックスに次のデータを入力。
入力範囲：
移動平均を算出するデータが入力されたセル範囲
区間：
移動平均の対象期間
6 か月平均を算出する場合は「6」を入力
出力先：
移動平均の算出結果を表示するセル
さらに最下部に表示される［グラフ作成］に☑をします。

STEP 4 移動平均が見やすいようにデザインを調整する

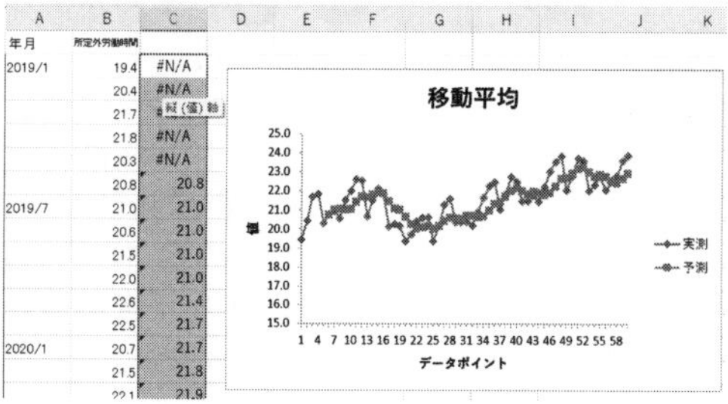

出力先に移動平均が、その近くにグラフが表示されます。「実測」が元データ、「予測」が移動平均のグラフです。
必要に応じて、グラフタイトルや横軸ラベルを追加し、デザインを調整します。

▷組み合わせグラフ（複合グラフ）の作成方法　【図表２－35】

STEP 1　データを入力した表を作成する

	2020 年	2021 年	2022 年	2023 年	2024 年
売上高(百万円)	10,000	10,300	10,500	10,200	11,000
従業員数（人）	500	600	700	800	900

エクセルシートにデータを入力した表を作成。

組み合わせグラフの場合、縦軸は系列ごとに設定できるので、２つの系列は、実数と割合（%）の組み合わせでも、単位が異なっていても（例えば、「円」と「人」でも）構いません。

STEP 2　作成したいグラフを選択する

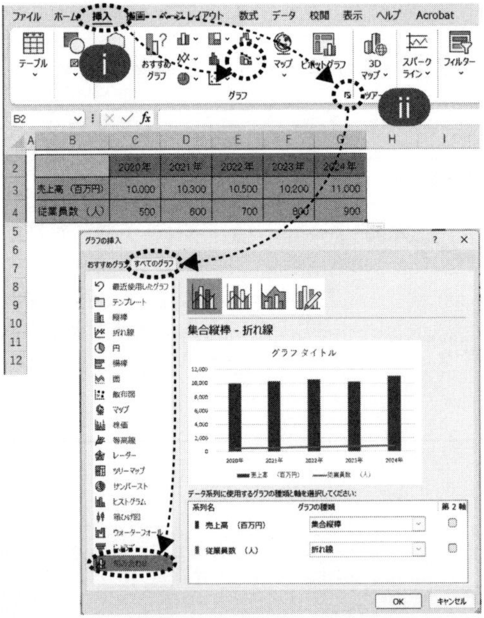

組み合わせグラフの作成方法は、２通りあるので、表を選択したら、i・iiいずれかの操作をします。

- i ［挿入］タブ→［グラフ］→［複合グラフの挿入］→［ユーザー設定の複合グラフを作成する］を選択。
- ii ［挿入］タブ→［グラフ］→［グラフ］リボン右下の↘をクリック→［すべてのグラフ］→［組み合わせ］を選択。

STEP 3 各系列の［グラフの種類］や［軸］を設定する

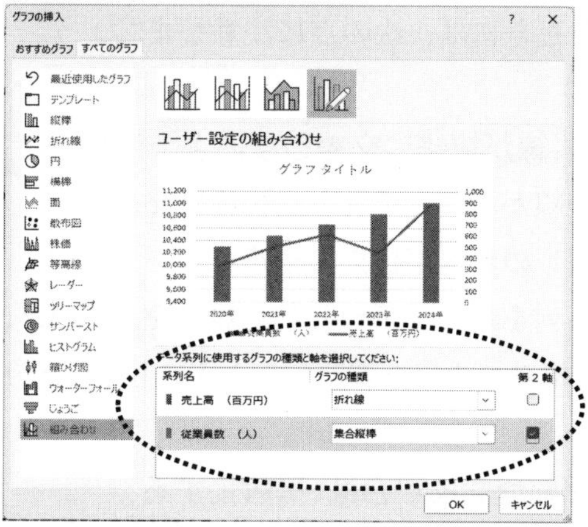

組み合わせグラフのユーザー設定画面から、それぞれの系列の［グラフの種類］（棒グラフまたは折れ線グラフ）や［軸］（第2軸が右側に表示されます）を設定します。

STEP 4 グラフ全体が見やすいように軸やデザインを調整する

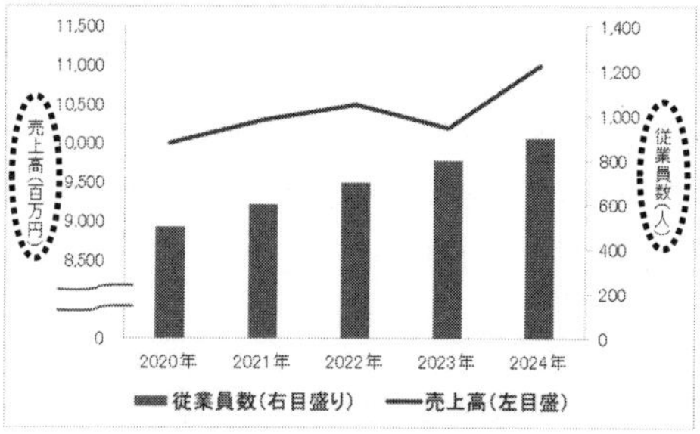

系列で軸を分けた場合（第2軸を使った場合）は、それぞれの軸がわかるように、軸ラベルを追加するべきです。

グラフを選択して、i・iiいずれかの操作で、軸ラベルの追加等を行います。

- i ［グラフのデザイン］タブ→［グラフ要素を追加］
- ii ［+］をクリックし、追加する要素を選択

4　折れ線グラフを作成するときのポイント

折れ線グラフを作成するときには、次の点に注意しましょう。

系列は最大5項目とし、線が複雑に交差しないようにする

折れ線グラフに多くの線があり、それらが複雑に交差していると、一本一本の線（系列）の動きが捉えにくくなります。

折れ線グラフでは、系列を最大５項目とし、線が交差したり、重なったりしないように縦軸の設定を調整するようにしましょう。

データの大きさが異なる場合は、指数化する

例えば、売上高と経常利益のように大きさが異なるデータを１つのグラフ上に示すと、小さいほうの線の動きは読み取れなくなってしまいます。このような場合は、基準となる年度の売上高、経常利益を「100」として、各年度のデータを基準値で割った数値を100倍した数値（「指数」といいます）でグラフを作成しましょう。両方のデータの起点が揃い、それぞれのデータの動きや系列間の連動性が掴みやすくなります。

▷指数化して見やすい折れ線グラフにする例　【図表２－36】

〈実額でグラフを作成した場合〉

（単位：百万円）

	2020年	2021年	2022年	2023年	2024年
売上高	10,000	10,300	10,500	10,200	11,000
経常利益	500	510	515	480	490

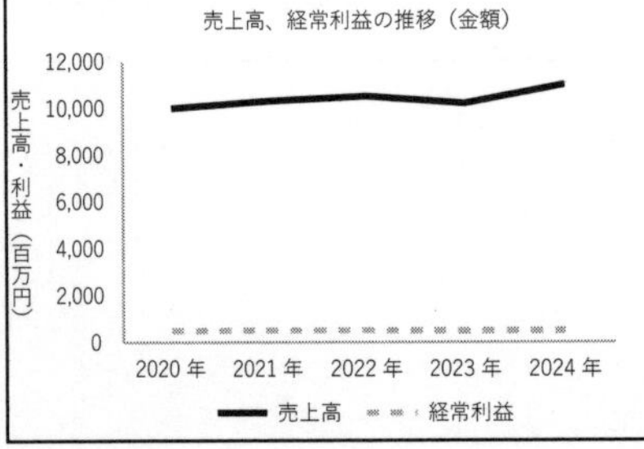

〈指数化してグラフを作成した場合〉

（2020年＝100）

	2020年	2021年	2022年	2023年	2024年
売上高	100	103	105	102	110
経常利益	100	102	103	96	98

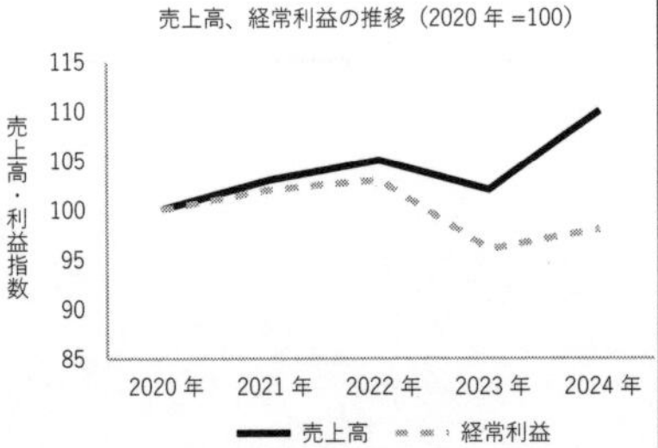

横軸に時間・年齢を設定する場合は、間隔に注意する

折れ線グラフの場合、横軸は、1項目につき1つずつ割り振る設定になっています。時間や年齢等を横軸に設定する場合、元データの間隔が一定になっていないと、グラフの横軸の間隔が揃わず、グラフの形状が不適切なものになってしまいます。

このような場合は、グラフ作成の後、次のいずれかの方法で修正します。

CASE i 横軸を右クリックし、［軸の書式設定］→［軸のオプション］を選択し、［軸の種類］を［日付軸］に変更する

CASE ii グラフを右クリックし、［グラフの種類の変更］→［散布図］を選択し、グラフを［散布図（直線）］に変更する

▷散布図（直線）を使って横軸の間隔を揃える例 【図表２－37】

年齢（歳）	20	22	24	26	28	30	40	50	51	60
所定内給与（円）	190,000	205,000	220,000	240,000	270,000	300,000	400,000	480,000	400,000	400,000

〈折れ線グラフが自動表示した状態〉　〈散布図（直線）に変更した状態〉

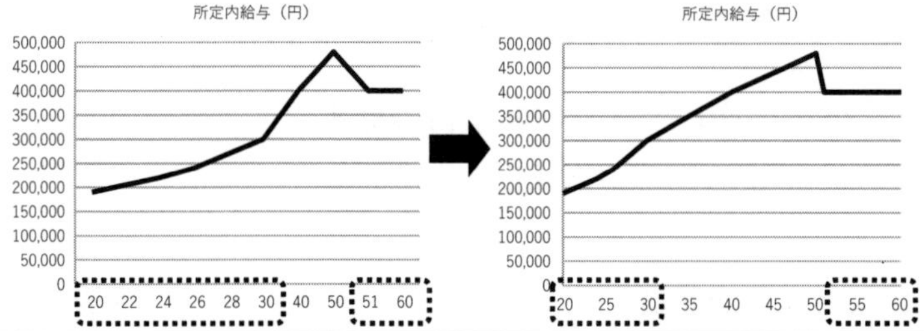

移動平均を使う場合は、適切な区間を設定すること

移動平均を使う場合、平均値を算出する区間を小さくしすぎると折れ線の凹凸がならされず、逆に大きくしすぎると折れ線が平らになってしまいます。

移動平均を表示する場合は、データ量の変化の傾向が読み取れるように、適切な区間を設定することがポイントとなります。

7 円グラフの特徴と作り方

1　円グラフの特徴

「円グラフ」とは、円全体を100％として各項目の構成割合を扇形で示したグラフです。アンケートにおいて、ある回答が過半数を超えていることを示すとき等に適しています。

なお、「円グラフ」を重ねることにより、階層ごとの内訳を示す「サンバースト」というグラフもあります。

円グラフは、見る人に強い印象を与えることができる長所がある反面、項目数が多く円が細分化されると傾向が掴みにくくなる等の短所もあり、使用するときには注意が必要です。

2　人的資本情報における使用例

〈例 1〉従業員満足度調査の各項目の結果

アンケートの回答の構成割合を示します。

▷報酬に対する満足度　【図表２－38】

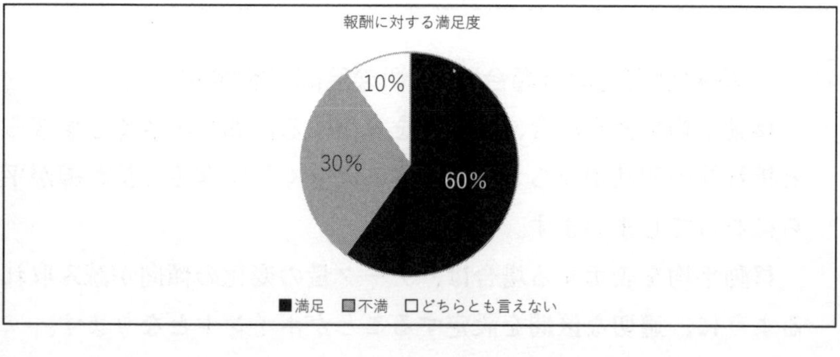

〈例 2〉女性管理職比率等の特定の比率（ドーナツ図）

円グラフの中央にスペースを設けて、タイトルを入れます。

女性管理職比率等、特定の数値をアピールするときに使用します。

▷**女性管理職比率** 【図表２－39】

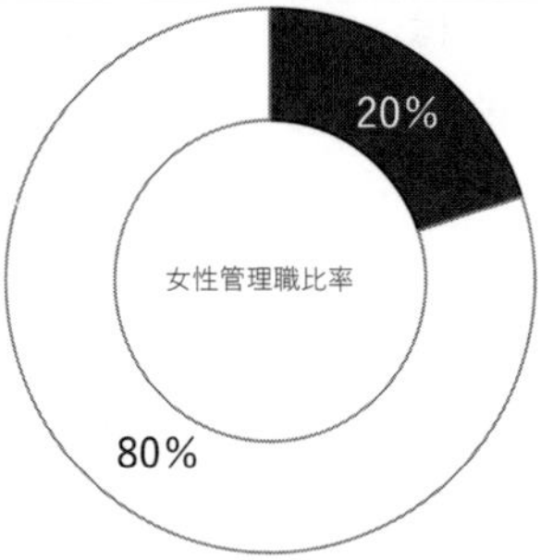

〈例 3〉女性管理職の内訳（サンバースト）

女性管理職について、役職と年齢階級の内訳を示すことにより、その構成割合を見ます。

▷**女性管理職の内訳** 【図表２－40】

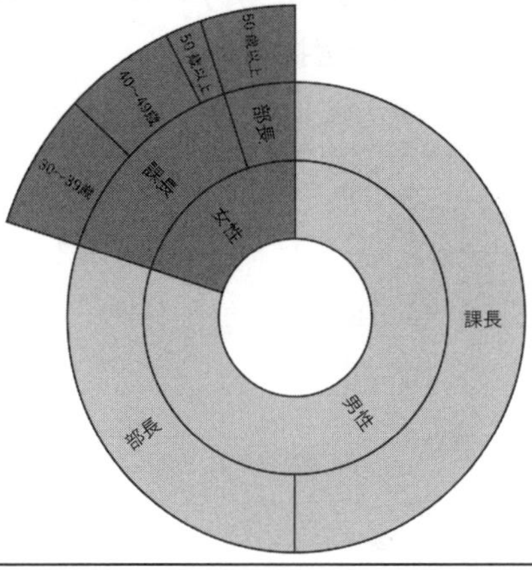

3　グラフの作成方法

ここでは、【図表２－39】のドーナツ図の作成方法を説明します。

なお、【図表２－38】は、STEP 2 のグラフの選択で［円グラフ］を、【図表２－40】は、［サンバースト］を指定して作成します。なお、サンバーストは、エクセル2016から搭載された機能であるため、それよりも前のバージョンでは作成できません。

▷ドーナツ図の作成方法　　【図表２－41】

STEP 1　データを入力した表を作成する

区分	構成割合
女性	20%
男性	80%

エクセルシートにデータを入力した表を作成。データは行、列どちらに入力しても構いません。時計回りにデータを見ていく人が多いので、言いたいことが関係するデータは最初の行（列）に入力します。

STEP 2　［挿入］タブ→［グラフ］→［円グラフの挿入］→［ドーナツ］を選択する

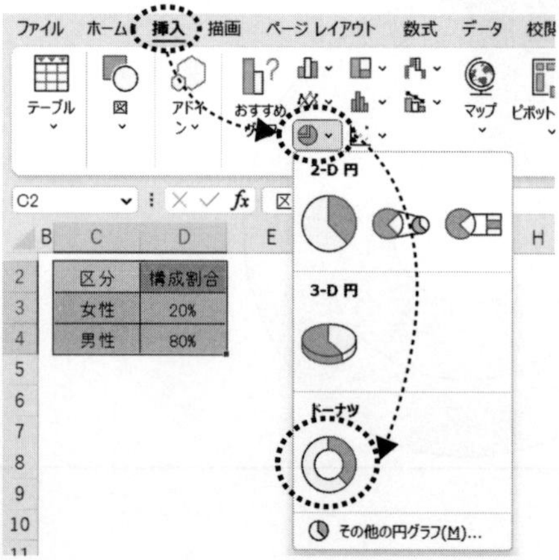

［挿入］タブ→［グラフ］→［円グラフの挿入］→［ドーナツ］を選択します。

※ここで［2-D 円］を選択すれば、【図表２－38】のような円グラフになります。

STEP 3　ドーナツの穴の大きさ等を調整する

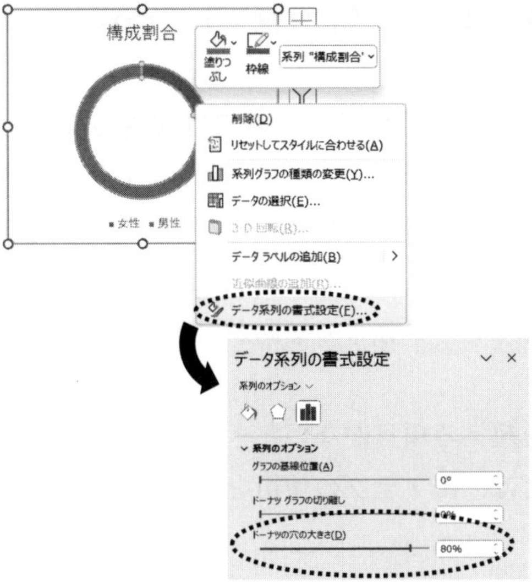

表示されたグラフをダブルクリックし、画面の右側に表示される［データ系列の書式設定］よりドーナツの穴の大きさを変更します。

STEP 4　グラフタイトルを円の中央に移動する

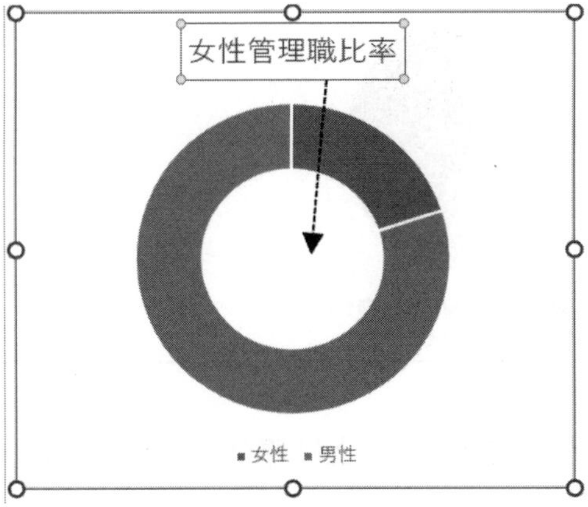

i・ii いずれかの方法でタイトルを移動します。

i グラフタイトルを円グラフの中央（ドーナツの穴の部分）に移動。

ii テキストボックスを挿入し、グラフの中央にタイトルを追加。

4　円グラフを作成するときのポイント

円グラフを作成するときには、次の点に注意しましょう。

過半数を超える項目がない、項目が多いときには使用しない

円グラフは、各項目の円に占める部分で構成割合を捉えるグラフであるため、特定の項目が過半数を超えている（扇形が半円より広がる）ときなどはわかりやすい反面、円が細分化されてしまうと、各項目の構成割合やデータ分布の傾向が捉えにくくなります。

したがって、過半数を超える項目がないときや、項目が多く円が細分化されるときなどは、円グラフの使用を避けたほうが良いです。

▷細分化されて、分布傾向が捉えにくい円グラフの例　【図表２－42】

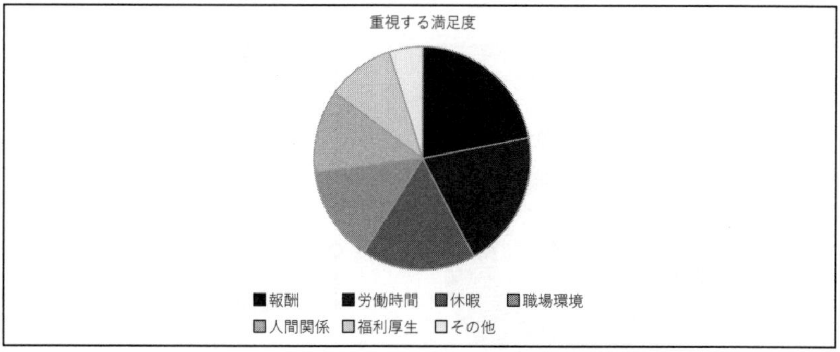

構成割合の時系列変化は「100％積み上げ棒グラフ」を使う

ある項目について構成割合の時系列での変化を見る場合、円グラフよりも、100％積み上げ棒グラフを並べたほうがデータの傾向を捉えやすくなります。特に分析対象が３つ以上ある場合は、円グラフを３つ並べるのではなく、100％積み上げ横棒グラフ（帯グラフ）を縦に並べたほうが、各項目の増減が簡単に掴めます。

▷「円グラフ」と「100％積み上げ棒グラフ」で示したときの比較 【図表2－43】

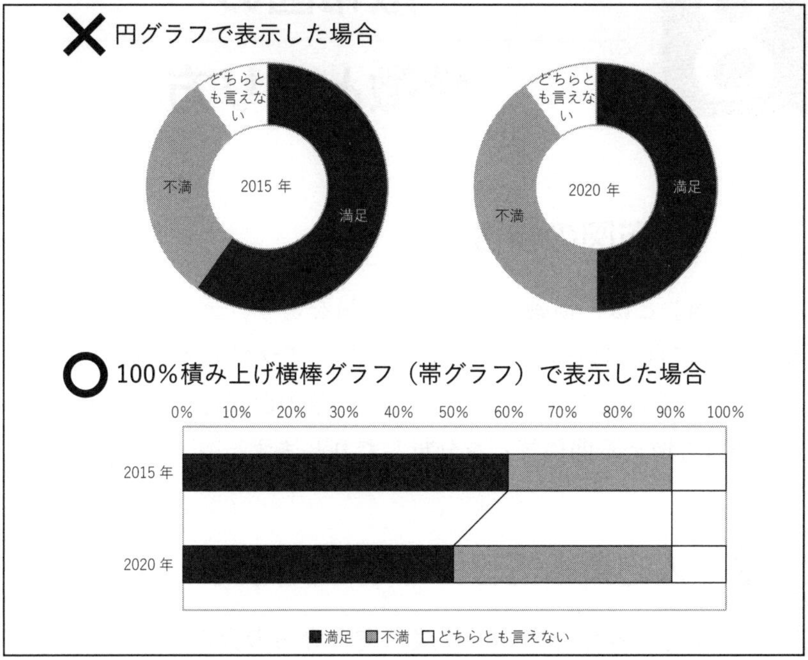

円グラフの使用は、強調したい部分だけに限定する

円グラフは、「ぱっと見が良い」「相手に強い印象を与えることができる」という長所がある反面、「場合によっては、データの傾向が捉えにくくなる」という短所もあります。

資料作りにおいては、相手にとっての「わかりやすさ」を最優先に考えるべきです。したがって、円グラフの使用は、わかりやすさの面で支障が生じず、かつ、自分が強調したい部分に限定することがポイントです。

8 散布図の特徴と作り方

1 散布図の特徴

「散布図」とは、横軸と縦軸に別の量をとり、データが当てはまるところに点を打った（プロットした）グラフです。点の分布からデータの傾向を読み取ったり、2つの量の関係性（一方が増えたら、他方も増える関係等）を分析したりします。

2 人的資本情報における使用例

〈例 1〉年齢別賃金分布図の作成（賃金分布の分析）

横軸に年齢、縦軸に所定内賃金をとった座標軸上に、従業員一人ひとりを点で示します。この図から、賃金水準や格差構造（同一年齢の賃金差）を読み取ることができます。

▷年齢別賃金分布図　【図表２－44】

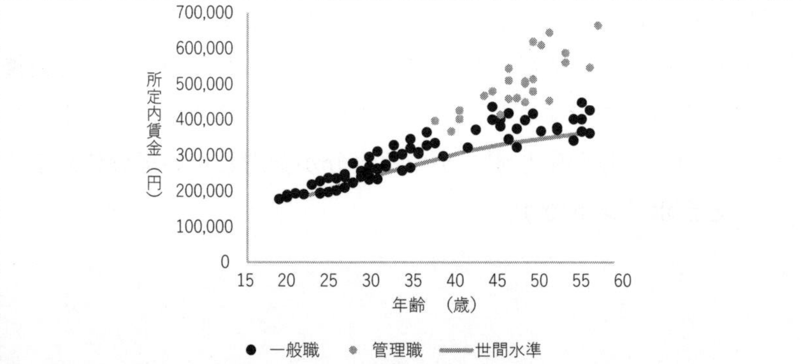

資料出所：厚生労働省「賃金構造基本統計調査」

〈例 2〉売上高・従業員数の散布図（両者の関係性の分析）

横軸に売上高、縦軸に従業員数をとり、直近数年度の実績をプロットして、両者の関係性の分析や従業員数の推測に使います。

▷**売上高・従業員数の散布図**　【図表２－45】

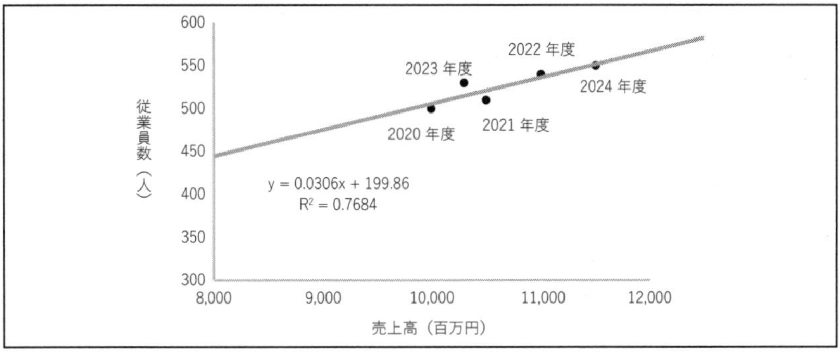

〈例 3〉事業別・従業員配置図（バブルチャート）

横軸に売上高、縦軸に成長率をとって社内の各事業をプロットし、さらに社内の各事業の従業員数を円の大きさで示して、従業員の配置を検討するときなどに使います。

▷**事業別・従業員配置図**　【図表２－46】

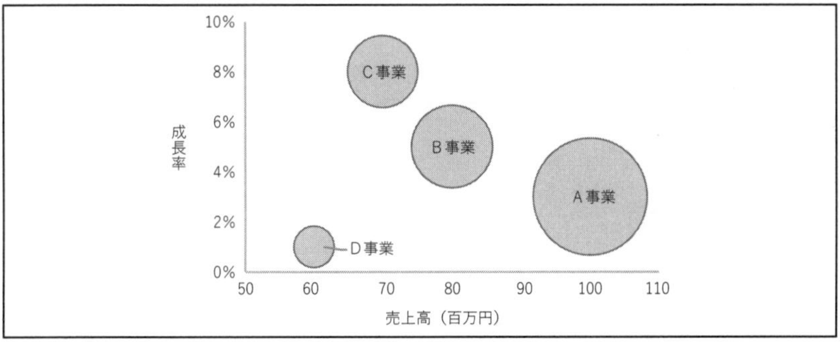

3　グラフの作成方法

【図表２－44】の散布図は、次の手順で作成します。

▷散布図の作成方法　【図表２－47】

STEP 1　データを入力した表を作成する

年齢	一般職	管理職	世間水準
19	178,000		
19	178,000		
20	183,000		
20	189,500		
20	188,500		
57	362,000		
38		396,000	
40		367,000	
41		426,000	
41		402,000	
46		414,000	
58		665,000	
22			213,100
27			246,200
52			366,200
57			365,500

エクセルシートにデータを入力した表を作成。
一般社員、管理職、世間水準でプロットする点の形・色を変えたい場合は、縦軸（賃金）のデータを入力する列をずらします。
このとき、横軸（年齢）のデータを入力する列はずらさないように注意しましょう。

STEP 2　［挿入］タブ→［グラフ］→［散布図の挿入］を選択する

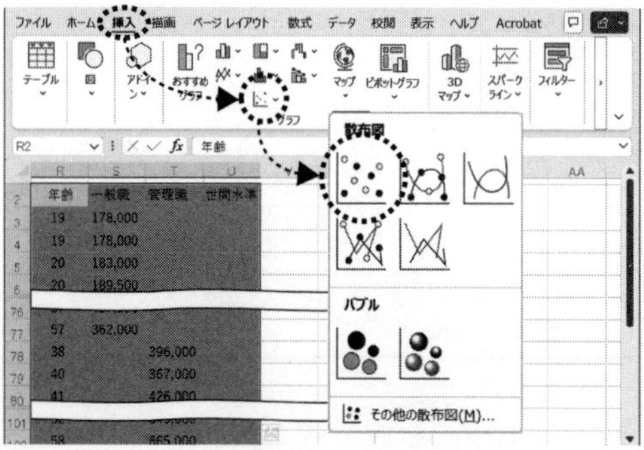

［挿入］タブ→［グラフ］→［散布図の挿入］を選択します。

STEP 3　軸の最大値・最小値やデザイン等を調整する

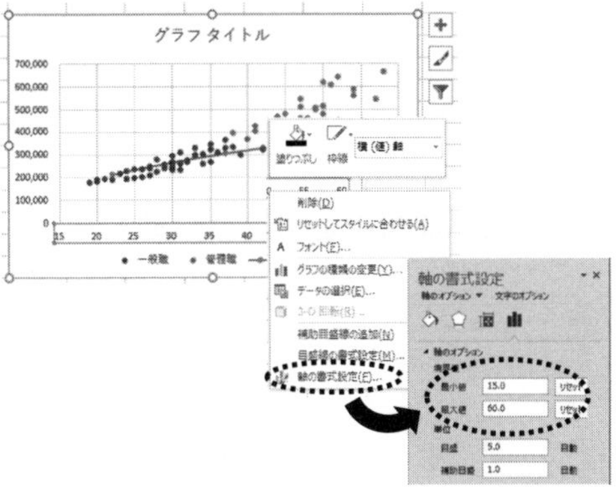

グラフ上の調整したいパーツを右クリックして、書式を設定します。例えば、横軸（年齢）を調整したい場合、横軸を右クリックし、表示されたボックスから［軸の書式設定］を選択します。画面右に表示された書式設定のボックスから［軸のオプション］を選び、最小値、最大値を入力します。

STEP 4　世間水準を［データ書式の設定］を使って線で表示する

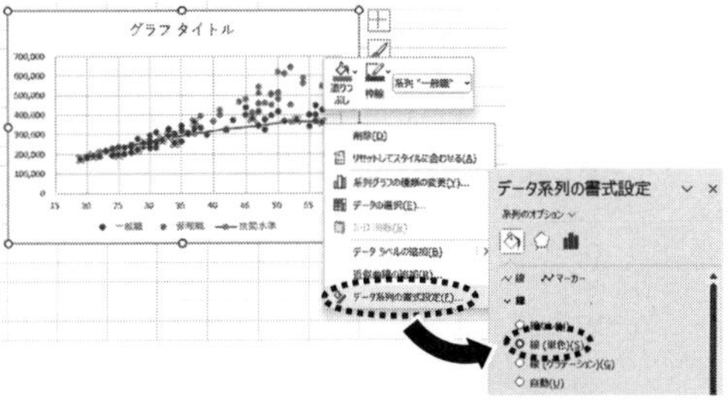

グラフ上の世間水準の任意のデータ（点）を右クリックし、表示されたボックスから［データ系列の書式設定］を選択します。
次に画面右に表示された書式設定画面から、［線(単色)］を選択します。

STEP 4 補足　点の表示を削除する

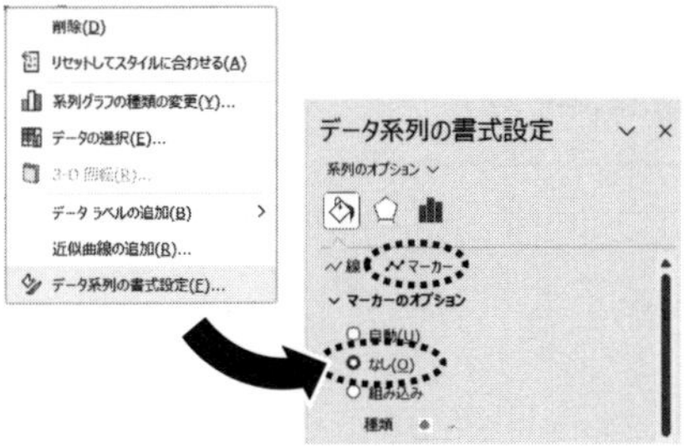

点の表示は、［マーカー］を選択し、［マーカーのオプション］で［なし］を選択すると削除できます。

【図表2－45】のような傾向線を引くには、【図表2－47】 STEP 1 ～ STEP 3 の要領で散布図を作成した後、次のような操作を行います。

▷散布図上に傾向線を引く方法 【図表2－48】

STEP 1 散布図を作成し、［近似曲線の追加］を指定する

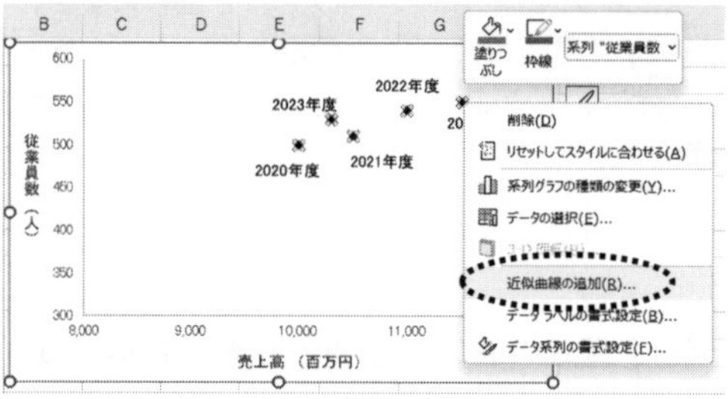

散布図上の任意のデータ（点）を右クリックし、表示されたボックスから［近似曲線の追加］を選択します。

STEP 2 ［近似曲線の書式設定］で［線形近似］を選択する

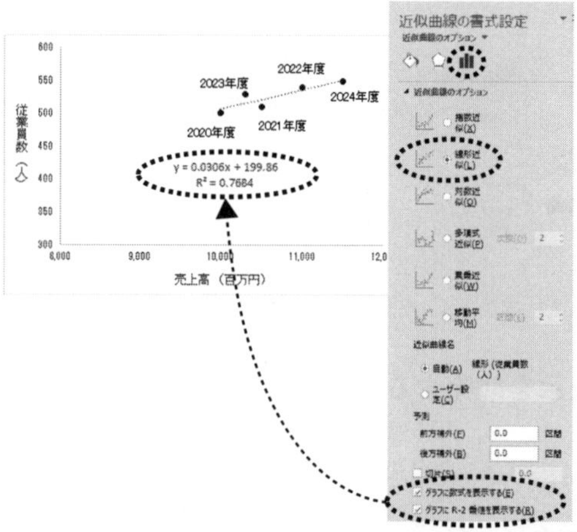

［近似曲線の追加］を選択すると、サンプル上に傾向線が引かれ、画面右に［近似曲線の書式設定］のボックスが表示されます。
ボックスの一番下に表示されている［グラフに数式を表示する］と［グラフに R-2 乗値を表示する］に☑します。

この傾向線は、「回帰分析」という統計的手法を使って引かれています。

回帰分析とは、(x_1、y_1)、(x_2、y_2)・・・のように組になった複数のデータがあるときにxとyの関係性を分析する手法で、「線形近似」の場合、その関係性は「y = ax + b」という方程式（回帰式）で示されます。回帰分析は、一般的に「最小二乗法」という方法で行われており、これは、各データと回帰式により求めた推計値との差の二乗の和が最小になるように、aとbを設定する方法です。

【図表2－45】の場合は、「y = 0.0306x + 199.86」という回帰式が表示されましたが、この式のxは売上高を、yは従業員数を指します。この回帰式を使えば、例えば売上高（x）が12,000百万円に増加したら、従業員数（y）は567人（≒ 0.0306 × 12,000 + 199.86）になっているだろうと合理的な推測ができます。

なお、ここでは回帰式と一緒に「R^2 = 0.7684」という結果も表示されます。この「R^2」（R－2乗値）は、決定係数と呼ばれるもので、回帰式と実際のデータとの一致度合いを0から1までの数値（1に近いほど一致度が高い）で示します。【図表2－45】では、「R^2」は0.7684と1に近い数値を示しており、回帰式と実際のデータがほぼ一致していることがわかります。

このようにエクセルが表示した散布図上に傾向線を引くことによって、2つのデータの関係性を具体的に「見える化」することができます。さらに回帰分析を行えば、xがある数値になったときのyの数値を合理的に推測することもできます。

【図表２－46】のバブルチャートは、次の手順で作成します。

▷バブルチャートの作成方法

【図表２－49】

STEP 1 データを入力した表を作成する

	売上高	成長率	従業員数
A 事業	100	3%	400
B 事業	80	5%	200
C 事業	70	8%	150
D 事業	60	1%	50

エクセルシートにデータを入力した表を作成。

STEP 2 作成したいグラフを選択する

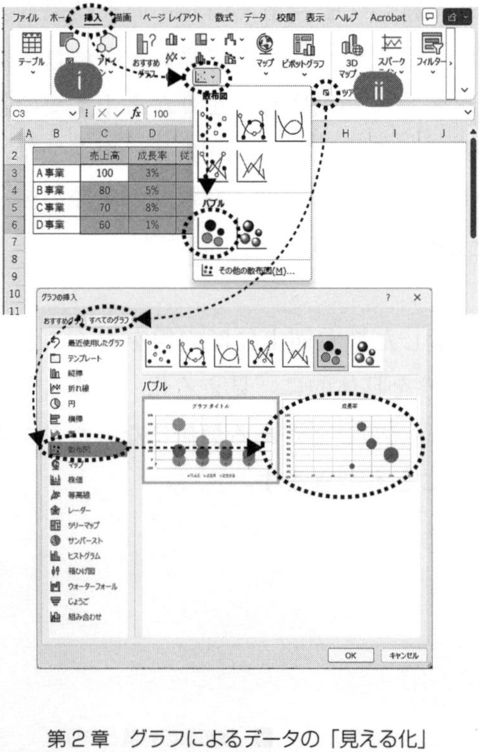

データが入力されているセル範囲（ラベルを含まない）を選択して、i・iiいずれかの操作をします。

i ［挿入］タブ→［グラフ］→［散布図の挿入］→［バブル］を選択。

ii ［挿入］タブ→［グラフ］→［グラフ］リボン右下の↘をクリック→［すべてのグラフ］→［散布図］→［バブル］を選択。

STEP 3 横軸と縦軸の最大値・最小値やバブルの大きさ等を調整する

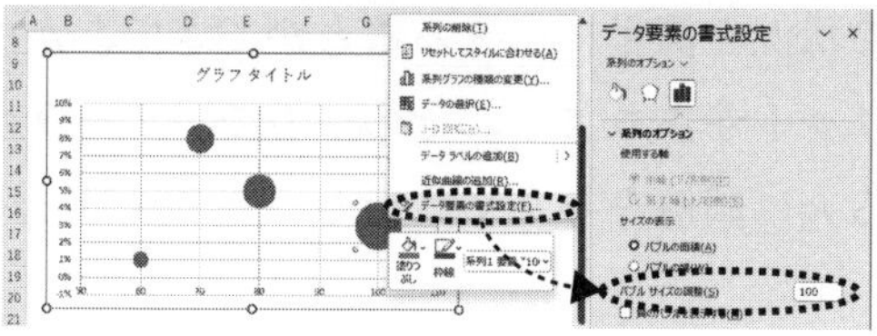

調整したいパーツをクリックして、画面右に表示される［データ要素の書式設定］のボックスを使って、軸の最大値、最小値やバブルの大きさ等を調整します。
バブルの大きさは、任意のデータ（バブル）を右クリックし、表示されたボックスから［データ要素の書式設定］を選択、［バブルサイズの調整］の数値を変更することで調整できます。

STEP 4 ［データラベルの書式設定］で系列名を追加する

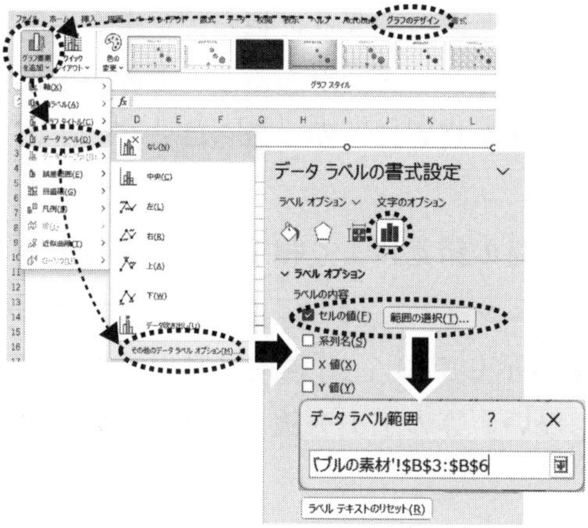

【図表２－46】のように系列名（この場合は、事業名）を表示したい場合は、グラフをクリックして、［グラフのデザイン］タブ→［グラフ要素を追加］→［データラベル］→［その他のデータラベルオプション］を選択、［データラベルの書式設定］→［ラベルオプション］で［セルの値］に系列名が入力されているセル範囲を指定します。

4　散布図を作成するときのポイント

散布図は、データ分布の状況を簡単に伝えることができて、かつ応用範囲が広いというメリットがあります。その一方で、データが点で示される特性上、見る人に誤解を与えやすいというデメリットもあります。

散布図を使うときには、次の点に注意しましょう。

「目の錯覚」による誤解が生じないように注意する

例えば、【図表２－44】の年齢別賃金分布図において、同一年齢に同一賃金額の従業員が多数存在すると、１つの点に多くのデータが重なっている状態になります。それでも、見た目は１つの点になっているため、そこには１つのデータしか存在していないように見えてしまいます。これにより、散布図上では２つの点の真ん中に平均値があるような錯覚が生じます。

また、極端に賃金が高いデータ（つまり、他のデータから離れたところにプロットされているデータ）があると、その印象に引きずられて、データ分布全体が高めに、かつ散らばっているような錯覚が生じます。

散布図を使うときには「目の錯覚により相手に誤解を与えることはないか」という点をチェックし、場合によっては「散布図の近くに年齢ごとの平均値も示しておく」「極端に高い・低いデータは散布図にプロットしない」等の工夫を施すことが必要です。

傾向線を使った推測は「従来の延長に過ぎない」と思っておく

【図表２－48】で説明した回帰分析を使って、一方のデータ（x）がある値になったときの他方のデータ（y）の値を推測する方法は、様々な場面で使うことができます。

ただし、この手法は、過去の傾向から将来を推測するものに過

ぎないので、「過去のデータに一定の傾向が見られないとき」や「過去の傾向とは異なる状況になったとき」は、的確な推測を行うことはできません。また、この手法は、過去に悪い傾向があると、それに引きずられた状態で将来の姿を推測してしまいます。

傾向線を使った推測では、「将来の望ましい姿」を示すことはできません。その意味では、傾向線を使った推測は、「従来の延長に過ぎない」と思っておかなければなりません。

バブルチャートが作成困難なときは、散布図で代用する

バブルチャートを作成してみると、横軸、縦軸、バブルの大きさの調整が困難で、自分のイメージ通りにならないことがあります。このようなときは、散布図を使い、バブルの大きさの代わりに点の密度で示すことで、データ分布の特徴を伝えましょう。

【図表２－50】 は、各従業員にデータ分析力とコミュニケーション力の２つのテストを実施し、その結果を散布図に示したものです。これを見ると「データ分析力は弱いが、コミュニケーション力は高い」従業員が多数存在していることがわかります。

▷散布図を使って従業員の分布を示した例 【図表２－50】

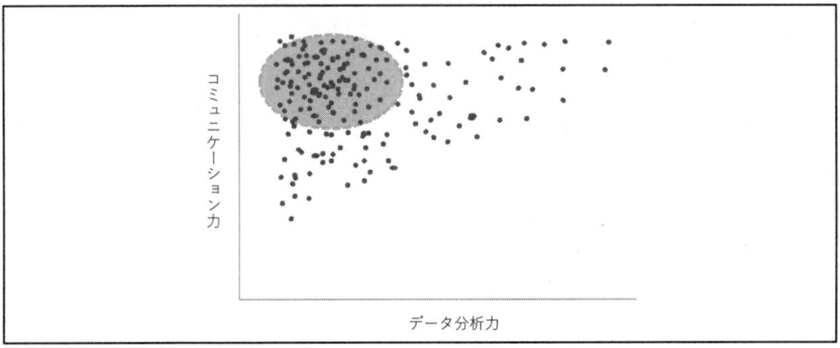

9 箱ひげ図の特徴と作り方

1 箱ひげ図の特徴

「箱ひげ図」とは、データを大きい順に並べたときに中央50％のデータが含まれる範囲を「箱（四角）」で、データ全体が含まれる範囲（最大値～最小値）を「ひげ（線）」で示したグラフです。「箱」から標準的なデータの範囲を、「ひげ」から特に高いまたは低いデータの範囲をそれぞれ捉えて、データ分布の特徴を掴みます。

箱ひげ図では、まずデータを大きさの順に並べた上で、含まれるデータの数が等しくなるように４つのグループに分けます。そして、一番小さいグループと二番目に小さいグループの境目にあるデータ（第１四分位数）を箱の下限に、また、一番大きいグループと二番目に大きいグループの境目にあるデータ（第３四分位数）を箱の上限に示します。さらに、最小値と最大値を、ひげの両端に示します。

したがって、箱はデータ全体の中央50％、ひげは上位または下位25％のデータが含まれる範囲を、それぞれ示します。

▷箱ひげ図が示すもの　【図表２－51】

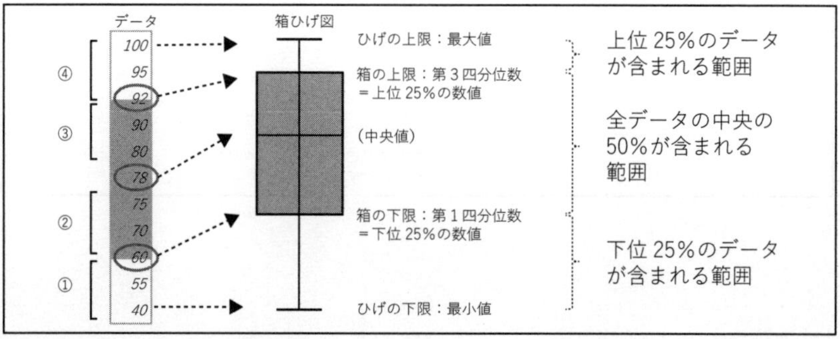

2　人的資本情報における使用例

〈例 1〉 等級別賃金分布図（等級間の賃金格差の分析）

横軸に等級、縦軸に所定内賃金をとり、箱ひげ図を作成します。箱ひげの重なり等を見て、賃金格差の適正性をチェックします。

▷等級別賃金分布図　　【図表２－52】

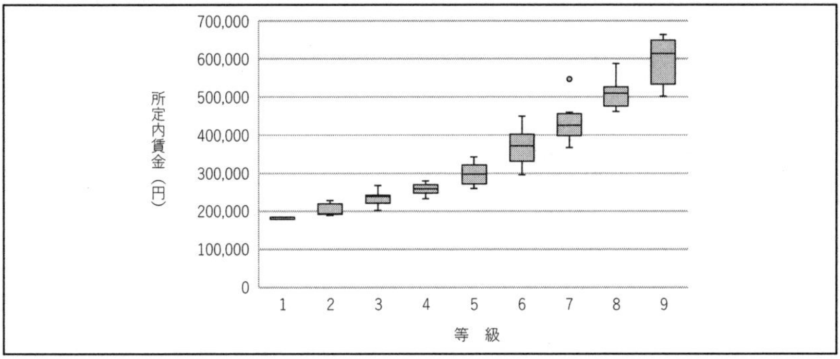

〈例 2〉 職種別報酬レンジ図（専門職の報酬の分析）

株価チャートを使うと、異なるデータ群の最大値・最小値（データの範囲）を比較できます。横軸に職種、縦軸に年収をとると、自社と世間水準の年収レンジを比較した図を作成できます。

▷職種別報酬レンジ図　　【図表２－53】

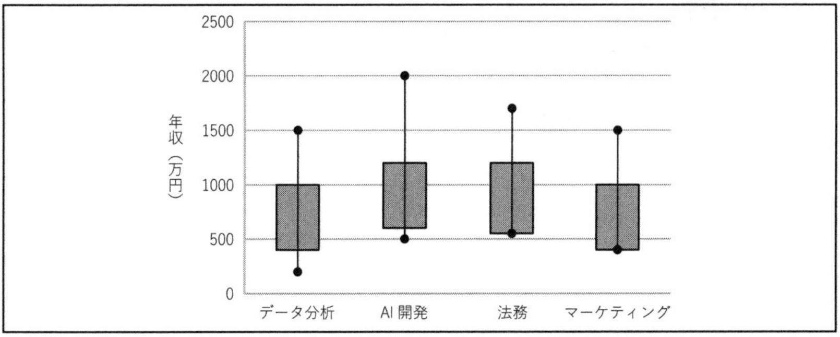

3　グラフの作成方法

【図表２－52】の箱ひげ図は、次の手順で作成します。

▷箱ひげ図の作成方法　　【図表２－54】

STEP 1　データを入力した表を作成し、グラフを選択する

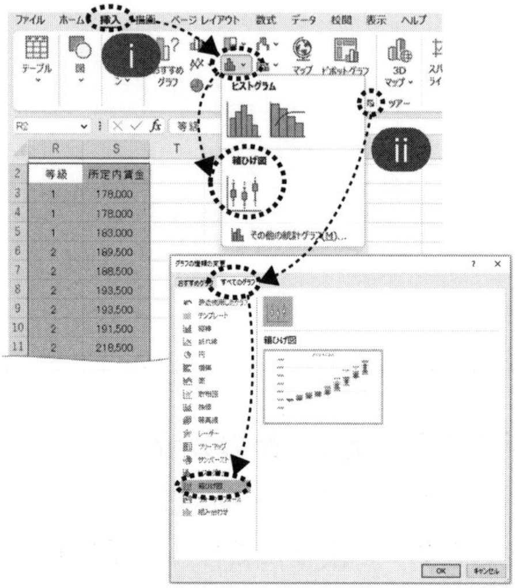

エクセルシートにデータ（等級と賃金）を入力した表を作成。

※データの並べ替えは不要です。

表を選択した上で、i・iiいずれかの操作をします。

i ［挿入］タブ→［グラフ］→［ヒストグラムの挿入］→［箱ひげ図］を選択。

ii ［挿入］タブ→［グラフ］→［グラフ］リボン右下をクリック→［すべてのグラフ］→［箱ひげ］を選択。

STEP 2　グラフを右クリックし、［データの選択］をクリックする

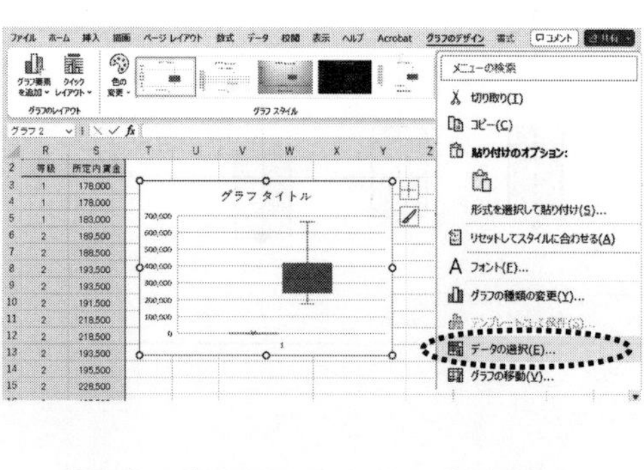

箱ひげ図が表示されたものの、横軸が等級別に区分けされていません。

この場合は、そのグラフを右クリックし、表示されたボックスから［データの選択］をクリックします。

STEP 3 ［データソースの選択］で「等級」を削除、横軸ラベルを「等級」にする

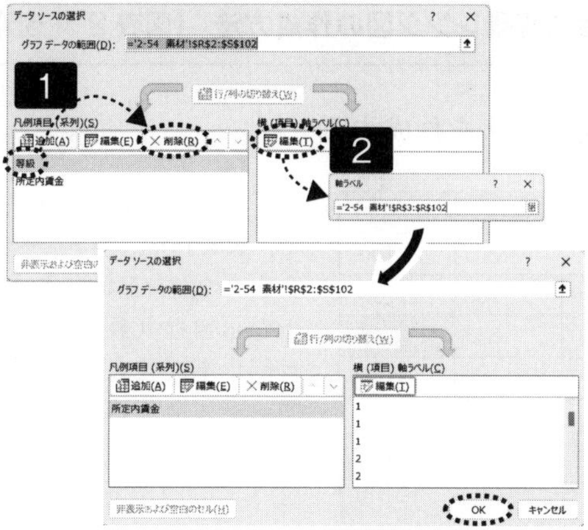

［データソースの選択］で、次の操作を行います。

1 ［凡例項目（系列）］の［等級］（または系列1）を削除する。

2 ［横（項目）軸ラベル］の［編集］をクリックして、表示されたボックスに「等級」のデータが入力されたセル範囲を指定します。指定は、データが入力されたセル範囲のみで、項目ラベルは含めません。

1・2の操作をして、下のボックスの状態になったら、［OK］をクリックします。

STEP 4 グラフ全体が見やすいように軸やデザインを調整する

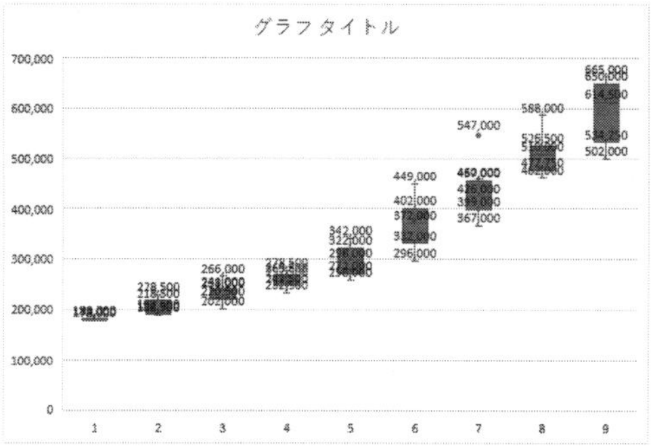

［グラフのデザイン］タブを選択して、見やすいように軸やデザインを調整します。
データラベルを追加すると、箱とひげの両端（四分位数と最大値・最小値）の数値が表示されます。
等級別に四分位数を算出したいときは、この機能を使うと効率的です。

【図表２－53】の職種別報酬レンジ図は、次の手順で作成します。

▷株価チャートを使った職種別報酬レンジ図の作成方法 【図表２－55】

STEP 1 データを入力した表を作成する

	データ分析	AI 開発	法務	マーケティング
自社（最大値）	1000	1200	1200	1000
世間水準（最大値）	1500	2000	1700	1500
世間水準（最小値）	200	500	550	500
自社（最小値）	400	600	550	400

項目と株価チャートは次のように対応します。
自社（最大値）：箱の上
世間水準（最大値）：ひげの上
世間水準（最小値）：ひげの下
自社（最小値）：箱の下

データの並び順に注意して、表を作成。
データの並び順は、表の上から自社（最大値）、世間水準（最大値）、世間水準（最小値）、自社（最小値）とします。

STEP 2 作成したいグラフを選択する

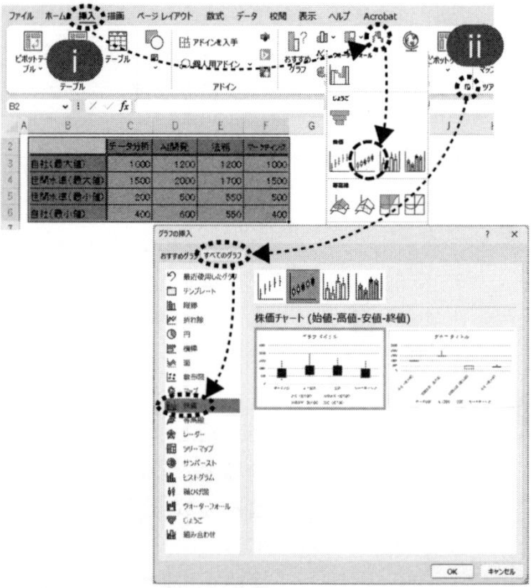

表を選択した状態で次のi・iiいずれかの操作をします。

i ［挿入］タブ→［グラフ］→［ウォーターフォール図等の挿入］→［株価］を選択。

ii ［挿入］タブ→［グラフ］→［グラフ］リボン右下の↘をクリック→［すべてのグラフ］→［株価］を選択。

STEP 3 グラフ全体が見やすいように軸やデザインを調整する

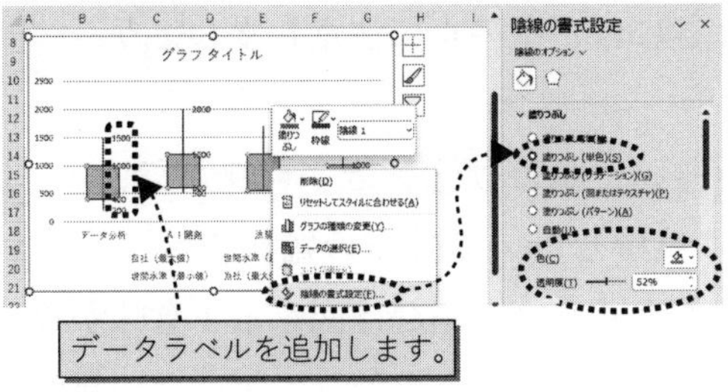

変更したいグラフのパーツをクリックし、軸やデザインの調整を行います。
箱の部分を右クリックし、「陰線の書式設定」より色や透明度を変更すれば、自社と世間データとの比較がしやすい図となります。
また、データラベルを追加すれば、自社と世間の報酬レンジの額がわかります。

株価チャートは、もともと一定期間の株価の始値・終値を「箱」で、最大値・最小値を「ひげ」で示すものですから、「箱」よりも「ひげ」のほうの範囲が狭いということはあり得ません。したがって、株価チャートは、自社の最大値が世間のそれを上回るとき、逆に、自社の最小値が世間のそれを下回るときは作成できません。

近年、日本企業のIT技術者などの報酬が世界基準と比べて見劣りすると盛んに言われています。技術者をはじめとした高度専門職の報酬は、自社にしろ世界基準にしろ大きな幅があるため、平均値を比べただけでは適切な判断ができません。このようなときに、株価チャートを使って、自社と世界基準の年収範囲（報酬レンジ）を比較すると良いでしょう。

4 箱ひげ図等を作成するときのポイント

箱ひげ図等を作成するときには、次の点に注意しましょう。

データの上下幅が小さいと箱ひげ図を示す意味がない

データが中央値付近に集中していて分布の幅が極端に小さいと、箱とひげの区別がつかなくなり、箱ひげ図を示す意味がなくなってしまいます。また、株価チャートを使ってデータの範囲を比較する場合も、これと同様のことがいえます。

箱ひげ図等は、データ分布に一定の幅があるとき、かつ、その幅の比較について言及したいときに使うようにしましょう。

統計データの最小値・最大値は、成績格差を示すものではない

自社において、役職ごとに賃金の最小値・最大値を算出すれば、その役職の賃金格差、すなわち「能力や成績等によって差がつく賃金の範囲」を示しているものと捉えられます。ただし、これを世間水準と比較しようとするときは注意が必要です。

厚生労働省「賃金構造基本統計調査」において、役職の分布特性値を見ると、役職ごとに賃金の第1・第9十分位数（データ全体の下位10％と上位10％に位置する値。最小値、最大値に近い数値）が掲載されています。この統計データの第1・第9十分位数の差を、自社と同じように「能力や成績等によって差がつく賃金範囲」と捉えてはいけません。なぜならば、統計データの第1・第9十分位数の差は、「労働者の能力・成績等による差」よりも、「企業間の賃金水準の違い」を強く反映しているからです。

例えば、自社の課長職の賃金の最小値が40万円、最大値が60万円だったとします。これらの差の20万円は、課長職において能力・成績等で差がつく部分と捉えられます。一方、統計データの課長職の賃金の第1十分位数が30万円、第9十分位数が70万

円だったとします。これらの差の40万円には、集計対象となった企業の賃金水準の違いが強く影響しています。ですから、この結果を見て「当社は、課長の中での賃金格差は20万円で、世間水準の40万円と比較して小さすぎる」と判断することは誤っています。仮に、そのような判断に基づいて賃金設計を行った場合、その企業は、賃金水準の低い企業から高い企業までをひっくるめた格差を持つ、超成果主義的な制度となってしまいます。

▷**企業間の賃金水準の違いが反映された統計データの範囲**　【図表２－56】

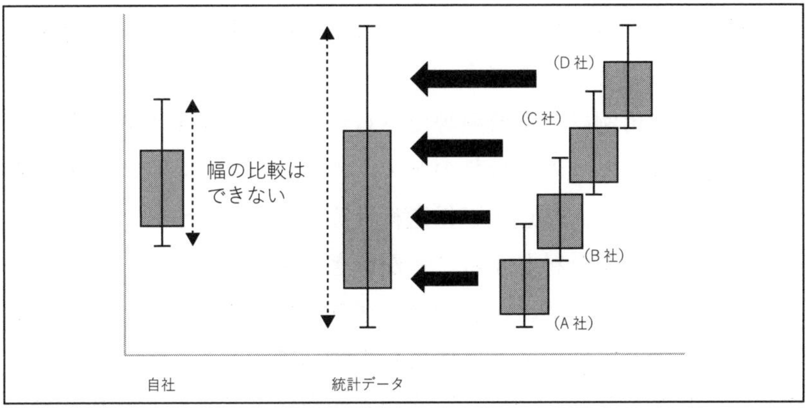

報酬レンジ図も、箱とひげの長さを比べるものではない

同様のことが、株価チャートを使った報酬レンジ図についてもいえます。例えば、【図表２－53】において、箱（自社の報酬範囲）とひげ（世間の報酬範囲）の長さを比べても、基本的には、あまり意味がありません。

自社の報酬の最大値・最小値（箱）が世間的に見てどのあたりに位置しているか（ひげのどの部分にあるか）をチェックするのが正しい分析だといえます。

10 レーダーチャートの特徴と作り方

1 レーダーチャートの特徴

「レーダーチャート」とは、調査対象について複数の項目で点数付けし、項目ごとの点数の高低を多角形で示したグラフです。グラフの凹凸やゆがみを見て、その調査対象の特徴や項目間のバランス等を分析することができます。

よくある使用例は、学習塾等で見られるテスト結果の表示などです。生徒一人ひとりの５教科のテストの点数を正五角形のレーダーチャートで示せば、得意・不得意科目等がわかり、学習計画の策定や進路指導の参考資料とすることができます。

レーダーチャートは、一般的に、グラフの外側ほど点数が高くなる（良い結果となる）ように作成します。ですから、すべての項目が高い点数となれば、グラフは、ゆがみがない正多角形となります。

作成時は、各項目について、最高点を多角形の一番外側、平均点を真ん中ぐらいに設定することで、形状のゆがみが捉えやすくなります。ただし、５教科のテストである教科だけが極端に難しかった（他の教科と比べて平均点が低かった）ような場合は、点数をそのまま使ってレーダーチャートを示すと、ほとんどの生徒が、その教科が不得意なように見えてしまうので、点数の調整が必要になります。この点数調整で使う「標準化」という手法は、10－４レーダーチャートを作成するときのポイントで説明します。

レーダーチャートを使えば、調査対象の項目間のバランスをわかりやすく伝えることができます。データの特徴を効果的に「見える化」することができるので、積極的に使うようにしましょう。

2　人的資本情報における使用例

〈例 1〉従業員別　能力・適性診断図（人事考課の結果の表示）

人事考課項目の評価点をグラフ化し、能力や適性を捉えます。

▷従業員別　能力・適性診断図　【図表２－57】

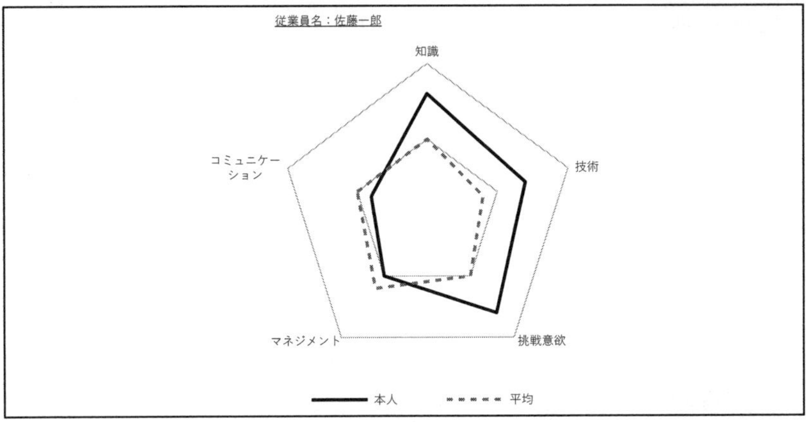

〈例 2〉仕事と家庭の両立支援の診断図

厚生労働省の「女性の活躍・両立支援　総合サイト」は、企業の両立支援の取組みを診断し、結果をレーダーチャートで示します。

▷仕事と家庭の両立支援の診断図　【図表２－58】

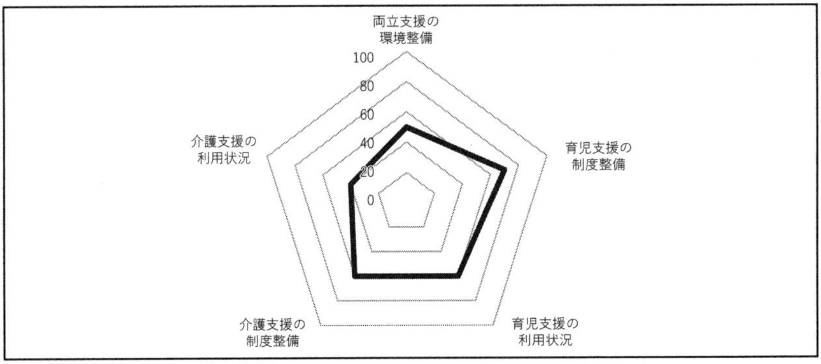

3 グラフの作成方法

【図表２－57】のレーダーチャートは、次の手順で作成します。

▷レーダーチャートの作成方法　【図表２－59】

STEP 1 データを入力した表を作成する

項目	点数	平均
知識	8	5
技術	7	4
挑戦意欲	8	5
マネジメント	5	6
コミュニケーション	4	5

エクセルシートにデータを入力した表を作成。
なお、項目がいくつかの種類（例えば、能力、意欲等）に分けられる場合は、種類ごとに並べてデータ入力すると、凹凸が見やすいグラフとなります。

STEP 2 作成したいグラフを選択する

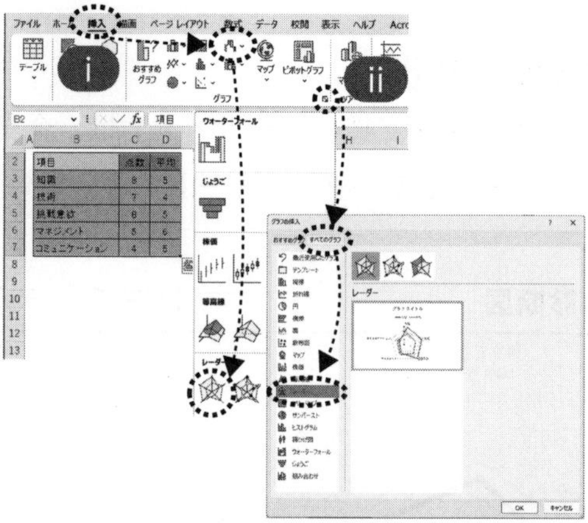

表を選択した状態で、i・ii いずれかの操作をします。

i ［挿入］タブ→［グラフ］→［ウォーターフォール図等の挿入］→［レーダー］を選択。

ii ［挿入］タブ→［グラフ］→［グラフ］リボン右下の↘をクリック→［すべてのグラフ］→［レーダー］を選択。

STEP 3 軸の最大値を調整する

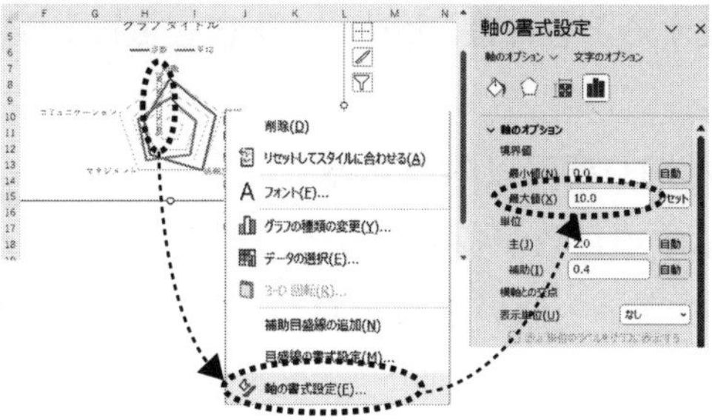

レーダーチャートは、実際のデータの有無に関わらず、各項目の最高点が外周となるように設定します。

ここでは、表示されたレーダーチャートの軸を右クリックし、［軸の書式設定］→［軸のオプション］→［最大値］に評価の最高点数の「10.0」を入力します。

STEP 4 グラフ全体が見やすいように軸やデザインを調整する

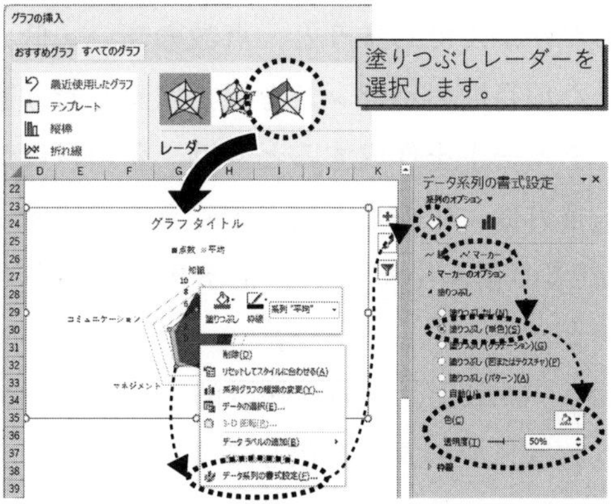

［データ系列の書式設定］等を使って、グラフのデザインを調整します。

平均点のレーダーチャートを網掛けで示したいときには、STEP 2で［塗りつぶしレーダー］を選択し、平均点のレーダーを右クリック、［データ系列の書式設定］→［マーカー］→［塗りつぶし］から［色］や［透明度］を変更します。

4　レーダーチャートを作成するときのポイント

レーダーチャートを作成するときには、次の点に注意しましょう。

項目数は10項目以内とする

レーダーチャートで示す項目数が多くなると、グラフの形状が円形に近くなり、点数の高い・低い項目を見つけにくくなります。

レーダーチャートで示す項目数は、できるだけ10項目以内に抑えるようにしましょう。

「標準化」した点数を使うとグラフの形状がより見やすくなる

レーダーチャートは、示される各項目の平均点が異なり、「普通の状態」を示す多角形がゆがんでしまうと、点数の高い・低い項目を見つけにくく、また項目間のバランスを捉えにくくなります。ですから、レーダーチャートを作成するときは、各項目について最高点が多角形の一番外側、平均点が真ん中ぐらいに設定されている（普通の状態が図の真ん中ぐらいに正多角形で示される）ほうが望ましいといえます。

このような点数調整は、「標準化」という統計的手法を用いて行います。標準化した点数は、次の式で算出します。

標準化した点数＝（元の点数－平均点）÷標準偏差

「標準偏差」とは、点数の散らばり方を示す数値で、次の式で算出します。詳しくは第３章 1－４散らばりを示す数値①で説明します。

$$標準偏差 = \sqrt{\frac{1}{n}\sum_{i=1}^{n}(X_i-\mu)^2}$$

ただし、n：調査対象の数、X_i：各データ、μ：平均点

例えば、10点満点の人事考課の点数で、ある人が「知識：8点、技術：7点」の点数を取ったとします。全従業員の平均点は「知識：5点、技術：4点」、標準偏差は「知識：3、技術：1.5」だったとすると、標準化した点数は「知識：1.0点、技術：2.0点」となります。元の点では「知識」よりも「技術」のほうが低い数値ですが、標準化すると、平均点が低いなかで良い点数をとった技術のほうが、知識よりも高い数値を示します。

「標準化」すると、各項目の点数は、平均点が0、標準偏差が1になるように調整された数値に置き換えられます。これを使ってレーダーチャートを作成すれば、点数0を結んだ線で描かれる正多角形が「普通の状態」を示す、見やすいレーダーチャートを作成することができます（【図表2－60】参照）。

なお、一般的に、標準化すると「±2」の範囲に調査対象の約95％が含まれることになるので、レーダーチャートの最大値（多角形の外枠）は「2」に、最小値（多角形の中心）は「－2」に設定しておけば良いでしょう。

▷**「元の点数」と「標準化した点数」で作成したレーダーチャートの比較**【図表2－60】

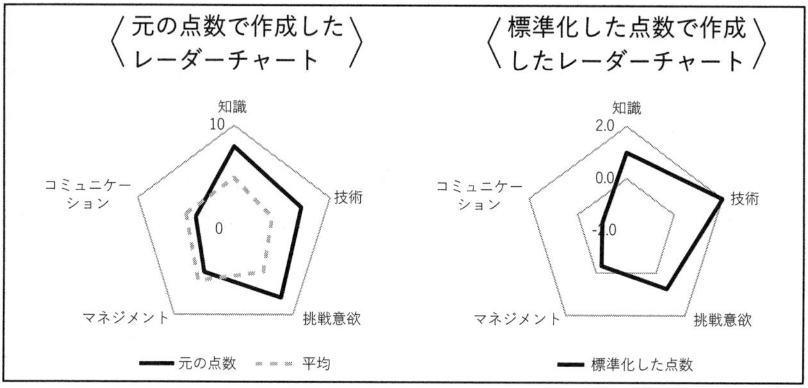

11 この章のまとめ

〜グラフは何を「見える化」しているのか〜

この章では、グラフを使ったデータの「見える化」について、説明してきました。この章のまとめとして、グラフで何を「見える化」しているのか、ということを振り返ってみましょう。

グラフが「見える化」していることは、基本的には次の3つです。

・データ分布の特徴
・データの変化
・データの構造

「データ分布の特徴」とは、「データがどのあたりに分布しているのか」、あるいは「データが集中しているのか、散らばっているのか」などです。グラフ化する場合は、ヒストグラム、散布図、箱ひげ図を使い、数値で示すときには、平均値や標準偏差等を使います(これについては、次の第3章 1－4散らばりを示す数値①で詳しく説明します)。

「データの変化」とは、「時系列で見るとデータはどのように変化しているのか」「一方が変わると他方はどのように変化するのか」などです。グラフ化する場合は、棒グラフ、折れ線グラフ、散布図等を使います。数値で示すときには、今回の数値を前回のもので割った「増減率（成長率)」等を使います。

「データの構造」とは、「全体がどのような要素から構成されているのか」、あるいは「各要素の構成割合はどうなっているのか」などです。グラフ化する場合は、積み上げ棒グラフ、円グラフ、レーダーチャート等を使い、各要素の数値を全体で割った「構成割合」等を使います。

グラフを作成するときには、自分の「言いたいこと」が上記3つのうちどれに関係しているのかを明確にして、それを伝えるのに最適なグラフを選択することが必要です。

例えば、人件費の状況をグラフ化するときには、自分の言いたいことは、「毎年5%ずつ増加している」という変化なのか、「正社員が占める人件費の構成割合が大きい」という構造なのか、ということを明確にした上で、前者なら折れ線グラフ、後者なら積み上げ棒グラフ等を作成するということになります。

▷「見える化」に適したグラフと数値 【図表2－61】

「見える化」していること	適したグラフ	数値による示し方
データ分布の特徴	ヒストグラム、 散布図、 箱ひげ図	平均値、中央値、 標準偏差、 最大値・最小値、四分位数
データの変化	棒グラフ、 折れ線グラフ、 散布図	対前年増加率（成長率）、 変化率（＝他方の変化量÷一方の変化量）
データの構造	積み上げ棒グラフ、 円グラフ、 レーダーチャート	要素ごとの構成割合

データをグラフ化するスキルを高めるためには、実際にエクセルを使ってグラフを作成してみることが一番です。自分が入手できるデータを使って、どんどんグラフを作成してみましょう。

第3章

数値や表による
データの「見える化」

1 数値による「見える化」

1 数値による「データの変化」と「データの構造」の見える化

【図表2－3】で述べたとおり、「見える化」には、グラフ、数値、表の3つの示し方があります。この章では「数値や表による見える化」、特にエクセルの「ピボットテーブル（データを自動集計して、表を作成する機能）」や「関数式（数式を入力して数値を算出する機能）」を使った、データの「見える化」について説明します。

数値や表が見える化していることもグラフと同様で、「データ分布の特徴」「データの変化」「データの構造」の3つのいずれかです。

これらのうち「データの変化」と「データの構造」を見える化することは、日常でも頻繁に行われていることなので、すぐに理解できるでしょう。

例えば、「データの変化」の見える化は、次のようにします。

STEP 1 今年度のデータ量から前年度のそれを引いた『増加量』、あるいは、それを前年度実績で割った『増加率』を算出する

STEP 2 年度ごとにデータを集計した表を作成して、時系列の変化がわかるようにする

また、「データの構造」を見える化するのであれば、次のようにします。

STEP 1 データ量の全体に占める割合（＝そのデータ量÷全体）を算出する

STEP 2 データの内訳を示した表を作成する

では、「データ分布の特徴」の見える化は、どうすれば良いでしょうか。

2 「データ分布の特徴」を示す数値

データ分布の特徴は、データの数に関わらず、「代表値」と「散らばり」の２つの数値によって示されます。

代表値とは、データ全体を言い表す中心的な値のことで、最もよく使われるものが「平均値」です。散らばりとは、データの広がり方の特徴を示す数値で、「平均値からの離れ方で示す方法」と「特定のデータの位置を示す方法」のいずれかで算出されます。前者の方法で示される数値としては「標準偏差」、後者の方法で示される数値としては「最大値・最小値」等があります。

【図表３－１】のように、Ａグループ、Ｂグループそれぞれに５個のデータ（点）があるときに、データ分布の特徴を比較するのであれば、「Ｂは、Ａよりも平均値が低く、散らばりが小さい（平均値付近にデータが集中している）」と言い表します。

▷分布の特徴を示す「代表値」と「散らばり」 【図表３－１】

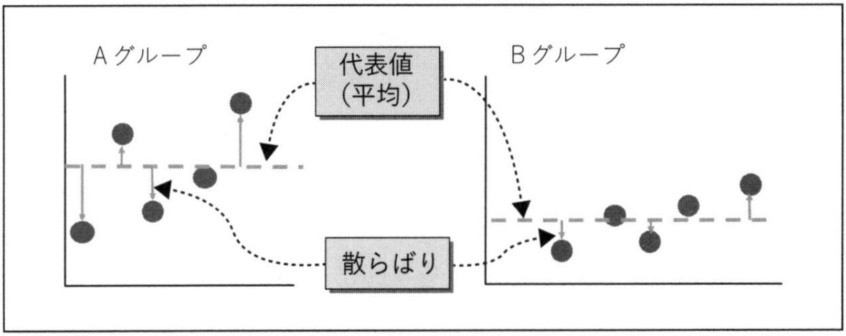

3　代表値の種類　～平均値、中央値、最頻値～

主な代表値は、「平均値」「中央値」「最頻値」の3つです。

◆平均値（average）

データ全体の合計値をデータの個数で割った数値で、最もよく使われる代表値です。統計調査の結果等は、特に断りがない限り、平均値で示されています。

◆中央値（median）

データを大きさの順に並べたときに中央に位置する（大きい方、小さい方から数えて同じ順位になる）値のことで、「中位数」とも呼ばれます。極端に高い（低い）データがあるために平均値が上ぶれ（下ぶれ）するときや、データ分布に偏りがあり平均値付近にデータがないとき等に使います。なお、データ数が偶数の場合は、中央に位置する2つの値の平均値を中央値とします。

◆最頻値（mode）

データを大きさの順に複数の階級に区切ったとき、含まれるデータ数が最も多くなる階級の値で、「並数」とも呼ばれます。ヒストグラムを作成したときに、データの山の頂点に位置する階級の数値で、「最もありふれた値」と捉えれば良いでしょう。データ分布に極端な偏りがあり（ヒストグラムにおいて、データの山の一方のすそ野が極端に長くなったデータ分布）、平均値が上ぶれ（下ぶれ）してしまうときなどに使います。

資料作りにおいて代表値は、基本的に「平均値」を使い、「平均値が上ぶれ（下ぶれ）して、代表として適切ではない」と思われるときに「中央値」や「最頻値」も示すようにすると良いでしょう。

▷**代表値の種類** 【図表３－２】

種　類	定　義	Excel の関数式
平均値	データの合計をデータ数で割った値。	＝ AVERAGE （数値 1，数値 2…）
中央値 （中位数）	データを大きさの順に並べたときに中央に位置する値。	＝ MEDIAN （数値 1，数値 2…）
最頻値 （並数）	データを大きさの順に複数の階級に区切った場合、最もデータの数が多い階級に対する値。	＝ MODE.SNGL （数値 1，数値 2…）

〈平均値〉
└ 多くの場合に使えます。

〈中央値〉
└ 極端なデータの影響を小さくしたいときに使います。

〈最頻値〉
└「ありふれたデータ」を示したいときに使います。

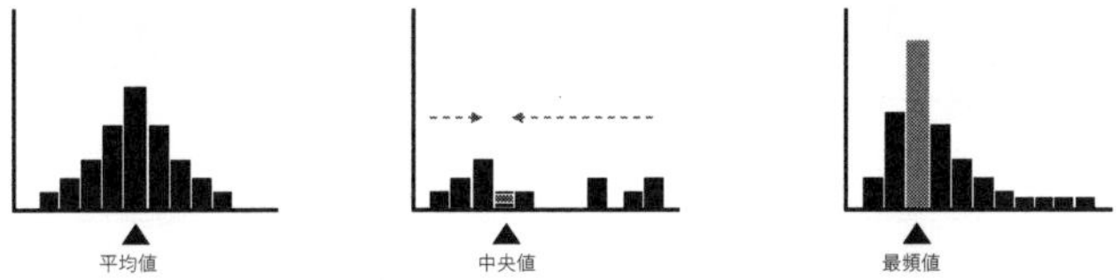

4　散らばりを示す数値①　～分散、標準偏差～

データの散らばりは、データ全体が平均値付近に集中しているのか、それともバラバラに広がっているのか、を見れば捉えられます。そこで、散らばりを示す方法として、まず「平均値からの離れ方」を数値化することを考えてみましょう。

平均値からの離れ方は、各データの平均値との差（「偏差」といいます）で捉えることができます。例えば、10 個のデータがあれば 10 個の偏差が算出されますが、僅差を足し合わせても「± 0」になってしまうため、データ全体の散らばりは捉えられません。

そこで、各データの偏差を二乗して、すべてをプラスにすることによって合計値を算出し、それをデータ数で割れば（つまり、偏差

の二乗の平均値を使えば)、データ全体の平均値からの離れ方を捉えることができます。この数値は「分散」と呼ばれるもので、統計学においてよく使われます。

分散では、偏差を二乗するという処理をしていますが、それを元に戻すのであれば、偏差の平方根を算出することになります。この分散の平方根として算出される値が「標準偏差」です。データの散らばりを平均値からの離れ方で捉えるときには、一般的には、この標準偏差が使われます。

▷散らばりの数値化（偏差、分散、標準偏差） 【図表３－３】

種類	算出方法と計算式	Excel の関数式
偏差	各データと平均値との差 $X_i - \bar{X}$	―
分散	偏差の二乗の平均値 $\frac{1}{n}\sum_{i=1}^{n}(X_i-\bar{X})^2$	＝VAR.P(数値 1, 数値 2…)
標準偏差	分散の平方根 $\sqrt{\frac{1}{n}\sum_{i=1}^{n}(X_i-\bar{X})^2}$	＝STDEV.P(数値 1, 数値 2…)

※X_i は各データ、$\bar{X}$ はＸの平均値、n はデータの個数を示します。

標準偏差には、２通りの算出方法があります。

１つは、「母集団の標準偏差」と呼ばれ、データ全体を調査対象とする全数調査ときに使うものです。この場合は、【図表３－３】の計算式となり、エクセルの関数式は「＝ STDEV.P」となります。

もう１つは「標本標準偏差」と呼ばれ、母集団のデータの一部分を調査対象とするサンプル調査のときに使うものです。この場合は、分散の二乗の合計値を「n」ではなく「n － 1」で割り、エクセルの関数式は「＝ STDEV」または「＝ STDEV.S」を使います。

さて、データが正規分布（ヒストグラムにおいて、平均値を中心として釣り鐘型にデータが分布）している状態のとき、標準偏差とデータ分布との間には、次のような関係が見られます。

・「平均値±標準偏差」の範囲の中に、全体の約68%のデータが含まれる。
・「平均値±標準偏差×2」の範囲の中に、全体の約95%のデータが含まれる。

▷標準偏差とデータ分布の関係 【図表3－4】

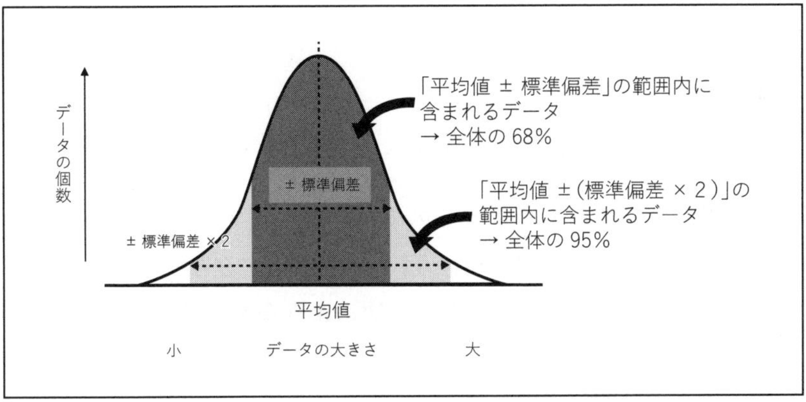

したがって、あるデータについて平均値と標準偏差が示されていれば、「その平均値±標準偏差の中に7割近くのデータがある」、また、2つのデータについて標準偏差が示されていれば、「標準偏差が小さい方はデータが集中している」と考えれば良いのです。

例えば、100点満点のテストの結果において、英語の平均点が60点、標準偏差が10だった場合、50点以上70点未満の範囲内に全体の約68%が、40点以上80点未満の範囲内に全体の約95%のデータが含まれていることになります。また、数学の平均点が50点、標準偏差が15だった場合、英語のテストは数学と比較して難易度が低く、個人間の点数差が表れにくい内容だったことがわかります。

この標準偏差の性質を応用したものが、第２章 10－４レーダーチャートを作成するときのポイントで説明した「標準化による点数調整」です。各データを標準化した点数は、次の式で算出されます。

標準化した点数＝（元の点数－平均点）÷標準偏差

すべてのデータを標準化された点数に置き換えると、平均値は0、標準偏差が１になるように調整された状態になっています。先ほどのテストの例で言うと、科目間のテストの難易度や個人間の差の出方の違い等を気にすることなく、英語と数学のテストの点数を比較することができるようになります。

5　散らばりを示す数値②　～最大値・最小値、分位数～

平均値からの離れ方を捉えるのではなく、特定のデータの位置を示すことによって、データの散らばりを数値化する方法もあります。この場合の「特定のデータ」とは、次のようなデータをいいます。

◆最大値・最小値、範囲

データの中で値が最も大きいデータ、最も小さいデータを示せば、データの散らばりがわかります。なお、最大値から最小値を引いた値を「範囲」といい、データ分布の大きさを示します。

◆分位数

データを大きさの順に並べて、含まれるデータの個数が等しくなるように複数のグループに分けたとき、各グループの境目に位置するデータの値を「分位数」といいます。

最もよく使われるものが、データ全体を４分割したときの境目の値となる「四分位数」で、小さいほうから第１四分位数、第２四分位数（中央値）、第３四分位数といいます。第１四分位数は

下位25%、第3四分位数は上位25%に位置するデータの値となるので、両者の間に全体の50%のデータが含まれていることになります。また、第1四分位数と第3四分位数の間を「四分位範囲」または「中央分布範囲」ということがあります。

なお、データを10分割したときの境目の値となる「十分位数」を使うこともあります。「第1十分位数」は下位10%に位置するデータ、「第9十分位数」は上位10%に位置するデータの値を示すので、極端に小さい・大きいデータを除いたデータ分布の範囲を捉えることができます。

▷散らばりの数値化（最大値・最小値、分位数） 【図表3－5】

種類	算出方法と計算式	Excelの関数式
最大値	データの中で最も大きい値	＝MAX（数値1, 数値2…）
最小値	データの中で最も小さい値	＝MIN（数値1, 数値2…）
範囲	データが分布する範囲・大きさ	最大値－最小値で算出
四分位数	データを大きさの順に並べて、含まれるデータの個数が等しくなるように4つのグループに分けたとき、各グループの境目に位置するデータの値。	＝QUARTILE.INC（配列, 戻り値） 配列にはデータの入力範囲、戻り値には、第1四分位数を求めるときは「1」を、第2四分位数は「2」を、第3四分位数は「3」を入れます。
分位数	データを大きさの順に並べて、含まれるデータの個数が等しくなるようにn個のグループに分けたとき、各グループの境目に位置するデータの値。	＝PERCENTILE.INC（配列, 率） 配列にはデータの入力範囲、率には、第1十分位数を求めるときは「0.1」を、第2十分位数は「0.2」を…のように値を入れます。

第２章 **9** 箱ひげ図の特徴と作り方で説明したとおり、ひげは「最大値、最小値」、箱の両端は「第１四分位数、第３四分位数」、箱の中央の線は「第２四分位数（中央値）」を示しています。ですから、四分位数を算出する場合、箱ひげ図を作成して、［グラフデザイン］→［グラフ要素を追加］→［データラベル］を指定して、グラフ上にひげと箱の数値を表示させれば、関数式を使わなくても簡単に算出することができます。

▷箱ひげ図による最大値・最小値、分位数の算出　【図表３－６】

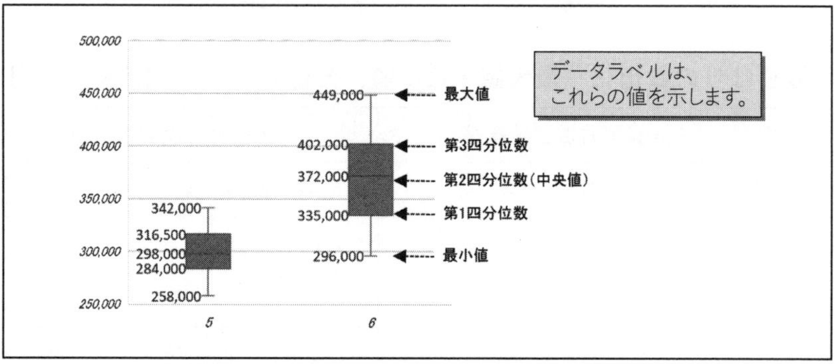

なお、四分位数には２通りの算出方法があります。

１つは、４つのグループに区切るときに中央値を含めてデータ数を数える（エクセルでは「包括的な中央値」と表示される）方法で、この場合の関数式は「＝ QUARTILE.INC」となります。

もう１つは、中央値を除外してデータ数を数える（エクセルでは「排他的な中央値」と表示される）方法で、この場合の関数式は「＝ QUARTILE.EXC」となります。

両者の数値に大きな違いは生じないので、資料作りやデータ分析においては、どちらの方法を使っても構いません。

6 「基本統計量」の使い方

このように、データ分布の特徴は、「代表値（平均値など）」と「散らばり（標準偏差など）」から捉えられます。

これらの数値を算出するときには、エクセル上でそれぞれの関数式を入力すれば良いのですが、それ以外に「基本統計量を使う」という方法もあります。

基本統計量とは、代表値や散らばり等の数値をまとめたもので、データ分布の特徴を大まかに把握するときなどに使われます。

▷基本統計量 【図表３－７】

年齢	
平均	38.46
標準誤差	1.1439
中央値（メジアン）	37
最頻値（モード）	30
標準偏差	11.4393
分散	130.8570
尖度	-1.2874
歪度	0.0258
範囲	39
最小	19
最大	58
合計	3846
データの個数	100

エクセルでは、【図表２－26】でアドインした「データ分析」の中に基本統計量を算出する機能が含まれています。これを使えば、関数式を入力しなくても、平均値、中央値、最頻値、標準偏差、最大値、最小値、範囲等の数値が一括表示されます。

▷基本統計量を表示する方法　【図表３－８】

STEP 1　［データ］タブ→［データ分析］→［基本統計量］を選択する

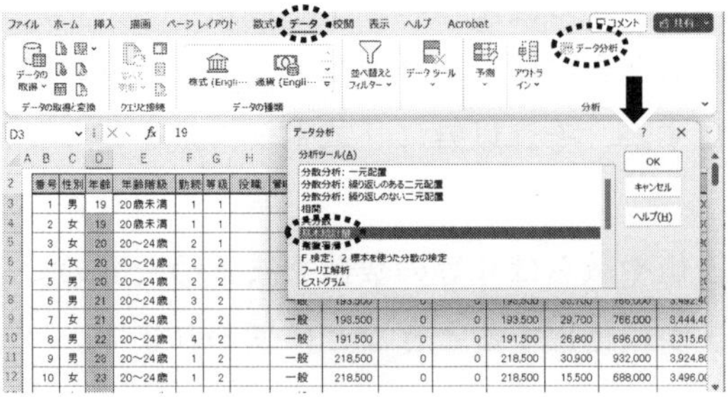

エクセルシートにデータを入力した表を作成。［データ］タブ→［データ分析］を指定し、開いたボックスから［基本統計量］を選択します。

※［データ分析］が表示されない場合は、【図表２－26】のアドイン操作をしてください。

STEP 2　「入力範囲」を指定し、「統計情報」に☑する

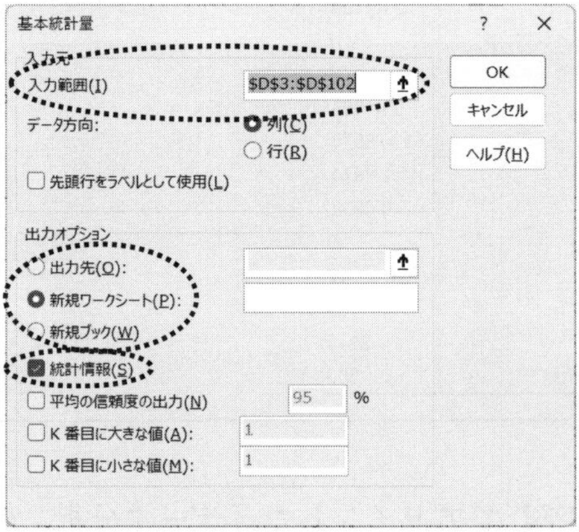

基本統計量のボックスの［入力範囲］に、分析対象のデータが入力されているセルを入力します。さらに、結果の出力先を指定し、［統計情報］に☑し、［OK］をクリックします。

これで基本統計量が表示されます。

エクセルの基本統計量に表示される項目のうち、上から２行目の「標準誤差」とは、標本調査のときに使う指標で、「標本から得られる推定量のバラつき」を示すものです。また、「尖度、歪度」とは、ヒストグラムを作成したときのデータの山の尖り度合いと左右のゆがみ度合いを示す指標です。これらは、一般的にはあまり使われるものではないので、ここでは説明を割愛します。

なお、基本統計量で表示される「標準偏差」は、1－４散らばりを示す数値①で説明した「標本標準偏差」となります。分析対象となるデータの個数が少ない場合、実際の標準偏差との間で誤差が生じることがありますが、実務上では、あまり気にすることはありません。

データ分析を行う場合、最初に、ヒストグラム（または散布図）を作成し、さらに基本統計量を算出して、データ分布の特徴を大まかに掴むようにします。そうすることによって、「どのようなデータ分析を行うべきか」というアイデアが出てきたり、分析が行き詰ったときに「この特徴が影響しているのではないか」という問題点が見えてきたりして、データ分析を効率的に進めることができるようになります。

また、データ分布の特徴を見るとき、「代表値」ばかりを気にする傾向がありますが、「散らばり」もしっかりと捉えることが求められます。例えば、賃金分布を見るときに、年齢階級別に賃金の平均値（いわゆる賃金水準）だけを算出して満足してしまわずに、賃金の高低差（同年齢の賃金の最大値と最小値）を見ることも重要です。

エクセル等を使って、標準偏差等の散らばりの数値化が簡単にできるようになりました。このような機能を使って、データ分布の特徴を的確に数値化し、「見える化」に役立ててください。

2 表による「見える化」

データの「見える化」というと、すぐに「グラフ」を思いつきますが、「数値や表」を使うことも効果的な方法です。場合によっては、グラフよりも元データが入力してある表を示したほうが、相手に「言いたいこと」が伝わりやすいこともあります。

ここでは、数値により見える化できる「データ分布の特徴」「データの変化」「データの構造」について、表の作成と分析方法を説明します。

1　データ分布の特徴を示す表の具体例

数値化された人的資本情報を表の形式で示すことにより、状況や要因の分析を行ったり、データの変化や構造をわかりやすく伝えたりすることができるようになります。

【図表３－９】は、従業員意識調査の質問項目ごとの平均値と標準偏差を示した表（平均値、標準偏差ともにエクセルの関数式を用いて算出し、その結果を表の形式にまとめたもの）と、平均値を示した横棒グラフです。ここで、両者を比較してみましょう。

表の場合は、数値が並べて表示された状態なので、一見では、どの項目が低いのかはわかりません。一方、横棒グラフは、グラフの凹凸を見るだけで、他よりも短い３項目（「自分にあった仕事を与えられている」「長く働きたい」および「会社の経営理念に共感をおぼえる」）が一目でわかります。表では、平均値が他と比べて低い３項目が目立つようにマーキングしていますが、それでもグラフより回答の傾向が掴みにくいといえるでしょう。

▷従業員意識調査の結果（表とグラフ）　【図表３－９】

〈表で表した場合〉

	平均値	標準偏差
やりがいを感じる	3.0	1.6
自分にあった仕事を与えられている	2.8	1.6
長く働きたい	2.8	1.5
給与に満足している	3.1	1.5
労働時間に満足している	3.4	0.4
休暇取得に満足している	3.6	1.0
会社の経営理念に共感をおぼえる	2.8	0.2
上司とコミュニケーションをとっている	3.2	1.6
人間関係に満足している	3.4	1.4

5：強くそう思う　4：そう思う　3：どちらとも言えない　2：そう思わない　1：まったく思わない

〈グラフで表した場合〉

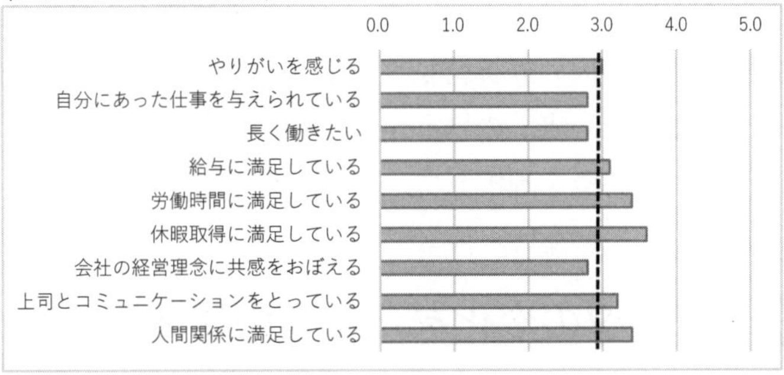

表では、平均値以外に各項目の標準偏差も示しています。これは、その項目の回答の散らばり（つまり、従業員の意識の分かれ方）です。これを見ると、他よりも低い項目のうち「自分にあった仕事を与えられている」と「長く働きたい」の２項目は標準偏差が大きい（回答に個人差がある）のに対し、「会社の経営理念に共感をおぼえる」は標準偏差が小さい（回答が集中している）ことがわかります。この結果から、「自分にあった仕事を与えられている」と「長く働きたい」は「満足している従業員も不満を持つ従業員もいるが、全体を見ると不満が多い状態」であり、一方、「会社の経営理念に共感をおぼえる」は、「ほとんどの従業員は、満足も不満も感じておらず、少数が不満を抱えている状態（この項目については、ほとんどの従業員が関心を持っていない状態）」であることが推測されます。

この推測によれば、「自分にあった仕事を与えられている」と「長く働きたい」については、会社が適切な施策を講じれば改善する（平均値が高くなる）可能性がありますが、「会社の経営理念に共感をおぼえる」については、従業員が関心を持っていないため、施策を講じても改善しない（何も変わらない）と考えられます。

このように表を使って平均値と標準偏差を同時に示せば、平均値だけを示したグラフよりも、データ分布の特徴に踏み込んだ分析ができ、状態を具体的に把握することが可能となります。

相手にデータ分布の状態を一目で伝えるという意味では「グラフ」のほうが優れていますが、データ分布の特徴から読み取れる現在の状態やその要因の分析結果等を示したいときには、「（グラフの元データとなった）表」のほうが伝えやすいといえます。

表とグラフの特徴を理解して、使い分けるようにしましょう。

2　データの変化を示す表の具体例

エクセルを使った表の作成においては、必要に応じて行や列を簡単に追加・削除することができます。つまり、データを入力したら、行や列を追加しながら分析を行い、最終的に「言いたいこと」が表現されている行・列だけを示すという流れで、データ分析と「見える化」を並行して進めることができます。

▷売上高と従業員数の推移の表　【図表３－10】

	2021年度	2022年度	2023年度	2024年度
売上高（百万円）	22,000	23,500	24,200	24,500
従業員数（人）	560	600	630	650
売上高増加率	10.0%	6.8%	3.0%	1.2%
従業員増加率	12.0%	7.1%	5.0%	3.2%
1人当たり売上高（百万円）	39.3	39.2	38.4	37.7

❶データ量を見る

❷増加率を見る

❸状況を見る

【図表３－10】は、売上高と従業員数の過去４年間の推移を示した表です。最初に売上高と従業員数のデータを入力した２行を作成しましたが、その段階では、「売上高も従業員数も着実に増えている」ということしか見えませんでした。そこで表の下に２行追加して、売上高と従業員数の変化（各項目の増加率）を「見える化」してみたところ、売上高増加率は従業員数増加率を常に下回っていることに気が付きました。さらに１行追加して、各年度の「１人当たり売上高」を表示してみました。この数値を示すことによって、１人当たり売上高が年々低下している、つまり「効率が悪化しており、売上高が増加しても儲からない体質になってきている状況」を相手にはっきりと伝えることができます。

このように、表を作成するメリットは、データ分析を行いながら、自分の「言いたいこと」を整理することができ、さらに、そのまま相手に伝えることができるところにあります。

「効率が悪化している状況を示すのであれば、最後の『１人当たり売上高』の折れ線グラフだけを示せば良い」という考え方もあり、そのほうが手っ取り早く使われることもあります。しかし、このように表を使って段階的に示す（資料を作成した人の思考プロセスに沿ってデータ分析結果を示す）ほうが、相手の理解や共感を得やすいことも多いのです。

データの変化を示す表は、単なる一覧表ではなく、分析者の「言いたいこと」が効果的に伝わるストーリー性のあるものにしていくことがポイントです。ただし、表で伝えるべきストーリーを、最初の段階から、きっちりと考えておく必要はありません。【図表３－10】に示したように、エクセル上で行や算式を追加しながら表を作成し、最後に、その表からストーリーを導き出して、不要な部分を削除すれば良いのです。

3　データの構造を示す表の具体例

データの構造とは、ある項目を構成している要素ごとの数値や割合をいいます。データの構造やその変化を示すことで、抱えている問題やその要因を、相手にわかりやすく伝えることができます。

例えば、従業員について、正社員、パートタイム労働者、アルバイト等の雇用形態別の割合を算出し、正社員比率が世間水準よりも低いということを示せば、「将来を担う人材が確保できていない」という問題や「近年の人件費の増加は、人数が多いパートタイム労働者の時給上昇が要因になっている」などの分析結果を具体的に言うことができます。

【図表３－11】は、ある企業の性別および管理職・一般社員別の人員構成について、10年前と現在との比較を示した表です。この企業は、女性管理職比率をホームページ上に公表しているのですが、そのなかで「この10年間、女性活躍推進に取り組んできたつもりだったのに、なぜ女性管理職比率が下がったのか？」ということが問題になり、性別に管理職・一般社員の人数内訳を示した表を作成しました。

この表を見ると、10年前の女性管理職比率は9.1％でしたが、現在は8.8％と下がっています。

一方で、女性管理職の人数は、20人から25人へと5人増加し、女性社員のうち管理職の比率も6.3％から6.5％へと上昇しています。また、従業員の中で女性が占める比率も21.1％から22.1％に上昇しています。これらのデータを見る限り、この企業が女性活躍推進に取り組んできたことは確かなようです。

男性の管理職を見ると、10年前200人だったのに対して現在は260人と大幅に増加しており、これが女性管理職比率を引き下げる要因だとがわかります。つまり、女性管理職比率が下がったのは、

「女性活躍推進に積極的に取り組まなかったから」ではなく、「男性の管理職を急激に増やしすぎたから」というほうが正しいでしょう。

この企業の男性管理職が急増した背景には、「一定年齢に達した社員は、原則として管理職に昇進させる人事制度」や「管理職登用年齢に達する女性社員が、たまたま少なかったこと」などがあるかもしれません。いずれにせよ、女性管理職比率が下がった要因は、「女性活躍推進への取組み方」よりも、「年功に基準をおいた管理職登用の仕方」にあることがわかりました。

▷性別、管理職・一般社員別人員構成　【図表３－11】

（単位：人）

		10 年前		現在	
		人数	構成割合	人数	構成割合
男性	管理職	200	13.2%	260	14.9%
	一般社員	1,000	65.8%	1100	63.0%
合計		1,200	78.9%	1,360	77.9%
女性	管理職	20	1.3%	25	1.4%
	一般社員	300	19.7%	360	20.6%
合計		320	21.1%	385	22.1%
社員合計		1,520	100.0%	1,745	100.0%
女性管理職比率		9.1%		8.8%	
女性社員のうち管理職の比率		6.3%		6.5%	
男性社員のうち管理職の比率		16.7%		19.1%	

これらのデータから、女性活躍推進に取り組んできたことがわかります。

女性管理職比率が下がった主要因は、男性管理職数の急増であることがわかります。

女性管理職比率の推移を表した折れ線グラフや、10年前と現在の従業員構成を比較した積み上げ棒グラフ等、グラフを使って「見える化」する場合は、データの変化や構成割合を一目で掴めることが長所です。一方、【図表３－11】のような表を使う場合は、データの構成割合やその変化が引き起こす問題、それが発生する要因も示すことができるという長所があります。

表とグラフのそれぞれの長所を活かせるように、状況に応じた使い分けができるようにしておくことが必要です。

3 ピボットテーブルを使った「見える化」とデータ分析

人的資本の「見える化」を進めるときにエクセルを使うメリットは、グラフや表を作成しながら、並行して分析を行えることにあります。特に「ピボットテーブル」というデータの集計、計算、表の作成を自動的に行う機能を使うことにより、データ分析と「見える化」を効率的に進めることができます。

ピボットテーブルを使いこなすことは、人的資本の資料作りにおいて必要不可欠なスキルです。また、人事管理業務に限らず、様々な業務で活用できるので、是非、この機会に習得しましょう。

1 男女の賃金差異の集計と分析

2022年7月、女性活躍推進法の省令・告示が改正され、常用労働者301人以上の企業は、1年に1回以上、「男女の賃金差異」に関する情報を自社ホームページに掲載するなどの方法で公表することが義務付けられました。また、2023年1月には「企業内容等の開示に関する内閣府令」等の改正が行われ、上場企業は、有価証券報告書にも男女の賃金差異に関する情報を記載することとされました。

多くの日本企業は、年1回以上、「男女の賃金差異」を集計し、それと同時に賃金差異が生じる要因等についても分析して、労働者や株主から問合せがあったときに適切に回答できるようにしておかなければなりません。

ここでは、ピボットテーブルを使って、男女の賃金差異を集計し、差異が発生する要因の分析を行う方法について説明します。

「男女の賃金差異」とは、「女性の平均年間賃金を男性の平均年間賃金で除して100を乗じて得た数値（%）」をいいます。法令では

「正規雇用労働者、非正規雇用労働者及び全ての労働者」に分けて表示することとされていますが、ここでは、正社員を管理職と一般社員に分けて表示する方法を説明します。

具体的には、【図表3－12】のような表を作成します。

▷男女の賃金差異 【図表3－12】

区分	男女の賃金差異 （男性の平均年間賃金に対する女性の平均年間賃金の割合）
全社員	71.8
管理職	88.7
一般社員	77.1

ピボットテーブルを使わない場合の作成手順は、次のとおりです。

STEP 1 エクセルシートに従業員の性別、年齢、賃金等のデータを入力する

STEP 2 データを性別および管理職・一般社員の順に並べ替える（［ホーム］タブ→［編集］→［並べ替えとフィルター］→［ユーザー設定の並べ替え］→［最優先されるキー］で性別を、さらに［＋レベルの追加］→［次に優先されるキー］で管理職・一般社員を指定する）

STEP 3 男性、女性の年間賃金の平均値および管理職・一般社員に分けた年間賃金の平均値を算出する（関数式「＝average（セル範囲）」を入力）

STEP 4 女性の平均年間賃金を男性のそれで割った比率を算出し、これらをまとめた表を作成する

ピボットテーブルを使うことで上記の4つの手順を自動で行うことができます（【図表3－13】参照）。

なお、【図表3－13】では、男女の平均年収を算出してから、別表で算式を手入力して賃金差異を計算していますが、【図表3－

14】のような操作をすれば、ピボットテーブル上で賃金差異を直接表示させることもできます。こうすれば、算式を入力した別表を作成する必要がないため、作業を効率的に進めることができます。

▷ピボットテーブルを使った男女の賃金差異の算出方法　【図表３－13】

STEP 1　［挿入］タブ→［ピボットテーブル］を選択、データ範囲を指定する

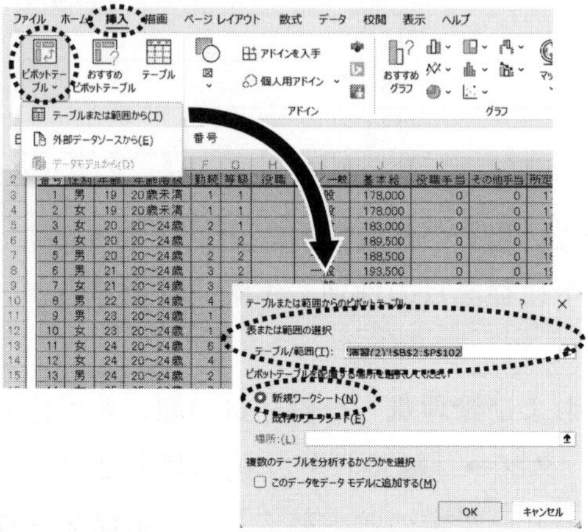

エクセルシートにデータを入力した表を作成。［挿入］タブ→［ピボットテーブル］を選択し、開いたボックスの［表または範囲の選択］から、表を指定します。

ピボットテーブルを配置する場所は、通常は［新規のワークシート］のままで構いません。

STEP 2　［ピボットテーブルのフィールド］で表の列、行、値等を指定する

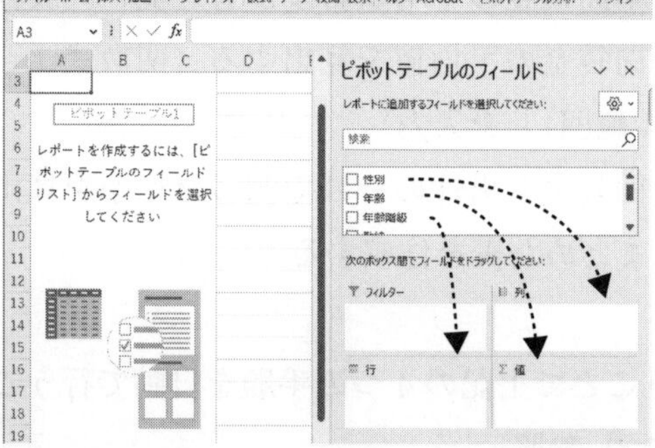

新規のワークシートに、空白のピボットテーブルが表示されます。

ボックスに［フィールド］（データの項目）が表示されたら、各項目をドラッグして次のように指定します。

列：性別

行：管理職／一般社員

値：年収

STEP 3 ［値フィールドの設定］で、データの集計方法を「平均」に変更する

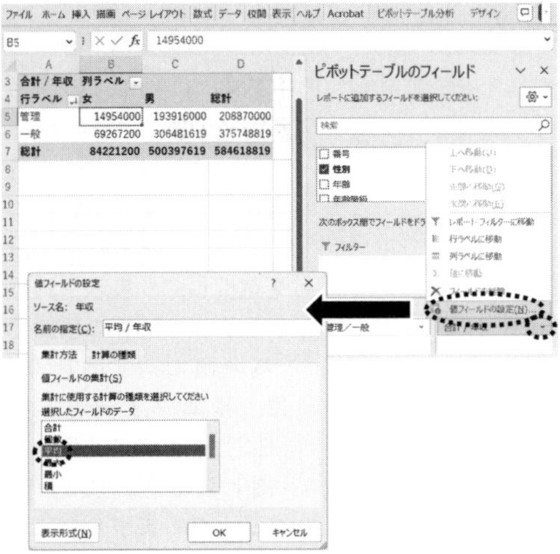

［ピボットテーブルのフィールド］の［値］をクリックして（または、ピボットテーブル上の値が表示されている任意のセルを右クリックして）、表示されたボックスから［値フィールドの設定］を選択します。
値の集計方法を「平均」に変更し、OKをクリックします。

STEP 4 男女の平均年収から、賃金差異を算出する

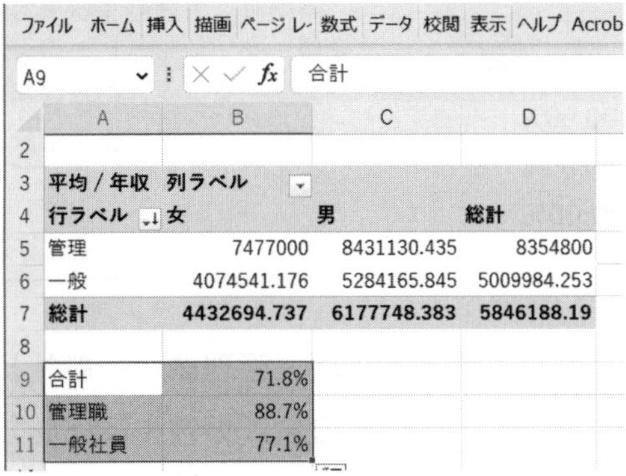

ピボットテーブルに、男女の年収平均額が表示されます。
ピボットテーブルとは別に「女性の年収平均額÷男性の平均年収額」の算式を入力した表を作成します。

▷男女の賃金差異を直接表示させる方法　【図表３－14】

STEP 1 ［挿入］タブ→［ピボットテーブル］を選択し、データ範囲を指定する

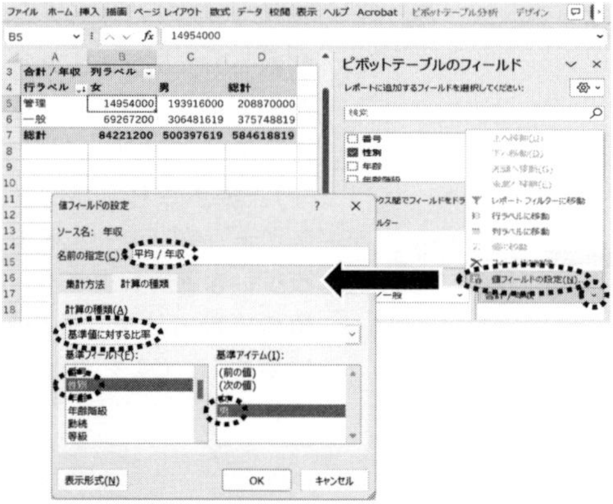

【図表３－13】の **STEP 3** まで進めます。［値フィールドの設定］で集計方法を「平均」にした後、［計算の種類］を選択して、表示されたボックスの計算の種類を「基準値に対する比率」に、基準フィールドを「性別」、基準アイテムを「男」にして、［OK］をクリックします。

STEP 2 ピボットテーブル上に男女の賃金差異が表示される

平均 / 年収	列ラベル		
行ラベル	女	男	総計
管理	88.68%	100.00%	
一般	77.11%	100.00%	
総計	**71.75%**	**100.00%**	

ピボットテーブル上に、基準値（男性の年収平均額）を100%とした場合のデータ（女性の年収平均額）の比率が表示されます。

【図表３－12】の例では、男女の賃金差異は、管理職・一般社員の合計で「71.8％」、つまり、女性の年収平均額は男性の71.8％しかないことがわかります。しかし、管理職、一般社員の区分ごとに男女の賃金差異を見ると、それぞれ「88.7％」「77.1％」と合計の「71.8％」よりも高い数値となっています。このことから、男女の賃金差異（管理職・一般社員の合計）が生じる要因には、「年収そのものの差」以外にも、「男女の管理職・一般社員の構成割合の違い（男性と比べて女性のほうが一般社員の構成割合が高いことから、年収の平均額が低くなる）」もあることがわかります。

それでは、男女の年収そのものの差、つまり「男女の管理職・一般社員の構成割合に違いがない場合における賃金差異」は、どの程度になるでしょうか。

このような分析は、次の手順で行います。

STEP 1 男女の等級別（または役職別）の人数および各等級（役職）の年収平均額を算出する

STEP 2 等級ごとに「女性の年収平均額×男性の人数」を算出し、その合計を「男性の総人数」で割る
つまり、女性の年収水準のままで等級別人員構成が男性と同じになった場合の「推定年収」の平均額を算出する

STEP 3 **STEP 2** で算出した「推定年収の平均額」を男性の平均年収額で割った比率を算出する
これが、男女の等級別人員構成の違いがない場合の「男女の年収そのものの差」となる

ピボットテーブルは、表の列、行、値を自由に組み替えることができますし、さらに、テーブル上に表示する平均値等の数値を元データから自動的に算出することもできます。ですから、上記のような複雑な計算を伴う分析も、ピボットテーブルを使えば簡単に行うことができます。

▷等級別人員構成の違いを調整した賃金差異の算出方法【図表３－15】

STEP 1 ピボットテーブルの列、行、値を指定する

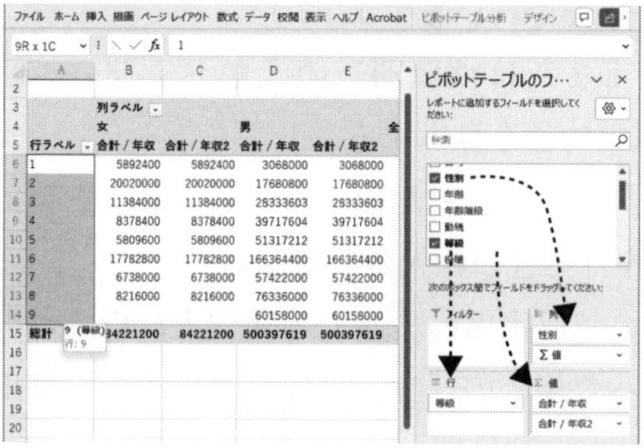

【図表３－13】の **STEP 2** まで進めて、［ピボットテーブルのフィールド］で、次のように指定します。

列：性別

行：等級

値：年収

年収は「個数」と「平均」の２種類の集計をするので、２回ドラッグしてください。

STEP 2 「年収」を個数と平均の２種類で集計するように設定する

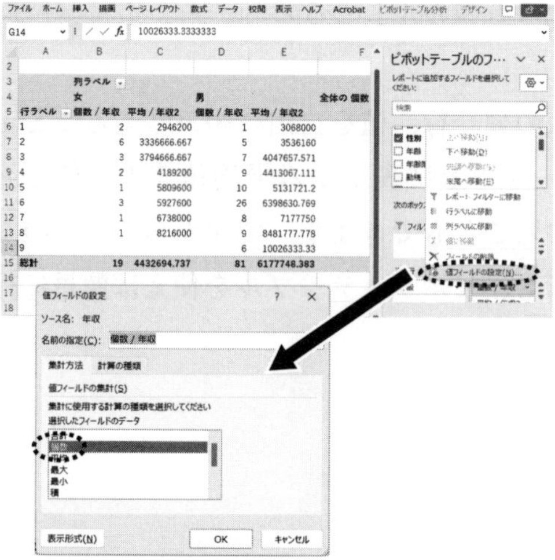

ピボットテーブルが表示されたら、［値フィールドの設定］を使って、年収の一方を「個数」で、他方を「平均」で表示するように設定します。

これにより、性別、等級別に、人数と年収平均額を集計したピボットテーブルが表示されます。

STEP 3 ピボットテーブルの隣に「推定年収」を算出する列を追加する

	列ラ						推定年収
	女		男		全体の	全体の 平均 /	女性の平均
行ラ	個数 /	平均 / 年収2	個数 /	平均 / 年収2			×男性の個数
1	2	2,946,200	1	3,068,000	3	2,986,800	2,946,200
2	6	3,336,667	5	3,536,160	11	3,427,345	16,683,333
3	3	3,794,667	7	4,047,658	10	3,971,760	26,562,667
4	2	4,189,200	9	4,413,067	11	4,372,364	37,702,800
5	1	5,809,600	10	5,131,721	11	5,193,347	58,096,000
6	3	5,927,600	26	6,398,631	29	6,349,903	154,117,600
7	1	6,738,000	8	7,177,750	9	7,128,889	53,904,000
8	1	8,216,000	9	8,481,778	10	8,455,200	73,944,000
9			6	10,026,333	6	10,026,333	0
総計	**19**	**4,432,695**	**81**	**6,177,748**	**100**	**5,846,188**	423,956,600

ピボットテーブルの隣の列に、各等級の「女性の年収×男性の人数」を算出する式を入力します。

一番下の「総計」には、全等級の合計値を算出する式を入力します。

この「総計」に「女性の年収×男性の人数」を入力しないように注意しましょう。

STEP 4 推定年収の平均値による「賃金差異」を算出する

	列ラ						推定年収
	女		男		全体の	全体の 平均 /	女性の平均
行ラ	個数 /	平均 / 年収2	個数 /	平均 / 年収2			×男性の個数
1	2	2,946,200	1	3,068,000	3	2,986,800	2,946,200
2	6	3,336,667	5	3,536,160	11	3,427,345	16,683,333
3	3	3,794,667	7	4,047,658	10	3,971,760	26,562,667
4	2	4,189,200	9	4,413,067	11	4,372,364	37,702,800
5	1	5,809,600	10	5,131,721	11	5,193,347	58,096,000
6	3	5,927,600	26	6,398,631	29	6,349,903	154,117,600
7	1	6,738,000	8	7,177,750	9	7,128,889	53,904,000
8	1	8,216,000	9	8,481,778	10	8,455,200	73,944,000
9			6	10,026,333	6	10,026,333	0
総計	**19**	**4,432,695**	**81**	**6,177,748**	**100**	**5,846,188**	423,956,600
						推定年収の平均（9等級を除く）	5,652,755
						推定年収による賃金差異	**91.5%**
						元データにおける賃金差異	**71.8%**

9等級の女性が実在しないため、9等級は推定年収の計算の対象外としました。

「女性の年収×男性の人数」の総合計を男性の人数（ただし、女性に該当者がいない9等級の個数は除く）で割った平均値を算出します。

これが「男女の等級別人員構成の違いがない場合」の女性の推定年収となるので、それを男性の年収平均額で割って「賃金差異」を算出します。

この例では、男女の等級別人員構成の違いがない場合の推定年収で算出した賃金差異は、「91.5%」となり、このような調整を行わない状態で算出した「71.8%」から大きく上昇しました。つまり、この例では、男女の賃金差異は、「男女の等級別人員構成の違い（男性と比べて女性の上位等級者が少ないこと）」が大きく影響しており、その要因を除外すると、男女の賃金差異は90%程度であることがわかります。

なお、ここでは、推定年収の算出時にのみ、女性に実在者がいない9等級を除外しました。最初から9等級を計算対象外とすると男性の年収平均額が下がるので、推定年収の賃金差異は「96.3%」にまで上昇し、「男女間の賃金差異はほとんどない」ということになります。

このようにピボットテーブルを使えば、「男女の賃金差異」を簡単に算出できますし、さらに、賃金差異が生じる要因（男女の等級別人員構成の違い等）の分析、およびその要因を除いた場合の賃金差異の試算まで行うことができます。

ところで、男女の賃金差異が生じる要因には、男女の「等級別人員構成の違い」以外に、「年齢別人員構成の違い」もあると考えられます。ピボットテーブルは、作成したテーブルの列、行、値を自由に差し替えることができるので、【図表3－15】で作成したテーブルを「男女の年齢別人員構成の違いがない場合」に簡単に変更することができます（【図表3－16】参照）。

ピボットテーブルで作成した表でデータ分析を行い、前提を変えてそのテーブルを変形、再び分析するというように、データ分析と「見える化」を並行して進められることがピボットテーブルの長所です。使いこなすことによって、効率的に資料作りができるようになります。

▷ピボットテーブルの行ラベルを入れ替える方法　【図表３－16】

STEP 1　ピボットテーブルの「行」を「等級」から「年齢階級」に入れ替える

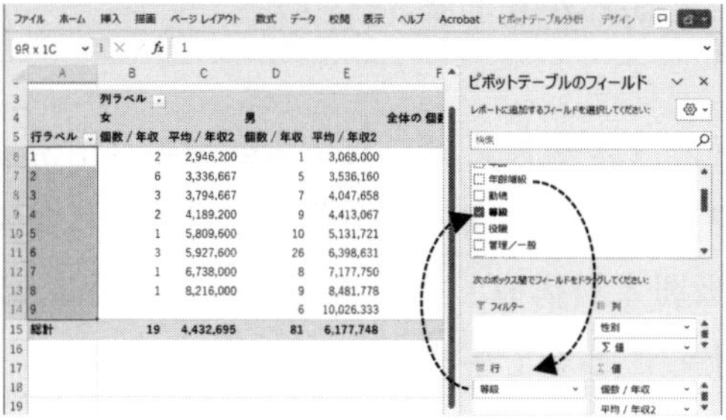

	列ラベル				
	女		男		全体の 個数
行ラベル	個数 / 年収	平均 / 年収2	個数 / 年収	平均 / 年収2	
1	2	2,946,200	1	3,068,000	
2	6	3,336,667	5	3,536,160	
3	3	3,794,667	7	4,047,658	
4	2	4,189,200	9	4,413,067	
5	1	5,809,600	10	5,131,721	
6	3	5,927,600	26	6,398,631	
7	1	6,738,000	8	7,177,750	
8	1	8,216,000	9	8,481,778	
9			6	10,026,333	
総計	19	4,432,695	81	6,177,748	

【図表３－15】で作成したピボットテーブルを右クリックし、表示されたボックスから［フィールドリストを表示する］を選択します。

［ピボットテーブルのフィールド］の「行」に表示されている「等級」をリストにドラッグして戻し、代わりに「年齢階級」をドラッグします。

STEP 2　年齢階級別人員構成の違いを調整した賃金差異を算出する

	列						推定年収
	女		男		全体	全体の 平均 /	女性の平均
行ラベル	個数	平均 / 年収2	個数	平均 / 年収2			×男性の個数
20歳未満	1	2,993,600	1	3,068,000	2	3,030,800	2,993,600
20～24歳	6	3,252,000	5	3,536,160	11	3,381,164	16,260,000
25～29歳	4	3,697,700	9	4,151,467	13	4,011,846	33,279,300
30～34歳	2	4,189,200	16	4,919,701	18	4,838,534	67,027,200
35～39歳	2	5,810,000	8	5,770,351	10	5,778,281	46,480,000
40～44歳			6	6,680,200	6	6,680,200	36,781,200
45～49歳	2	6,450,400	16	7,487,125	18	7,371,934	103,206,400
50～54歳	1	8,216,000	12	8,144,933	13	8,150,400	98,592,000
55～59歳	1	5,809,600	8	7,474,150	9	7,289,200	46,476,800
総計	**19**	**4,432,695**	**81**	**6,177,748**	**###**	**5,846,188**	451,096,500
						推定年収の平均	5,569,093
						推定年収による賃金差異	**90.1%**
						元データにおける賃金差異	**71.8%**

女性の40～44歳の年収がないため、35～39歳と45～49歳の年収の平均値を使って、推定年収を算出します。

【図表３－15】と同様の方法で、「男女の年齢階級別人員構成の違いがない場合」の女性の推定年収から、賃金差異を算出します。

なお、女性の40～44歳は、実在者がおらず年収が計算できないため、その前後の年齢階級の平均値を使って推定年収を算出します。

男女の年齢階級別人員構成の違いがない場合の推定年収で算出した賃金差異は、「90.1％」となりました。等級別人員構成の違いがない場合と同様に、男女の賃金差異には、年齢階級別人員構成の違いが大きく影響していることがわかります。

このように、ピボットテーブルを使えば、賃金台帳や給与計算システムから抽出したデータをもとに男女の賃金差異を自動的に集計できますし、男女の「等級別人員構成」や「年齢階級別人員構成」の違いによる影響を分析することもできます。

男女の賃金差異に関する情報の公表においては、その数値を企業のホームページ等に掲載するだけではなく、差異が生じる要因を分析し、その結果を社外に説明していくことが重要です。なぜならば、投資家、顧客、労働者等は、賃金差異の数値そのものよりも、差異が生じる要因や将来の見通しのほうに関心があるからです。

人的資本に関する資料を作成するときには、単にデータや数値を並べるのではなく、起こっている状況や今後の見通しを立てることができ、相手に伝わる工夫をしていくことが必要です。そのような効果的な資料作りを行うためにも、是非ピボットテーブルの使い方をマスターしてください。

2　男女の賃金差異を説明するときの注意点

男女の賃金差異に関する分析結果の説明を資料に掲載するときには、次の点に注意してください。

賃金差異に対する会社方針や今後の見通し等も説明する

多くの日本企業における「男女の賃金差異」は、現状で70〜80％と推測されます。要因としては、次のものが挙げられます。

・男女の正社員比率の差
…女性のほうがパートタイム労働者等の非正規社員比率が高い
・男女の等級別・役職別人員構成の違い
…女性のほうが等級や役職が低い人が多い
・男女の年齢別・勤続年数別人員構成の違い
…女性のほうが年齢が低く、勤続年数が短い人が多い
・男女の残業時間の差
…女性のほうが残業時間が短く、時間外手当の支給額が少ない
・男女の職種の違い
…女性のほうが営業職や技術職の人数が少なく、歩合給や賞与等が少ない

【図表3－15】や【図表3－16】の要領でピボットテーブルを使った分析をすれば、これらの要因を除いた場合の賃金差異を算出できます。しかし、これは「要因がなくなれば、賃金差異は縮小・解消される」という仮定に基づいた話に過ぎないため、説明を受ける相手は「その仮定が現実化するのかどうかについても会社側の説明を聞きたい」と思うはずです。

ですから、賃金差異の要因について説明するときには、これらの要因を「いつまでに、どうするのか」という会社方針や今後の見通し、具体的な施策等も併せて公表することが必要です。

例えば、「賃金差異が、男女の役職別人員構成の違いにより生じている」とすれば、「賃金差異を縮小するために、女性管理職比率を高めていくこと、具体的には今後5年間で現状の20%を30%にまで引き上げること」そして「女性管理職比率を高めるための施策として、管理職の登用基準から年功的な条件を排除すること」等も公表するようにします。

人的資本に関する資料の作成時にも、「男女の賃金差異」のデータだけではなく、その要因および会社方針や今後の見通し等も述べ

るようにしてください。資料は、現状の姿だけではなく、将来の姿も「見える化」することがポイントとなります。

差異が生じる要因を説明しないほうが良い場合もある

例えば、【図表3－16】のように、「賃金差異が生じる要因として、男女の年齢別人員構成の違いが挙げられる」という分析結果が出てきたとします。この分析結果は、そもそも年功賃金という考え方が希薄な海外の人には、「なぜ、年齢別人員構成の違いが賃金差異を生み出すのか」という話になりがちで、その理由を理解してもらうことは困難です。

それどころか、このような分析結果を見た海外の投資家は、「賃金差異を生み出すほど年功賃金が残っているような企業では、優秀な若手社員を確保できないだろう」「従業員の高齢化により人件費が増加するだろう」という懸念を持ち、「投資対象としては不適格である」との判断をしてしまいます。つまり、男女の賃金差異を公表した結果、海外からの投資が逃げ出して、企業価値が下がってしまう可能性が高いのです。

ですから、自社の人的資本の状況について、海外の投資家向けに情報を開示する、あるいは、海外の経営者向けに報告書を提出する場合は、賃金差異を生じさせる要因として「男女の年齢別人員構成の違い」を挙げて、説明しないほうが良いといえます。

一方、海外の人や国内の若年層に対して、賃金差異の要因に役職別人員構成や職種の違いを挙げて、それらへの対応策を示しながら説明すると、社内の状況をしっかりと理解してもらうことができ、一定の評価を得られます。

「この資料は、誰に向けて、何を言いたいのか」を考えて、分析結果の示し方や説明の内容を考えるようにしましょう。

3　人材マップ（年齢・等級別人員構成図）の集計と分析

ピボットテーブルで作成した表を使って「見える化」を行うときには、データ量の大きさに応じて表の各欄（エクセルシートのセル）を色分けすると効果的です。天気予報で各地の雨量を色で示した地図が出てくることがありますが、それの人的資本版と捉えるとわかりやすいと思います。企業によっては、このような図を「人材マップ」と呼んで、要員計画を策定する際の基礎資料として積極的に活用しています。

ここでは、表の横軸（列ラベル）に「年齢」、縦軸（行ラベル）に「等級」を置いて、列・行の交わる欄（値）に「その年齢・等級に実在する従業員数」を示した、年齢・等級別人員構成図（【図表3－17】参照）の作成方法とその活用の仕方について説明します。この人材マップを見れば、年齢や等級ごとの人材の過不足を直感的に掴むことができ、さらに「各等級の最も若い年齢の従業員（最若昇格年齢）」や「下位等級の長期滞留者」等の確認もできます。

▷年齢・等級別人員構成図の例　　　　【図表3－17】

性別　（すべて）

個数 / 番号　列ラベル

行ラベル	19	20	21	22	23	24	25	26	27	28	29	30	31	32	33		56	57	58	総計
9																			1	6
8																				10
7																		1		9
6															2	1	3	2		29
5												2	1	1	1	1				11
4									1	1	2	2	3	2						11
3							1	2	3	1	1	1								10
2		2	2	1	2	3	1													11
1	2	1																		3
総計	2	3	2	1	2	3	2	2	4	2	3	5	4	3	3	2	3	3	1	100

▷年齢・等級別人員構成図の作成方法

【図表３－18】

STEP 1 ピボットテーブルを表示し、列、行、値などを指定する

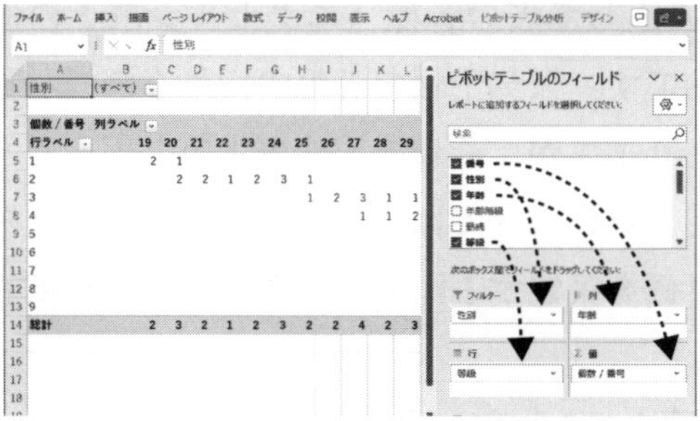

データを入力し、ピボットテーブルを作成。

［ピボットテーブルのフィールド］は、次のように指定します。

フィルター：性別

列：年齢

行：等級

値：番号（集計方法を「個数」に設定）

STEP 2 ピボットテーブルを見やすく加工する

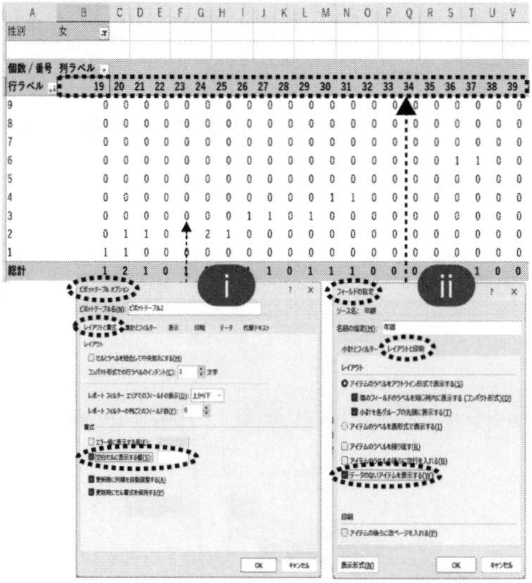

必要に応じてⅰ・ⅱの操作を行います。

ⅰ該当する従業員がいないセルに「0」が表示される場合は、［ピボットテーブルオプション］→［レイアウトと書式］の［空白セルに表示する値］に「（空白）」を入れます。

ⅱ該当する従業員がいない行（列）を表示する場合は、行（列）を右クリックし、表示されたボックスの［フィールドの設定］→［レイアウトと印刷］を選択、［データのないアイテムを表示する］を☑します。

STEP 3 従業員数に応じてセルを色分けする

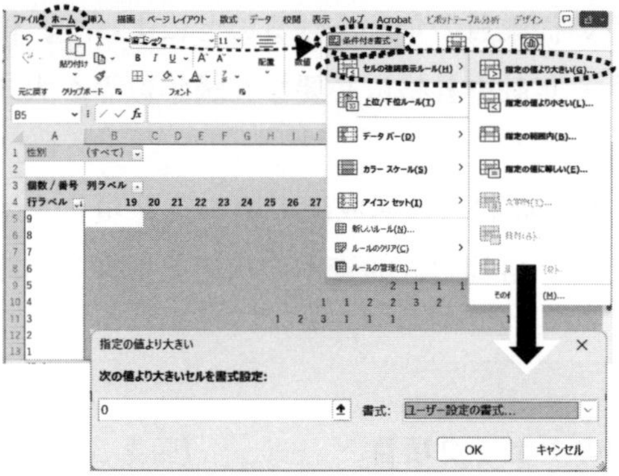

ピボットテーブルの値が表示されたセル範囲を指定し、［ホーム］タブ→［スタイル］→［条件付き書式］→［セルの強調表示ルール］→［指定の値より大きい］を選択します。
表示されたボックスで塗りつぶすセルの値と色を指定します。小さい数値から順に少しずつ濃い色にしていくと良いでしょう。

STEP 4 「フィルター」を入れ替えてみる

性別 （すべて）

個数 / 番号	列ラベル											
行ラベル	19	20	21	22	23	24	25	26	27	28	29	30
9												
8												
7												
6												
5												2
4									1	1	2	2
3							1	2	3	1	1	1
2		2	2	1	2	3	1					
1	2	1										
総計	2	3	2	1	2	3	2	2	4	2	3	5

年齢・等級別人員構成図が表示されました。この図を見れば、人材の過不足状況を一目で掴むことができます。
フィルターで、性別を入れ替えてみると、男女の人材過不足状況や昇格年齢の違い等もわかります。
また、フィルターを「性別」から「職種」に入れ替えれば、職種別の人材マップも作成できます。

この年齢・等級別人員構成図では、色の濃淡を見ることによって、年齢・等級ごとの人材の過不足状況を把握することができます。また、各等級の最も若い従業員の年齢を見ることによって、優秀者がその等級に昇格できる年齢や昇格に必要な在級年数等が大まかにわかります。

【図表３－19】に、年齢・等級別人員構成図のチェック項目を示しました。これを参考にして、自社の人的資本の状況を把握してみてください。

▷年齢・等級別人員構成図のチェック項目　　【図表３－19】

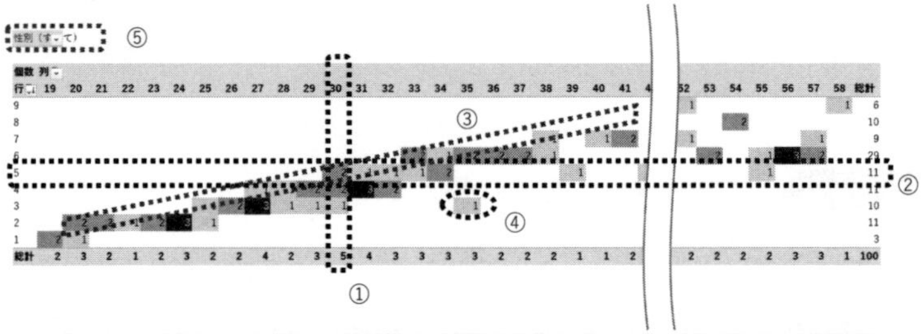

〈チェック項目〉
①各年齢で何等級に人材が分布しているか。
②各等級で何歳に人材が分布しているか。
③各等級の最も若い従業員は何歳か。管理職には何歳、あるいは最短何年で昇進できるか。
④他の従業員と比べて昇格が遅れている人はいないか、その理由は何か。
⑤（フィルターの入れ替えを行うことにより、）性別や職種により人材過不足状況等に違いはないか。

さて、年齢・等級別人員構成図を経営者等に見せると、「次に課長に昇進する候補者はどの部署の誰か」「27歳、3等級の3人は誰か」など、従業員の個人名を質問してくることがあります。このようなときには、ピボットテーブルのドリルダウン機能を使うと、適切に対応ができます。

▷ドリルダウン機能を使った「詳細の表示」の方法　【図表3－20】

STEP 1　確認したいセルを右クリックし、［詳細の表示］を選択する

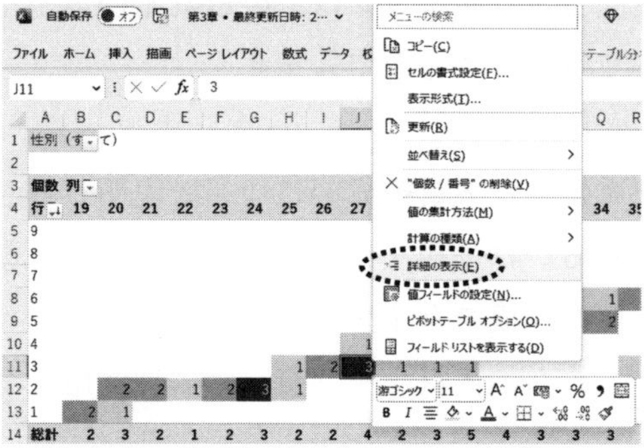

ピボットテーブル上で元データを確認したいセルを右クリックし、表示されたボックスから［詳細の表示］を選択します。もしくは、元データを確認したいセルをダブルクリックすることでも確認できます。

STEP 2　新シートに元データ表示される

番号	性別	年齢	年齢階級	勤続	等級	役職
20	男	27	25～29歳	4	3	
19	男	27	25～29歳	4	3	
18	女	27	25～29歳	9	3	

ピボットテーブルの元の表から、選択したセルのデータのみがピックアップされて、新しいワークシート上に表示されます。

このように、ピボットテーブルのセルの元データを表示させる機能を「ドリルダウン」といいます。

ピボットテーブルとセルの色分けによって人材分布を「見える化」し、必要に応じてドリルダウン機能で元データを確認していけば、人的資本の分析や説明を効率的に行うことができます。また、この年齢・等級別人員構成図とドリルダウンは、要員計画の策定や昇格候補者の決定等においても使うことができます。

ここでは、年齢と等級を軸とした人員構成図について説明しましたが、年齢を所属部門に、あるいは等級を役職に置き換えることなどにより、様々な人材マップを作成できます。人的資本の資料作りや日常の人事管理業務に、これらの人材マップを積極的に活用してください。

4　人材マップを作成するときの注意点

人材マップは、最新のデータを使って作成されなければなりません。古いデータを使うと、入社者や退職者の発生によって人材マップ上のセルの値が現実と異なるものになってしまい、判断ミスを引き起こす要因となります。

したがって、人材マップを作成するときには、できるだけ元データの収集から始めるようにして、保存してあったエクセルシート等のデータを使わないように注意しましょう。人材マップの近くに「2023年1月1日現在」のようにデータの収集日を記載して、最新のデータを使ったものかどうかがわかるようにしておくことをおすすめします。

4 ピボットグラフの活用

第２章ではグラフによるデータの「見える化」、第３章では数値や表によるデータの「見える化」について説明しました。

人的資本に関する資料作りにおいては、データ分析と資料作りを並行して行うこともあります。この場合、人事関係者は、データの集計やピボットテーブルを使った分析を行いながら、同時に資料にどのようなグラフを掲載するのかも考えることになります。

このような作業を行うときに、エクセルの「ピボットグラフ」という機能が役に立ちます。これは、ピボットテーブルにより集計したデータを、エクセルが自動的にグラフで表示する機能です。

▷ピボットテーブルとピボットグラフの表示の例　【図表３－21】

〈ピボットテーブル〉
└ データを集計します。

〈ピボットグラフ〉
└ ピボットテーブルの結果をグラフで表示します。

性別　男

行ラベル	個数 / 番号
20歳未満	1
20～24歳	5
25～29歳	9
30～34歳	16
35～39歳	8
40～44歳	6
45～49歳	16
50～54歳	12
55～59歳	8
総計	81

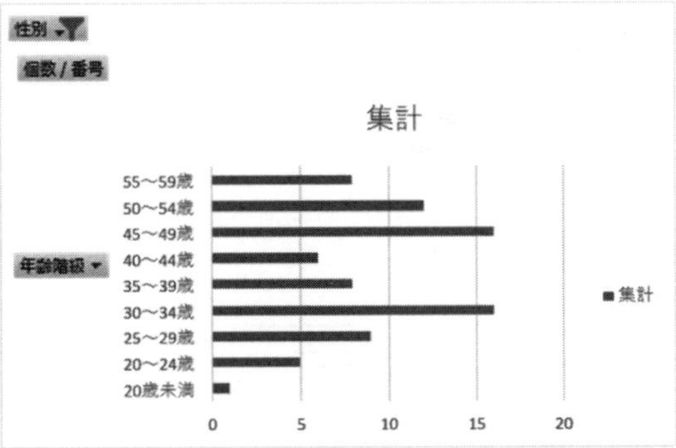

ピボットグラフは、ピボットテーブルを作成した後、［ピボットテーブル］タブから［ピボットグラフ］を選択するだけで表示されます。

▷ピボットグラフを表示する方法　【図表３－22】

STEP 1　ピボットテーブルを作成し、［ピボットグラフ］を選択する

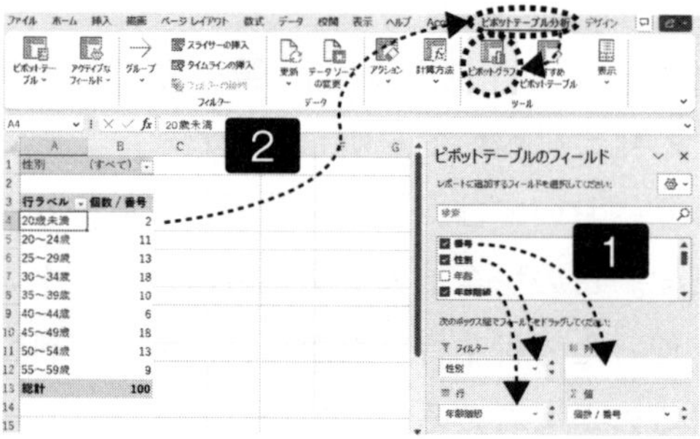

1【図表３－13】の要領でピボットテーブルを作成します。ここでは、年齢階級別の従業員数を表示するピボットテーブルを作成しました。

2 ピボットテーブルの任意のセルを指定し、上部に表示される［ピボットテーブル分析］タブから［ピボットグラフ］を選択します。

STEP 2

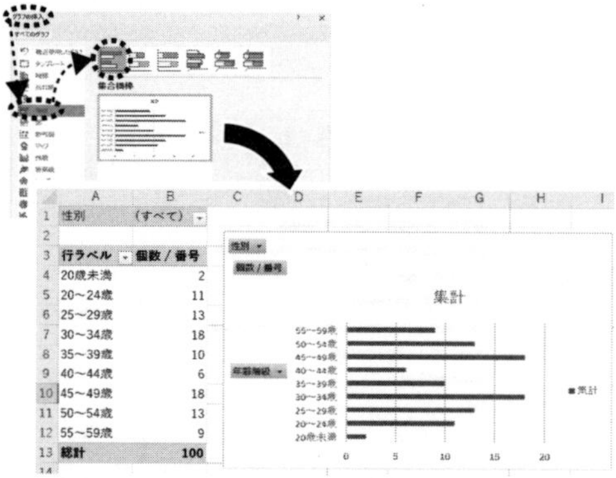

表示された［グラフの挿入］ボックスから、作成したいグラフ（ここでは、横棒グラフ）を選択します。
［OK］ボタンを押すと、ピボットテーブルの横にグラフが表示されます。

STEP 3 ピボットテーブルのデータを入れ替えると、グラフも修正される

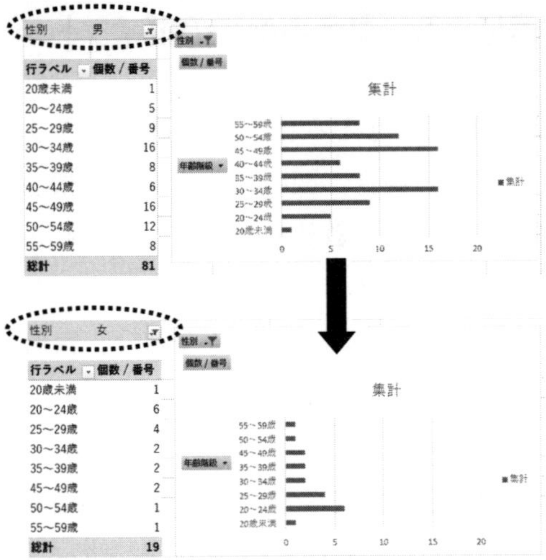

ピボットテーブルを変更すれば、グラフも自動的に変更されます。例えば、ピボットテーブルの［フィルター］を「男性」や「女性」に入れ替えれば、それぞれのグラフが表示されます。

ピボットテーブルとピボットグラフを使って、データの集計、分析および資料に掲載するグラフの作成を同時に進めれば、資料作りを効率的に進められます。

人的資本の資料を作っているときには、「グラフ化・見える化して、はじめて『言うべきこと』に気がついた」あるいは「グラフ化してみると予想外にインパクトがなかった」ということが頻繁に起こります。ですから、データの集計・分析を終えてから資料作りに取りかかるよりも、データの集計・分析と「見える化」・資料作りを並行して進めていくほうが良いのです。

これまで「使ったことがない（使う必要性が無かった）」という人事関係者も、この機会にピボットグラフを使ってみてください。

5 この章のまとめ

～数値や表による「見える化」のポイント～

数値や表を使っても、データを「見える化」することができます。グラフを使った「見える化」の場合、図の形状を通して相手の直感に訴えて伝えることになりますが、数値や表を使った「見える化」の場合、それらを相手に読み取らせて、思考してもらうことによって伝えることになります。伝え方が回りくどくなる分、数値や表による「見える化」には、次のような工夫が必要になります。

数値は、広く使われている指標を使うようにする

数値化する対象として、「データ分布の特徴」「データの変化」「データの構造」の３つを挙げましたが、それぞれについて、人的資本の状況を説明する場面で広く使われている指標があります。例えば、人的資本の状況の「データの変化」を示す指標としては、「総従業員数」や「平均年齢」等であり、また「データの構造」を示す指標としては、「正社員比率（第４章 **1**－１人員構成に関する指標参照）や「労働分配率（第４章 **1** －７生産性、人件費に関する指標参照）」等があります。これらの広く使われている指標は、細かい説明をしなくても、相手に「言いたいこと」を伝えることができます。数値を使うときには、広く使われている指標を積極的に活用しましょう。

数値の高低や良し悪し等を判断するときの基準も示す

例えば、「30歳の所定内給与平均額が35万円」と数値で示したときに、「高い」と捉える人も、「低い」と捉える人もいるでしょう。仮に、データ分析を行った人が「この数値は高い（または低い)」ということを相手に伝えたいのであれば、そのように

判断する根拠も併せて示すほうが良いです。この場合であれば、「30歳の給与の世間水準が30万円」というデータも示せば、それを見た相手は「当社の給与は高い」と思うでしょうし、「今年は前年よりも利益が2倍になったのに、給与平均額は昨年と変わらないため退職者が急増している」というデータを示せば、「当社の給与は低い」と思うでしょう。

人的資本に関する資料を作るときには、単に数値を示すだけではなく、それを捉えるときの判断基準となるデータも併せて示すことが望ましいといえます。

表には「ストーリー性」を持たせて示すようにする

表による「見える化」は、ともすると数値の羅列になってしまい、「言いたいこと」が相手にまったく伝わらないことがあります。ですから、表による「見える化」を行うときには、表自体に「ストーリー性」を持たせて、相手にわかりやすく伝える工夫が必要です。

一般的に、表は「左から右に」また「上から下に」目がいきます。ですから、「毎年、人件費が増加している」という変化を伝えたいときには、表の左から右に数値が大きくなっていくように見せる、また、「人件費の増加の主な要因は、従業員数の増加にある」という要因を伝えたいときには、表の上から下に人件費を分解して、その構造を見せる、といった具合にします。そうすれば、表に込められたストーリーを相手が読み取ってくれるので、「言いたいこと」が自然に伝わります。

ピボットテーブルを使って、データ分析を進めながら「見える化」を行うときも、最終的に完成した表を見て、ストーリー性を持って「言いたいこと」が伝わるものかどうかを確認するようにしましょう。

第4章

人的資本指標の算出と統計データ等の収集

1 人的資本に関する指標と算出方法

人的資本の指標は、人員構成や賃金に関するもの等、様々です。ここでは、主な指標と一般的な定義・算出方法を説明します。

1 人員構成に関する指標

人員構成に関する指標は、従業員数の推移および年齢構成や雇用形態（正社員とパートタイム労働者等の非正規社員）の構成等を見るために算出されます。主な指標には、次のものがあります。

◆総従業員数増加率（正社員増加率）

総従業員数は、毎年同じ日（例えば、年度末の日）時点の数値か、各月末時点の数値の１年間の平均値等を使います。基本的に、企業の成長に伴う総従業員数の増加は望ましい状態ですが、総従業員数増加率が売上高増加率を上回る勢いで増加していると、生産性の低下や利益の減少等の問題が発生していることもあります。

・総従業員数増加率
　＝今年度の総従業員数÷前年度の総従業員数× 100（%）
・正社員増加率
　＝今年度の正社員数÷前年度の正社員数× 100（%）

◆正社員比率（非正規社員比率）

非正規社員には、パートタイム労働者、アルバイト、嘱託（定年後の再雇用者）、契約社員等が含まれ、派遣社員や出向者（他社に出向している従業員）も一般的には含めて算出します。なお、パートタイム労働者等のうち、週または１日の所定労働時

間が短い従業員については、「その人の所定労働時間÷通常の所定労働時間」で算出した常勤換算人数（フルタイム当量、FTE（Full-Time Equivalent）ともいいます）を使うことがあります。例えば、正社員の所定労働時間が1日8時間の事業所において、1日4時間勤務するパートタイム労働者は「0.5人」となります。

正社員比率は、業種によって大きく異なり、業種ごとの平均値では、製造業が約75%、卸売・小売業が約50%、宿泊業、飲食サービス業が約25%となります（資料出所：総務省「労働力調査2022年」）。一般的に、正社員比率が高いほど、事業を安定的に運営できますが、人件費が高くなる、あるいは業績悪化時の人員、人件費の調整が難しいなどのデメリットが生じることもあります。

- 正社員比率＝正社員数÷総従業員数×100（%）
- 非正規社員比率＝非正規社員数÷総従業員数×100（%）

◆離職率（退職率）、入職率（入社率）

離職率と退職率、および入職率と入社率は、基本的には、それぞれ同じ意味を持つ言葉です。官公庁の統計調査では「離職率、入職率」が、一般的には「退職率、入社率」がよく用いられます。なお、分母は「その期間の平均従業員数」ではなく、一定の時期（その期間の開始時または終了時）を使うこともあります。入職率から離職率を引いたものを「入職超過率」といい、プラスであれば入職率が離職率を上回っている状態（入職超過）を、マイナスであれば離職率が入職率を上回っている状態（離職超過）です。

離職率や入職率が高い場合、従業員の出入りが激しく、組織が不安定な状態にあるといえます。ただし、事業拡大に伴い従業員数が増えている状態ならば、入職率が高くても問題はありません。

- 離職率（退職率）
  ＝一定期間内の離職者数÷その期間の平均従業員数×100（%）

・入職率（入社率）
　＝一定期間内の入職者数÷その期間の平均従業員数×100（%）

◆平均年齢、平均勤続年数

毎年、一定の時期（年度末等）の従業員の平均年齢、平均勤続年数を集計します。一般的に集計対象は正社員のみです。各産業の労働者の平均年齢、平均勤続年数に関するデータは、厚生労働省「賃金構造基本統計調査」に、他社の従業員の平均年齢、平均勤続年数に関するデータは、有価証券報告書等に掲載されているので、それらと自社のデータを比較してみると良いでしょう。

従業員の平均年齢、平均勤続年数は、企業の人件費や組織風土等と関係性があります。従業員の平均年齢が高く、高齢化が進んでいる企業は、穏やかな雰囲気を持つ反面、組織の活力が低下している傾向が見られます。また、従業員の平均勤続年数が短く、離職率が高い企業は、競争意識が高く、活気がある反面、組織が不安定な状態になっている傾向が見られます。

・平均年齢＝総従業員の年齢の合計÷総従業員数
・平均勤続年数＝総従業員の勤続年数の合計÷総従業員数

◆年齢別・勤続年数別人員構成割合

年齢ごと、または勤続年数ごとに従業員数の構成割合を算出します。各年齢に従業員が散らばっていて傾向が掴みにくい場合は、「20～24歳、25～29歳…」のように5歳刻みで1グループ（階級）にして年齢階級ごとの人員構成割合を算出します。

・年齢別人員構成割合
　＝該当する年齢の従業員数÷総従業員数×100（%）
・勤続年数別人員構成割合
　＝該当する勤続年数の従業員数÷総従業員数×100（%）

◆役職別人員構成割合、管理職比率

役職別（課長、部長等）に従業員数の構成割合を算出します。また、役職のうち管理職（例えば、時間外手当の支給対象外となる課長クラス以上の役職等）が総従業員に占める比率を「管理職比率」といいます。管理職比率が高くなりすぎると、人件費負担が重くなったり、部長・副部長・次長・課長・課長代理のように様々な役職が出てきて管理責任の曖昧化や指示命令系統の混乱が生じたりすることがあります。

なお、管理職比率を算出するときには、併せて「管理職のうち最も若い年齢」や「40代社員の管理職比率」等も調べておくと、管理職登用の在り方を検討するときに役立ちます。

・役職別人員構成割合（例：課長の構成割合）
　＝課長の従業員数÷総従業員数×100（%）
・管理職比率＝管理職数÷総従業員数×100（%）

◆職種別人員構成割合、直間比率（ホワイトカラー比率）

社内には、事務職、営業職、技術職、製造職等、様々な職種があります。各職種の構成割合は下記の式で算出します。

製造業等では、生産に直接的に関わる職種（営業職、製造職等）と間接的に関わる職種（事務職、技術職等）の従業員数から、その比率である「直間比率」を算出することがあります。また、「ホワイトカラー比率」等と呼ばれる指標を使うこともあります。

自社の直間比率やホワイトカラー比率が増加傾向にあれば、「生産活動に直接的な関わりを持たない従業員が相対的に増えている」ことになり、効率性が低下していることを示します。ですから、製造業等では、定期的に直間比率等をチェックして、それが一定範囲内に収まるように管理しています。例えば、直間比率が一定範囲を超えたら、間接部門の新規採用を停止する措置を講じるなどです。

・職種別人員構成割合
　＝その職種に従事する従業員数÷総従業員数×100（%）
・直間比率
　＝間接的な職種の従業員数÷直接的な職種の従業員数×100（%）
・ホワイトカラー比率
　＝間接的に関わる職種の従業員数÷総従業員数×100（%）

2　賃金水準・格差構造に関する指標

賃金に関する指標は、「賃金水準に関する指標」と「賃金の格差構造に関する指標（賃金制度に関する指標）」の２種類に分けることができます。

賃金水準に関する指標の代表的なものは、「従業員の所定内賃金（月々支給している賃金で、時間外手当等を除いたもの）の平均額」です。自社の賃金水準が世間水準と比べて低いと、人材採用が困難になる、退職者が増える等の問題が発生します。また、逆に高すぎても人件費負担が重くなるなどの問題が発生します。

一方、賃金の格差構造に関する指標には「従業員の所定内賃金の標準偏差」等があります（標準偏差は、第３章 **1**－４散らばりを示す数値①参照）。つまり「年齢や評価の違いにより、従業員間で賃金の差がどのくらいあるのか」ということを示している数値のことです。社内の賃金格差が小さい構造だと、優秀な人材のモチベーションが低下してしまい、逆に大きすぎる構造だと、競争が厳しすぎて職場の雰囲気が悪くなってしまう傾向があります。

賃金の格差構造は、評価結果の賃金への反映のさせ方、家族手当や役職手当の支給の有無等、その企業の賃金制度によって決まります。その意味で、格差構造に関する指標は、「賃金制度に関する指標」と言い換えることができます。

賃金水準・格差構造に関する指標としては、次のものがあります。

◆年齢階級別・役職別　所定内賃金、年間賃金の平均値

正社員の所定内賃金または年間賃金の平均値が、賃金水準の代表的な指標となります。また賃金は、年齢や役職によって支給額が大きく異なるので、例えば、「20～24歳、25～29歳…」のように年齢階級を区切って、あるいは「非役職者、課長…」のように役職ごとに分けて算出した賃金平均額も重要な指標となります。

厚生労働省「賃金構造基本統計調査」には、世間水準のデータが掲載されているので、自社の数値と比較してみると良いでしょう。

◆モデル所定内賃金、モデル年間賃金

モデル賃金とは、「年齢や職務等に一定の条件を設定して算定される賃金」を指し、通常は、新卒者入社で標準的に昇給・昇格する人の年齢に応じた賃金として算出されます。

年間賃金の平均値は、実在する正社員全員のデータから算出されるため、そこには、評価が優秀な人や同年齢の同僚と比べて昇格が遅れている人等、様々なパターンの従業員が含まれます。したがって、ある年齢階級に極端に賃金が高い（低い）人が含まれていると、他の年齢階級の賃金と比べて、そこだけ平均値が高く（低く）なり、使いにくい情報となってしまうことがあります。

これに対してモデル賃金は、標準的な従業員の賃金として算出されるため、世間水準との比較等が行いやすいというメリットがあります。一方で、「条件設定等が不適切だと、実際の賃金と異なる金額になってしまう」というデメリットもあります。

モデル賃金の算出の仕方は次の２つの方法があります。

①　実在者モデル賃金

「25歳、勤続３年、一般社員」「30歳、勤続８年、係長」というように、年齢、勤続年数、役職等の条件を設定して、その条件に該当する従業員のみを対象に賃金の平均値を算出します。

② 理論モデル賃金

実在者モデル賃金と同様に年齢、役職等の条件を設定した上で、賃金制度の面から理論的に賃金を算出します。例えば、「22歳は基本給20万円で、25歳までは毎年5,000円ずつ基本給が上がっていく」「25歳で主任に昇格して役職手当2,000円が支給され、基本給昇給額が毎年7,000円に増える」…という具合に、賃金制度の傾向から、年齢ごとの賃金（推定値）を算出します。

中央労働委員会の「賃金事情等総合調査」には大企業のモデル所定内賃金が、東京都産業労働局の「中小企業の賃金事情」には中小企業のモデル所定内賃金が公表されているので、それらと自社のデータを比較してみると良いでしょう。

▷**実在者モデル賃金と理論モデル賃金**　【図表４－１】

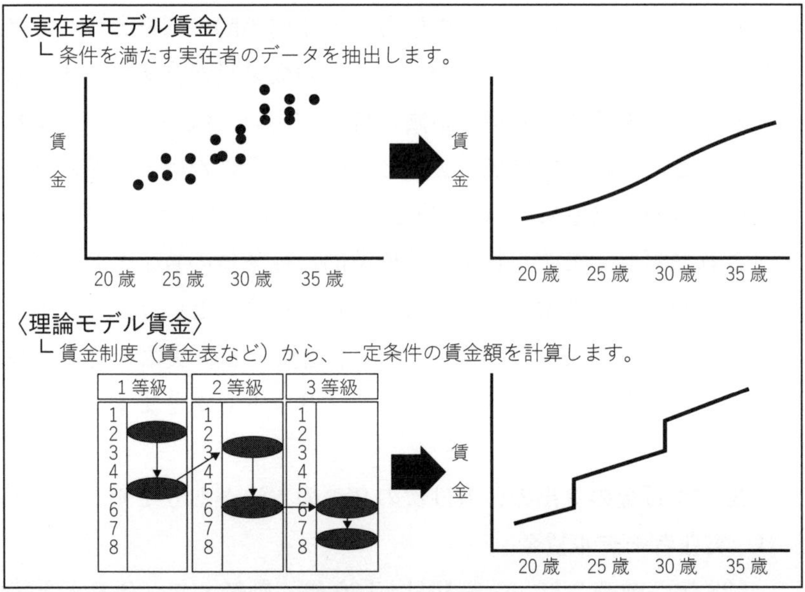

◆年齢別・役職別　所定内賃金、年間賃金の標準偏差、範囲

正社員の所定内賃金または年間賃金の標準偏差は、自社の賃金格差の状態を見る上での重要な指標となります。また、年齢別に賃金の範囲（最大値と最小値の差）を算出すれば、「同じ年齢でどのくらいの賃金格差があるのか（職務や能力によって、どのくらいの賃金差があるのか）」等を調べることができます。

◆年齢別・役職別　所定内賃金指数、年間賃金指数

高卒社員は18歳、大卒社員は22歳（基準年齢）の賃金の平均値を基準値として、各年齢の賃金平均値を指数化した指標です。

この指標を見れば、年齢間の賃金の上昇度合い（年齢間の賃金格差の傾向）を見ることができます。

年齢の代わりに、役職を用いて賃金指数を算出することもできます。この指標から、役職間の賃金格差を見ることができます。

・年齢別年間賃金指数
　＝ある年齢の賃金平均値÷基準年齢の賃金平均値×100
・役職別年間賃金指数
　＝ある役職の賃金平均値÷一般社員の賃金平均値×100

◆男女の賃金差異

2022年7月に女性活躍推進法の省令・告示の改正が行われて、常用労働者301人以上の企業は、この指標を毎年公表することが義務付けられました。なお、年間賃金には、所定内賃金だけではなく、時間外手当や賞与も含み、「全労働者／正規雇用労働者／非正規雇用労働者」に区分して公表することとされています（第3章 **3**－1男女の賃金差異の集計と分析を参照）。

日本企業の場合、この指標は概ね70～75％で、それよりも小さい数値であれば、男性と比べた女性の年間賃金が一般的な傾向よりも低いということになります。男女の賃金差異が生じる要因

としては、「男女の年齢別人員構成の違い」や「男女の管理職比率の差」等が考えられます。特に中高齢者や管理職の割合が高い男性のほうが、女性よりも賃金の平均額が多くなりやすいです。

男女の賃金差異の数値が低い（男性に比べて女性の賃金が低い）ということは、女性は長く働き続けることが難しい、あるいは女性が昇進しにくいなど、女性活躍の面での何らかの問題を抱えていることを示します。

・男女の賃金差異
　＝女性の平均年間賃金÷男性の平均年間賃金×100（％）

◆所定内賃金の構成割合、基本給比率

所定内賃金の構成割合とは、基本給や諸手当の所定内賃金に占める割合をいいます。このうち基本給が所定内賃金に占める割合を「基本給比率」といいます。

基本給は、毎月、固定的に支給される賃金なので、報酬の安定性を示す指標となります。日本企業の基本給比率は85～90％です。所定内賃金のうち基本給を除く部分は、手当として支給されています。手当は、家族手当や住宅手当等の生活関連手当と、役職手当や能力手当等の職務関連手当とに分けられます。生活関連手当と職務関連手当のどちらが多く支給されているかによって、賃金の傾向（生活給か職務給か）がわかります。各種手当の導入企業数割合や支給した労働者１人当たり平均支給額は、厚生労働省「就労条件総合調査」にデータが掲載されています。

・所定内賃金の構成割合
　＝（基本給＋諸手当）÷所定内賃金×100（％）
・基本給比率＝基本給÷所定内賃金×100（％）

◆年間賃金に占める所定外賃金の構成割合

所定外賃金とは、時間外手当や休日勤務手当等、所定時間外労働を行った場合に支給される手当のことです。原則として、所定外賃金が支払われていない管理監督者等は除きます。所定外賃金は、月ごとの時間外労働の多寡により、支給額が変動します。労働者側から見れば、この構成割合が高い企業は、長時間労働が恒常的に行われていたり、時間外労働が少なくなったときに報酬が少なくなったりする危険性があるということになります。

・年間賃金に占める所定外賃金の構成割合
　＝年間に支払われた所定外賃金の平均額
　　÷年間賃金の平均額×100（％）

◆賞与比率（年間賃金に占める賞与の構成割合）

賞与は、企業の業績により各回の支給額が変動し、また個人の成績等により支給額の個人差が大きいものです。したがって、労働者側から見れば、賞与比率が高い企業は、業績が悪化したときに年間賃金が大幅に下がったり、成績が悪ければ同僚よりも賞与が大幅に少なくなったりする危険性があるということになります。

一方、経営者側から見れば、賞与比率が高い企業は、賞与の増減により人件費を柔軟に調整することができる、成績優秀者のみに高額の報酬を支給することができる等のメリットもあります。

下段の算出方法の場合、年間賃金に所定外賃金が含まれていないことに注意が必要です。

・賞与比率
　＝年間に支払われた賞与の平均額÷年間賃金の平均額×100（％）

〈賞与が「基準内賃金（所定内賃金から通勤手当を除いたもの）の●か月分」という形で支給されている場合〉
　＝年間賞与の支給月数÷（年間賞与の支給月数＋12）×100（％）

◆賃上げ（昇給）の平均額、賃上げ率（昇給率）

多くの日本企業は、年１回、物価上昇や業績等を勘案して、従業員の所定内賃金の引上げ（賃上げ、昇給）を行います。この賃上げの従業員１人当たり平均額および賃上げ率も、人的資本の状況を見る上で重要な指標となります。世間水準と比べて、賃上げ額が多い・賃上げ率が高い状態であれば、人的資本への投資が進んでいるものと考えられます。

賃上げは、一般的に「定期昇給」と「ベースアップ」に分解できます。定期昇給とは、就業規則等で定められた制度に従って、一定の時期に毎年行う昇給で、年齢や勤続年数による自動昇給のほかに、能力、業績評価に基づく昇給も含まれます。一方、ベースアップとは、物価上昇への対応等により、賃金水準を全体的に引き上げることをいいます。

日本企業の定期昇給率は、概ね1.7～1.8％といわれています。これは、2001～2013年の物価上昇がほとんど見られない時期においても、日本企業が毎年1.6～2.0％の賃上げを実施していたという事実からわかります。2014年以降はデフレ脱却を目指してベースアップを復活させた企業が出現してきたため、賃上げ率は2.0％前後で推移していましたが、2023年は、大幅な物価上昇の影響で多くの企業がベースアップを実施したため、賃上げ率（定期昇給＋ベースアップ）は、3.5～6.0％と大幅に上昇しました。

・賃上げ（昇給）の従業員１人当たり平均額
　＝総従業員への賃上げの合計額÷総従業員数
・賃上げ率＝賃上げの平均額÷所定内賃金の平均額×100（％）

▷**定期昇給とベースアップのイメージ**　【図表４－２】

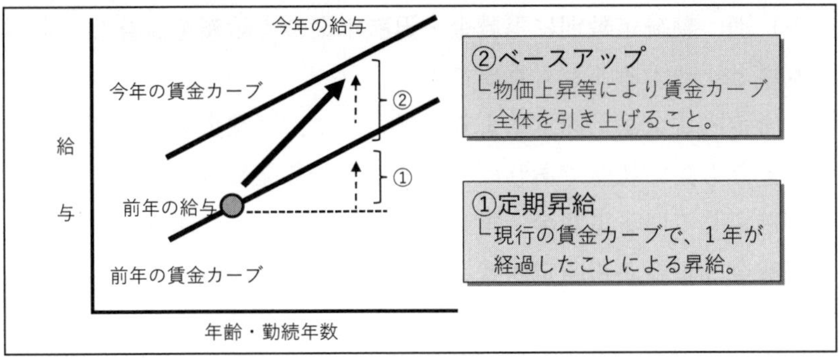

◆昇給・賞与に占める評価反映部分の比率

昇給、賞与において、評価反映部分の比率が高いということは、報酬の個人差が大きいということになります。この比率が高いと、従業員は高評価を取るために必死になるため、社内に競争主義が醸成されます。逆に比率が低いと、従業員は評価が悪くても報酬は大して変わらないという意識を持つようになり、社内はのんびりした雰囲気となると考えられます。

〈昇給を「標準評価の昇給額±評価反映分の金額」または「最低昇給額＋評価反映分の昇給額」という方法で決定している場合〉
・昇給に占める評価反映部分の比率
　＝（最高昇給額－最低昇給額）÷２÷標準昇給額×100（％）

〈賞与において個人評価により支給額に差をつけている場合〉
・賞与に占める評価反映部分の比率
　＝（最高賞与額－最低賞与額）÷２÷標準賞与額×100（％）

◆モデル退職金、退職年金の支給水準

日本企業の約75％（従業員1,000人以上の企業は約94％）が退職金または退職年金制度を運用しています。退職金や退職年金は、一般的に、会社都合による退職のほうが自己都合退職よりも支給額が多く、また、勤続年数が長くなるほど支給額も多くなる

仕組みとなっています。退職事由（定年、会社都合、自己都合等）別、勤続年数別に退職金・退職年金の支給額を試算し、世間水準と比較することも重要です。

所定内賃金が世間水準よりも低いのに、退職金・年金が世間水準よりも高い状態であれば、その時点で各従業員に対して支払いが確定している退職金・年金を減らさないように注意しながら、退職金・年金から所定内賃金に原資（支払いに掛ける費用）を移していくことが望ましいといえます。

〈「給与比例方式（退職時の給与×勤続年数別係数等で退職金を算出する方式）」の場合〉
自社のモデル退職金＝前述したモデル賃金×勤続年数別係数

〈「ポイント制退職金（等級などに応じて勤続１年ごとにポイントを積み立てていく方式）」の場合〉
勤続年数ごとの等級を設定して、退職金を試算

3　働き方（労働時間、休日、休暇等）に関する指標

労働時間や休暇等は、労働者にとって、働きやすさを左右する重要な労働条件となります。また、企業にとっては、優秀な人材を確保するため、また生産性を高めるために、長時間労働を防止したり、フレックスタイム制やテレワークのような柔軟な働き方を導入したりすることが重要です。

企業は、働き方に関する指標を定期的にチェックして、これらの仕組みの整備・改善を心がけると同時に、必要に応じて、指標を社外に公表して（社内で過重労働が行われていないことを示して）、労働者から信頼を得ていくことが必要です。

働き方（労働時間、休日、休暇等）に関する指標としては、次のものがあります。

◆所定労働時間、所定休日数

正社員の所定労働時間および年間の所定休日数は、働き方に関する基本的な指標です。労働基準法において「1週40時間以内」「1日8時間以内」という労働時間の定め（「法定労働時間」といいます）があるため、所定労働時間は、一般的に法定労働時間と同じか、それよりも若干少ない数字となります。

年間休日数は、週休2日制の場合は105日（≒365÷7×2)、それに国民の祝日年間16日を加えると121日になります。したがって、年間休日数が100日～130日の範囲内であれば、休日に関しては一般的な企業と捉えられます。

厚生労働省の「就労条件総合調査」によると、2022年における1日の所定労働時間の平均値は「7時間48分」、年間休日数の1企業当たり平均は、「107.0日」となっています。

◆1か月当たり平均所定外労働時間、平均休日勤務日数

正社員（ただし、短時間勤務者を除く）の1か月当たり平均所定外労働時間、平均休日勤務日数を算出します。「プライベートを充実させたい」「長時間労働を避けたい」と思う就活中の学生等が重視する指標です。これらの人は、所定外労働時間や休日出勤数が少ない企業で働きたいと考えているでしょう。

なお、業種によっては、所定外労働時間や休日勤務日数が月によって大幅に変動します。例えば製造業では、稼働日が少ない8月は所定外労働時間が極端に少なくなる傾向があります。その場合、下記の式で算出するか、平均的な働き方となる月（長期休暇がない6月等）の数字を使うなどの方法があります。

・1か月当たり平均所定外労働時間（平均休日勤務日数）
＝1年間の所定外労働時間（休日勤務日数）の総数÷12

◆月45時間（または60時間）を超える時間外労働を行った人の数

労働基準法において「時間外労働（休日労働は含まず）の上限は、原則として月45時間・年360時間とし、臨時的な特別の事情がなければ、これを超えることはできない」と定められています。また、「時間外労働が月60時間を超えると、割増賃金率を25％から50％に引き上げなければならない」という定めもあります。

つまり、法的には、月45時間または60時間を超える時間外労働が「長時間労働」と捉えられているということです。

そこで、月45時間（または60時間）を超える時間外労働を行った正社員の数（または、正社員のうちこれらの時間外労働を行った人の比率）を算出し、長時間労働を解消していくための管理指標とします。

なお、長時間労働が特定の従業員に偏って行われている場合は、この指標は「1年間に月45時間（または60時間）を超える時間外労働が行われた述べ回数」とします。そうすれば、「長時間労働を行う従業員数は変わらなかったが、それらの人が行う長時間労働の回数は減らした」という改善度を測定することができます。

◆フレックスタイム制、裁量労働制が適用される従業員の割合

労働者は、日々の始業および終業の時刻を各人の決定に委ねる「フレックスタイム制」や「裁量労働制」のような柔軟な働き方を強く求めるようになってきています。この指標の数値が高いと、従業員にとって、時間の自由度が高く、働きやすい環境であることを示します。

・フレックスタイム制・裁量労働制が適用される従業員の割合
　＝フレックスタイム制・裁量労働制が適用される従業員数
　　÷総従業員数×100（％）

◆テレワーク（在宅勤務）が可能な従業員の割合および利用率

2020年の新型コロナウイルスの流行をきっかけに導入が進んだテレワークや在宅勤務は、一部の企業、労働者に定着しました。これも働きやすさを示す指標です。

また、制度上はテレワークや在宅勤務を認めているものの、従業員が気兼ねして、ほとんど利用されていないケースが見受けられます。そこで利用率を算出し、利用状況をチェックしている企業もあります。

> ・テレワーク（在宅勤務）が可能な従業員の割合
> ＝テレワーク（在宅勤務）が可能な従業員数
> ÷総従業員数×100（%）
> ・テレワーク（在宅勤務）の利用率
> =テレワーク（在宅勤務）が行われた述べ日数÷テレワーク（在宅勤務）が可能な従業員の年間所定労働日数の総数×100（%）

◆年次有給休暇の１人当たり年間取得日数および取得率

年次有給休暇取得率は、休暇の取りやすさを示す指標です。なお、年次有給休暇付与日数は、その年に新たに付与された日数を使い、前年度からの繰り越された休暇日数は含みません。厚生労働省「就労条件総合調査」によれば、2021年の年次有給休暇取得率（労働者１人当たり平均）は58.3%となっています。

> ・年次有給休暇取得率
> ＝１年間の総従業員の年次有給休暇取得日数
> ÷総従業員の年次有給休暇付与日数×100（%）

◆特別休暇の種類および利用した従業員数と平均取得日数

特別休暇とは、法定休暇（年次有給休暇、産前・産後休暇、育児休業、介護休業、子の看護のための休暇等）以外に企業独自に付与する休暇を指します。具体的には、夏期休暇、病気休暇、リフレッシュ休暇､慶弔休暇（結婚休暇・忌引休暇）等があります。

特別休暇の種類ごとに、1年間に利用した従業員数および平均取得日数を算出します。この指標も休暇の取りやすさ、ワークライフバランスの実現度合いを示す指標となります。

4　人材育成に関する指標

人材育成の進捗状況や従業員のスキルの高さなどは、人的資本を捉える上でとても重要な情報となります。しかし、数値で示されていないものが多いため、人数・金額・時間等の数値化された指標への置き換えが必要です（第2章 **1**－1人的資本情報の数値化参照）。

人材育成に関する指標としては、次のものがあります。

◆OFF－JTおよび自己啓発支援に支出した費用

OFF－JTは、社内で行われる集合研修や社外の教育機関が行うセミナー等、通常の仕事を一時的に離れて行う教育訓練（研修）を指します。自己啓発は、通信教育の受講等、労働者が職業に関する能力を自発的に開発し、向上させるための活動を指します。

人材育成への取組み度合いを示す指標として、OFF－JTおよび自己啓発支援に対して企業が支出した費用の従業員1人当たり平均額（年額）がよく使われます。なお、OFF－JTの費用には、参加者の研修時間分の人件費は含みません。

厚生労働省「能力開発基本調査」によれば、OFF－JTに支出した費用の労働者1人当たり平均額（2021年度実績）は1.3万円、自己啓発支援に支出した費用の労働者1人当たり平均額（同）は0.3万円となっています。

◆OFF－JTの内容、参加者数および受講時間等

1年間に実施したOFF－JT（社内研修、社外セミナー等）の内容と参加者数を集計します。また、「OFF－JTの1年間の総

実施時間」や「従業員１人当たりのOFF－JTの年間受講時間」も、人材育成状況を示す指標となります。

投資家や労働者からすれば、OFF－JTの内容や受講時間等を見れば、その企業が「どのような人材を育成して、何に力を入れたいのか」がわかります。この指標を社外に公表することは、今後の方向性を社外に示す意味を持ち、とても重要です。

・OFF－JTの１年間の総実施時間
　＝OFF－JTごとの実施時間×受講者数の合計
・従業員１人当たりのOFF－JTの年間受講時間
　＝OFF－JTの総実施時間÷従業員数

◆公的資格保有者数、従業員１人当たり資格保有数

弁護士、中小企業診断士、社会保険労務士、看護師、介護士等の国家資格の保有者数、技能検定、ビジネスキャリア検定、リテールマーケティング（販売士）等の公的な検定試験の合格者数等は、従業員の専門性やスキルの高さを示す指標となります。

また、従業員１人当たり資格保有数は、従業員の資格取得に対する企業の取組み度合いを示す指標となります。

業務遂行に当たり有資格者が必要な業種に属する企業、専門性や技術力の高さをアピールしたい企業は、これらの指標を積極的に公表していくべきです。

保有者数を公表する資格や検定試験等は、それぞれの企業で選定することになりますが、基本的には「業務と関係性があるもの」で、かつ「資格としての知名度が高いもの（世間に通用するもの）」に絞り込むと良いでしょう。公表する資格の種類が多すぎると、その企業がどのような人材を確保・育成しようとしているのかが、社外の人に伝わらなくなってしまうからです。

・従業員１人当たり資格保有数＝資格保有の延べ件数÷従業員数

◆社内検定の内容および保有者数

社内で行われている業務に関わる技術・スキルの保有について、独自の検定制度（社内検定）を設けている企業もあります。このような社内検定の内容および保有者数も、企業が高めようとしている技術や人材育成への取組みを示す有効な指標となります。

なお、厚生労働省は、一定の基準を満たしており、技能振興上奨励するべき社内検定を認定する制度（社内検定認定制度）を運用しています。2023年4月19日現在、43企業・団体、112職種の社内検定が、この認定を受けています。

◆顕著な成果の内容およびそれに関わった従業員数

職務発明、特許の取得、学会での発表や論文掲載、大学や研究機関との共同研究、新規事業開発等、社外にオープンにすることができる顕著な成果の内容およびそれに関わった従業員数も、人材の育成状況を示す指標となります。

これらの指標の公表は、企業の技術力・開発力の高さを示すだけでなく、従業員のモチベーション向上にも大きな効果があります。

5　ダイバーシティに関する指標

女性活躍推進や障害者雇用等、ダイバーシティ（多様性）への企業の取組みに対する社会的な関心が高まっています。

投資家等は、ESG（環境、社会、企業統括）重視の観点から、ダイバーシティに取り組む企業への投資を積極化させています。また、ダイバーシティに取り組むことで、誰もが安心して働くことができる職場環境が整備され、優秀な人材にアピールできます。

このようにダイバーシティに関する指標を社外に公表し、その改善を図っていくことは、新たな投資の呼び込みや優秀人材の確保を実現し、企業の成長に大きく貢献します。

ダイバーシティに関する指標には、「女性活躍推進」「高年齢者雇用」「障害者雇用」「外国人の活用」等の種類がありますが、主な指標としては、次のものが挙げられます。

◆女性管理職比率、女性役員比率

この指標の数値が高いほど、管理職（役員）に占める女性の割合が高く、女性活躍が進んでいることを示します。

厚生労働省の「雇用均等基本調査（女性雇用管理基本調査）」によれば、2021年10月1日現在で、日本企業（従業員10人以上規模）の管理職に占める女性の割合は12.3%（役員を含む）となっています。欧米企業の女性管理職比率は、概ね30〜40%であり、日本企業は、国際的に見ても女性活躍推進が大きく遅れていることがわかります。

女性管理職比率は、女性活躍推進法において事業主が公表するべき情報項目の1つに挙げられており、上場企業がこの指標を公表した場合は、有価証券報告書に記載することが義務付けられています。日本企業は、女性管理職比率や女性役員比率等の指標を社外に公表すると同時に、積極的に改善していくことが必要です。

・女性管理職比率＝女性管理職の人数÷管理職の人数×100（%）
・女性役員比率＝女性役員の人数÷役員の人数×100（%）

◆男女の管理職割合の差異

男性と比べて女性の従業員数が少ない企業では、女性管理職比率は、当然に低くなります。そこで、男女それぞれの管理職割合を算出して、その差異を見ます。

女性管理職比率が低いと「男性に比べて女性は管理職に登用されにくい」と考えがちですが、必ずしもそうとはいえません。

例えば、男性従業員数が500名（うち、管理職50名）、女性従業員数が50名（うち、管理職5名）の企業であれば、女性管理

職比率は9.1%と低い数値となります。しかし、管理職割合は男女ともに10%であり、「管理職への登用のされやすさ」から考えれば、男女間で差異がないということになります。

女性従業員数が男性と比べて少ない企業では、「女性管理職比率」と併せて「男女の管理職割合の差異」も公表して、管理職登用のされやすさから男女の比較ができるようにすると良いでしょう。

・男女それぞれの管理職割合＝管理職数÷従業員数×100（%）

◆採用者のうち女性が占める割合、男女の採用競争倍率の差異

採用者のうちに女性が占める割合が50%を大幅に下回るほど低ければ、女性の採用に消極的であることになります。

また、採用競争倍率を男女で比較したときに女性の採用競争倍率が高ければ、やはり女性の採用に消極的であることを示します。

女性を積極的に採用している企業は、これらの指標を公表することによって、優秀な女性を確保することができます。

・採用者のうち女性が占める割合
　＝１年間に採用した女性労働者数÷採用者総数×100（%）
・採用競争倍率の差異＝採用者数÷応募者数×100（%）

◆男女の平均勤務年数の差異

男女それぞれの平均勤続年数を算出し、その差異を見ます。

男性と比べて女性の勤続年数が短い場合は、その要因（例えば「女性には限定的な仕事しか与えていない」「企業の支援が少ない」等）を分析して、必要な対策を講じていくべきです。

男女の平均勤続年数の差異が小さい、または女性従業員の平均勤続年数が他社と比べて長いということは、女性にとって働きやすい（性別に関係なく、誰にとっても働きやすい）職場であることを示します。企業は、この指標を公表すると同時に、その数値の改善に向けて積極的なアクションを起こすべきです。

◆育児休業取得者数、取得割合および平均取得日数（男女別）

育児休業取得者数は、1年間に育児休業を取得した従業員数を男女別に集計します。また、取得率は下記の式で算出します。

「育児休業の対象者数」は、女性については直近1年間に出産した従業員数、男性については直近1年間に配偶者が出産した従業員数であり、本人が育児休業取得を申し出たかどうかに関わらず、対象者の総数を集計します。なお、男性の「育児休業」については、産後パパ育休（出生時育児休業）も含みます。

男性の育児休業取得率については、育児・介護休業法の改正により、2023年4月1日から常時雇用する労働者が1,000人を超える事業主は年1回公表すること、さらに上場企業はそれを有価証券報告書に記載することが義務付けられました。企業としては、法令で義務付けられた男性だけではなく、女性の育児休業取得状況も算出し、公表していくことが望ましいといえます。

育児休業の平均取得日数は、育児休業を取得した日数（期間）の平均値を男女別に集計します。厚生労働省「雇用均等基本調査」によれば、育児休業取得期間は、女性は95.3%が6か月以上となっている一方、男性は51.5%が2週間未満となっています。育児をする労働者が男女ともに気兼ねなく休める、働ける職場環境を整備するためには、男性の育児休業取得期間の長期化を図ることが必要であり、企業は、育児休業の平均取得日数（男女別）を指標としてチェックしていくべきです。

・育児休業取得率
　＝育児休業取得者数÷育児休業の対象者数×100（%）

◆育児を行う従業員への支援策の内容および利用実績

育児を行う従業員に対しては、子の看護休暇制度、育児目的休暇制度、短時間勤務制度など、法令に基づく、または企業独自の様々な支援策が講じられています。これら支援策の具体的な内容

およびその利用実績も、女性の働きやすさを示す指標です。

◆介護休業取得実績、介護を行う従業員への支援策の利用実績

育児休業・育児支援策と同様に、介護休業の取得実績、家族介護を行う従業員への支援策の利用実績についても、毎年、集計して、公表することが望ましいといえます。

◆ 60歳以上の従業員の構成割合、60歳以上の継続雇用希望率

毎年、一定の時期の60歳以上の従業員の構成割合を算出します。なお、正社員に対して60歳定年制を採用しており、60歳に達した以降の希望する従業員を継続雇用している場合は、毎年、継続雇用希望率を算出して、60歳以上の従業員が働きやすい労働条件・職場環境の整備状況をチェックしてみるのも良いでしょう。

・60歳以上の従業員の構成割合
　＝ 60歳以上の従業員数÷総従業員数× 100（%）
・60歳以上の継続雇用希望率
　＝継続雇用を希望する従業員数÷定年に達した従業員数× 100（%）

◆ 60歳以上の再雇用者の報酬減額率

60歳以上の従業員を継続雇用するとき、定年時に一旦退職扱いにして、それ以降の職務内容および報酬等を定めた労働契約を新たに締結することがあります。このような仕組みを「再雇用制度」といいます。多くの場合、再雇用者については、定年前よりも職務が軽減されて、報酬も引き下げられます。

そこで、再雇用者の報酬減額率の平均値を算出し、それを再雇用者の働きやすさをチェックするための指標として使います。再雇用時の報酬減額が小さければ、一般的に定年前後で職務内容等があまり変わらず、高年齢者の活用が進んでいることを示します。

・60 歳以上の再雇用者の報酬減額率
　＝再雇用後の年間賃金÷ 60 歳到達時の年間賃金× 100（%）

◆ 65 歳以上の就労確保措置の実施状況、労働者数

2021 年 4 月に施行された改正高年齢者雇用安定法により、65 歳定年制または 65 歳までの継続雇用制度を導入している企業は、65 歳を超えた従業員について 70 歳まで就業確保する措置を講じるよう努力義務が課されました。これを受けて、70 歳までの就労確保措置の実施状況およびそれが適用されている労働者数も、高年齢者活用の指標としてチェックすることが必要です。

◆障害者実雇用率

障害者雇用促進法では、事業主に対し、常時雇用する従業員の一定割合（「法定雇用率」といい、民間企業の場合は 2023 年度 2.3%。2024 年度 2.5%、2026 年度以降 2.7%）以上の障害者を雇うことを義務付けています。また、ダイバーシティの観点からも、企業は障害者雇用に積極的に取り組むことが求められています。

企業は、障害者実雇用率を算出して、障害者雇用の指標としてチェックすることが必要です。

常用労働者数を算出するときは、週の所定労働時間が 20 時間以上 30 時間未満の短時間労働者は「0.5 人」としてカウントします。また、障害者である常用労働者数を算出するときには、重度身体障害者と重度知的障害者は「2.0 人」としてカウントします。

・障害者実雇用率
　＝障害者である常用労働者数÷常用労働者総数× 100（%）

◆外国人労働者数および在留資格別労働者数

2022 年 10 月末現在で、日本国内で働く外国人労働者数は約 182 万人、外国人を雇用する事業所数は約 30 万か所になってい

ます。今や、外国人労働者は珍しくなくなりましたが、その雇用管理においては、言葉や生活習慣の違いから在留資格の取扱いまで、日本人労働者とは異なる特別な配慮が必要です。

したがって、外国人を雇用する企業は、「外国人労働者数」および「在留資格別労働者数」を、外国人の雇用状況を示す指標として常に把握しておくことと同時に、外国人が従事している業務や労働条件等についても定期的にチェックすることが必要です。

なお、労働施策総合推進法は、すべての事業主に対し、外国人の雇入れ・離職時に、氏名、在留資格、在留期間などを確認して、ハローワークへ届け出ることを義務付けています。

◆役員・管理職・高度専門職のうち外国人が占める割合

労働力人口の減少が見込まれる中、日本企業は、世界中から優秀な人材を採用し、活用していくことが求められています。特に大企業においては、役員や管理職に積極的に外国人を登用し、また世界中から高度な技術を持つ専門職を雇い入れて、人材のグローバル化を急ピッチで進めていくことが必要です。

人材のグローバル化の状況を把握する指標として、役員、管理職、高度専門職のうち外国人が占める割合を使うことができます。グルーバル化の推進を図りたい企業は、これらの指標に目標値を設定して、意識的に外国人活用を進めていくと良いでしょう。

・役員（管理職・高度専門職）のうち外国人が占める割合
　＝外国人役員（管理職・高度専門職）数
　　÷役員（管理職・高度専門職）の総数×100（%）

6　職場環境等に関する指標

近年、就活中の学生は、報酬や労働時間等の労働条件以外に、働きやすさ等の職場環境に関する情報も重視して、就職先を決めるよ

うになってきています。また、顧客の間にも「従業員が快適に働いている、良い企業から購入したい」という意識が広がっており、製品やサービスを提供する企業の職場環境に関する情報をチェックするようになってきています。

職場環境等に関する情報は、多くの場合、インターネット上の口コミ情報やSNS等を通じて収集されますが、それらの情報には、信頼性が低いものも含まれています。このため、企業としては、誰かが流した誤った情報により、就活中の学生からの評判を落としたり、製品やサービスのイメージを傷つけられたりするというリスクを常に抱え込んでいることになります。

このリスクを軽減するには、企業から、データに基づく、客観的な職場環境に関する情報を発信して、就活中の学生や顧客等に、本当の企業の姿を知ってもらうことが必要です。

このような観点から社外に開示、社内でチェックするべき職場環境等に関する指標としては、次のものが挙げられます

◆エンゲージメント指数、従業員満足度

エンゲージメント指数とは、従業員の企業に対する貢献意欲や仕事への愛着心を示す言葉で、従業員満足度とは、職務や労働条件等に関する満足度（期待と充足の差）を示す言葉です。これらの指標は、どちらも、職場環境の良さや従業員のモチベーションの高さを示す指標となります。

エンゲージメント指数や従業員満足度は、一般的に、従業員に対するアンケート調査の結果から測定します。アンケートは、「会社に愛着を感じますか？」「報酬に対して満足していますか？」等の簡単な質問に「5：強くそう思う、4：そう思う、3：どちらともいえない、2：そう思わない、1：まったくそう思わない」の5段階で回答するパターンのものが多く、回答の平均値等からエンゲージメント指数や従業員満足度を分析します。

従業員に対するアンケート調査は、社外の専門業者に依頼しても良いですし、社内で実施しても構いません。社外に依頼すれば、「従業員が本音で回答する可能性が高く、信頼性が高い結果が得られる」「回答結果を他社と比較することが可能」等のメリットがある反面、「コストがかかる」等のデメリットがあります。

大企業では、エンゲージメントや従業員満足度に関するアンケート調査を定期的に実施して、その結果を企業サイト等で公表するようになってきています。

▷エンゲージメント指数、従業員満足度の例　【図表４－３】

番号	質問項目	回答平均
Q1	会社に対する愛着を感じる	4.0
Q2	会社に長く勤めたいと思う	3.5
Q3	仕事にやりがいを感じる	3.2
Q4	今の仕事が好きである	3.2
Q5	会社の将来に期待している	4.0
Q6	自分の仕事に満足している	3.0
Q7	給与に満足している	2.5
Q8	働き方や労働時間、休暇に満足している	2.8
Q9	職場環境に満足している	3.0
Q10	職場の人間関係に満足している	2.8

➡ エンゲージメント指数（Q1～Q5の平均値）3.6

➡ 従業員満足度（Q6～Q10の平均値）2.8

5：強くそう思う　4：そう思う　3：どちらとも言えない　2：そう思わない　1：まったく思わない

◆労働災害の度数率・強度率、無災害記録日数

労働災害が頻繁に発生するような企業は、労働者を集めることはできませんし、投資家も訴訟等が発生するリスクを恐れて離れていきます。したがって、企業（特に建設業や製造業等）は、労働災害が発生しない、安全な職場であることを社外にアピールすることが重要です。

また、仮に労働災害が発生したとしても、企業は、その状況および今後の対策に関する情報開示を行い、社会的信頼を損なわないようにしなければなりません。

労働災害の発生状況については、度数率・強度率が広く使われています。なお、中小企業であれば、無災害記録日数（業務上死

亡または休業災害の発生していない状態が続いている日数）を指標とするのも良いでしょう。

> ・度数率＝労働災害による死傷者数÷延べ実労働時間数×100万
> ・強度率＝延べ労働喪失日数÷延べ実労働時間数×1000

◆私傷病による休職者の数、休職による喪失日数

業務上の負傷や病気ではない、いわゆる私傷病により休職している従業員の数および労働喪失日数を、従業員の健康状態を示す指標として使っている企業もあります。

近年、「うつ病」等のメンタルヘルスの問題で欠勤、休職する労働者が増加してきているため、このような指標をチェックして、安全で快適な職場作りに役立てています。

◆ハラスメントの相談件数、対応措置の内容

セクハラ、パワハラ、マタハラ等のハラスメント行為が行われていないこと、また、ハラスメント行為が発生したとしても適切な対応措置が行われたことなどの情報を開示すれば、労働者や投資家に対して「快適に働くことができる職場」であることをアピールすることができます。

その際には、社内のハラスメントの相談窓口に寄せられた相談件数（1年間）およびハラスメント行為に対する対応措置等を指標にすると良いでしょう。

◆ウェルビーイング指数

ウェルビーイングとは、「肉体的、精神的、社会的に満たされており、幸福を感じる状態のこと」を指します。従業員のウェルビーイングを高めることは、定着率上昇やモチベーション向上をもたらし、企業の業績を高める効果があるといわれています。

そこで、労働時間、傷病による休暇・休業、従業員満足度の

データ等を総合的に勘案して、独自のウェルビーイング指数を算出し、情報開示する企業も出現し始めています。

そこでは、「パルスサーベイ」という手法がよく使われます。これは、従業員に「健康状態は良好か？」等の簡単な質問を数多く（毎週、または毎月）実施して、その変動から、従業員の健康や心理状態を把握する手法です。最近では、各自のスマホ等を通じたアンケート調査が簡単にできるようになっているため、社内で独自にパルスサーベイを実施し、その分析結果からウェルビーイング指数を算出している企業も増えてきています。

◆治療と仕事の両立支援の内容および利用状況

がんなどの病気を治療しながら働く労働者が増加傾向にあり、企業によっては、主治医、産業保健スタッフおよび職場の上司・同僚等との連携を図り、治療しながら働き続ける人を支援する仕組みを構築しているところもあります。

このような治療と仕事の両立支援の内容および利用状況も、「（万が一のときの生活不安を軽減し）安心して働くことができる職場作り」の１つの指標となります。

7　生産性、人件費に関する指標

人的資本については、従業員数やスキル等の資本としての価値的側面を捉えることと同時に、その価値に投資する効率性やコストについても捉えることが必要になります。

ここでは、次の指標が使われます。

◆労働生産性、従業員１人当たり売上高

計算に用いる従業員数は、非正規社員も含めた総従業員数を使うことが一般的ですが、パートタイム労働者を多く雇用する企業

では、短時間労働者を「0.5人」とカウントする等の工夫を施すこともあります。なお、分母を従業員数から「総労働時間」に置き換えた「1時間当たり付加価値」や、「人件費」に置き換えた「人件費1円当たり付加価値」を指標とすることもあります。

付加価値とは、「その企業が新たに創出した価値」のことであり、売上高から原材料費、仕入れ額、外注費用等を差し引いて算出します。なお、付加価値の算出が難しいときは、「従業員1人当たり売上高」を人的資本の効率性の指標にすることもあります。

- 労働生産性＝付加価値÷従業員数
- 1時間当たり付加価値＝付加価値÷総労働時間（従業員数×労働時間）
- 人件費1円当たり付加価値＝付加価値÷総人件費

〈付加価値を算出することが難しい場合〉
- 従業員1人当たり売上高＝売上高÷従業員数

◆労働分配率

人件費とは、人的資本にかかるコストを指します。

具体的には、従業員に支払う給与、法定福利費（社会保険料の会社負担分）、福利厚生費（退職年金の掛金や社宅の維持費等、従業員の福利厚生に支出する費用）、教育研修費等の合計額となります。なお、財務諸表から人件費を算出することが困難な場合は、給与総額を使います。給与総額の算出に必要な1か月に全従業員に支払った給与の合計額は、賃金台帳や給与計算システムを参照します。

労働分配率は、企業の儲け（付加価値）のうち人件費として支出される額の比率を示しており、この数値が高いほど、または時系列で見たときに増加しているほど、「人件費として使われる部分が大きい」ということになり、企業としては利益が出にくい体質になっていることを示します。

労働分配率は、業種によって大きく異なっており、経済産業省「企業活動基本調査」によれば、製造業や小売業は50％前後、情報通信業やソフトウェア業は55％前後、各種サービス業は70～80％となっています。

> ・労働分配率＝人件費÷付加価値×100（％）
>
> 〈人件費を算出することが困難な場合〉
> ・給与総額＝1か月に全従業員に支払った給与の合計額
> 　　　　　×（12＋年間賞与支給月数）

◆従業員の対前年増加率、人件費の対前年増加率

企業の規模が拡大しているとき、多くの場合、従業員や人件費の対前年増加率は大幅なプラスになります。これは、企業が大きくなっている証として、一般的には「良いこと」と捉えられます。ただし、これらの指標の数値が、売上高の対前年増加率よりも大きい場合、企業の規模は大きくなっているものの利益は増えない（儲からない）状況に陥っており、「身体は大きくなったものの、体質は悪化している」ことがあるので注意が必要です。

> ・従業員の対前年増加率
> 　＝（今年度の従業員数÷前年度の従業員数－1）×100（％）
> ・人件費の対前年増加率
> 　＝（今年度の人件費÷前年度の人件費－1）×100（％）

◆入社者1人当たりの採用コスト

採用にかけた費用には、人材紹介会社に支払った費用、自社の採用サイトの年間運営費、企業説明会等の会場費用、選考面接や内定者教育に使った諸経費等が含まれます。

近年、多くのコストをかけても「人材が採用できない」「採用した人材がすぐに退職してしまう」等の問題が発生するようになっています。入社者1人当たりの採用コストを算出し、その数

値が大きく、費用をかけても期待するような効果が得られない場合には、人材確保の在り方を見直すこと（例えば、不足人材を採用するのではなく、DXによる合理化を進めて、少ない従業員数で事業が運営できる体制にする等）が得策といえます。

この指標を社内でモニタリングすると同時に、必要に応じて社外にも公表し、今後の人材確保の在り方・方針を投資家や労働者にも説明するべきです。

> ・入社者１人当たりの採用コスト
> ＝１年間に採用にかけた費用÷入社者数

◆研究者１人当たりの研究開発費用および研究成果金額

研究開発を中心に行う企業では、上記のような指標を算出して、効率性をモニタリングするとともに、社外に情報開示をしていることがあります。優秀な研究者を確保するため、また投資を呼び込むために、これらの指標を改善し、自社の研究開発への取組みを研究者や投資家等に説明していくことが求められます。

> ・研究者１人当たりの研究開発費用＝研究開発費÷研究者数
> ・研究者１人当たりの研究成果金額
> ＝研究成果の経済的効果÷研究者数

ここまで、人的資本に関する主な指標の定義や算出方法について説明しました。これ以外にも、企業の経営方針や業務内容等に応じて、様々な指標（例えば、グルーバル展開を行っている企業では「海外事業所の赴任経験者数」等）が考えられるので、それぞれの企業で、人的資本の開示項目やモニタリング項目に関連する指標を選定するようにしてください。

2 人的資本指標に関する統計データ等の収集

自社の人的資本に関する指標を集計したら、それを世間水準のデータと比較してみましょう。自社が取り組むべき課題を明確にすることができます。

ここでは、人的資本指標に関する統計データ等の入手先と活用方法について説明します。

1 統計データ等を収集・活用するときの注意点

今や、インターネットを通じて様々なデータが入手できます。しかし、これらのデータの中には、信頼性が低い、あるいは古くなっているために、自社のデータとの比較には不適切なものも含まれています。また、データを比較等に活用するときには、正しい方法で行わないと、誤った分析結果が導き出されてしまいます。

様々な指標に関する統計データ等の収集・活用に当たり、次の点に注意しましょう。

官公庁や公的機関が公表した統計調査の結果を使う

インターネット上には、様々な情報、データが掲載されていますが、それらの中には営利企業が自社の製品やサービスに関心を持たせるために、あたかも世間水準であるかのように公表しているものもあります。それらのデータと自社の数字を比較しても、正しい分析はできません。

ですから、情報やデータは、原則として官公庁や信頼がおける公的機関が公表した統計調査の結果を使うようにしましょう。

官公庁等の統計調査は、調査サンプル数が多く、また偏った結

果にならないような工夫を施して調査対象を抽出しているので、信頼性が高い世間水準のデータを入手することができます。

なお、官公庁が提供する統計データのほとんどは、インターネットを通じて無料で入手することができます。この入手のしやすさも、官公庁等の統計データを使う大きなメリットです。

自社に近い従業員規模、業種の統計データを使う

人的資本に関わる指標の数値は、従業員規模や業種によって大きく異なります。したがって、世間水準の統計データは、自社の従業員規模や業種（産業）に近いものを使うことが必要です。

前述した官公庁の統計調査の多くは、従業員規模や業種（産業）に区分けしてデータを集計しています。まずは、そこから自社に近い従業員規模、業種のデータを探して、世間水準として使うと良いでしょう。

「調査の概要」や「用語の定義」等を確認してから使う

官公庁等が行った統計調査であれば、調査結果の冒頭に「調査の概要」や「用語の定義」等が掲載されています。統計データを使うときには、最初にそれを確認することが必要です。

「調査の概要」には、目的、調査事項、サンプル数等が記載されているので、それらを見て、自分が入手したいデータが収集できるか、信頼がおけるデータかなどを判断します。

また、調査の実施時期についても確認することが必要です。例えば、調査の実施時期がコロナ禍に見舞われた期間であった場合、コロナ禍収束後の自社データとの比較には適さない場合があります。このような場合は、コロナ禍前の統計調査の結果を使う、またはコロナ禍収束後の調査結果が出るまで待つことが必要です。

「用語の定義」には、その調査で使われている用語の定義や算式が記載されています。統計データと自社データとの比較を行う

ときには、両者の定義や算式を揃えることが必要です。例えば、厚生労働省の「賃金構造基本統計調査」で示されている「所定内給与額」には通勤手当が含まれていますが、企業における「所定内給与」は、一般的に、通期手当を含めずに算出します。このように統計データと自社データの間で算出方法が異なっていると、適切な分析を行うことはできません。このような場合は、統計データの算出方法に従って、自社の所定内給与額にも通勤手当を含める、または統計データの所定内給与額から通勤手当（厚生労働省「令和２年就労条件総合調査」によれば、通期手当の平均支給額は11,700円）を差し引いた額を使う等の工夫が必要となります。

統計データの数値は「適正値ではない」と割り切って使う

統計データは、様々な企業のデータを集計した平均値です。高くもなく低くもない、世間の標準的な数値に過ぎず、適正値を示しているわけではありません。ですから、自社の値を統計データに一致させたり、近づけたりする必要はありません。

例えば、「自社の数値が悪いので、まずは統計データを目標値に設定する」ことは問題ありません。しかし、自社の数値が良い状態のとき、あるいは、自社の数値と統計データのギャップが大きいときに、統計データに近づけようとする必要はありません。ギャップが大きい場合は、その統計データを使うことが妥当かどうかを考えてみるべきです。

統計データの数値は「適正値ではない」と割り切って、自社の状況を捉えるときの「参考値」程度に考えておくと良いでしょう。

2　官公庁の統計データの入手方法（e-Statの使い方）

統計データ等は、インターネットを通じて、基本的には無料で入手できます。具体的な入手方法は、次のとおりです。

◆検索エンジンにキーワードを入れて、使えるデータを探す

検索エンジンに「賃金　統計」等のキーワードを入力して、ヒットしたウェブサイトから、自社との比較に使えるデータを探すという方法があります。

この場合、ヒットしたウェブサイトに使えるデータがあるかどうかをチェックする必要があります。過去に使ったことがないデータ、または何回も使うことがないデータを入手するときなら、この方法でも良いですが、頻繁に使うデータを入手するときに、いちいち使えそうなものを探すのは非効率的といえます。

◆政府統計の総合窓口（e-Stat）から統計データを探す

総務省統計局では、各府省が公表する統計データ等をまとめて提供するポータルサイト「政府統計の総合窓口（e-Stat)」を整備しています（運用管理は、独立行政法人統計センターが実施)。

e-Statには官公庁が実施した信頼性が高い統計調査の結果が掲載されているため、統計データを探すときは、まずここから探しましょう。データを探すときには、「キーワード検索」を利用しても良いですが、「分野（労働・賃金)」から使えそうな統計調査を選ぶほうが効率的です。

ここに掲載されている統計データのほとんどは、Excelファイルで入手することができるため、グラフ化等の加工を簡単にできるという長所もあります。

▷政府統計の総合窓口（e-Stat）の使い方　【図表4－4】

STEP 1 e-Statのトップページから「分野」を選択する

e-StatのURL：https://www.e-stat.go.jp/

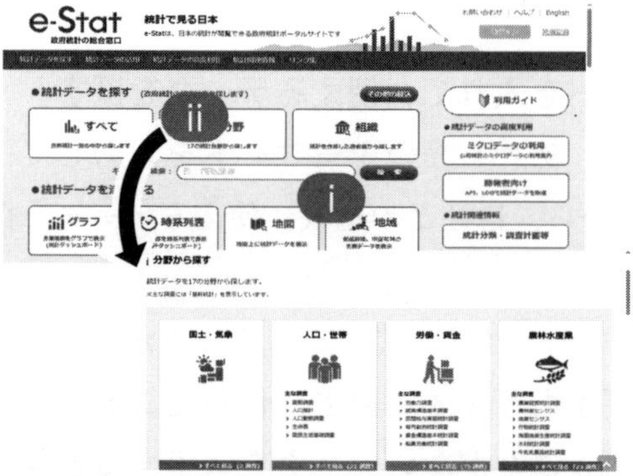

e-StatのURLを開く、または検索エンジン等で「e-Stat」と入力し、トップページを表示します。

i・iiいずれかの操作をします。

i キーワードに入手したいデータの内容を言葉で入力

ii「分野」を選択

STEP 2 使えそうな統計調査を選択し、データを入手する

表示されたリストから、使えそうな統計調査を選択し、「統計データ」の「ファイル」からデータを入手します。

◆定期的にチェックする統計データの調査名を記載（記憶）する

毎年定期的に行われる賃金水準のチェックでは、一般的に「賃金構造基本統計調査」のデータが使われます。このように定期的にチェックする統計データは、調査名を表やグラフの下に記載しておくと、次からは統計調査を探す手間が省けます。また、何度か繰り返すうちに統計調査名を覚えてしまい、統計調査名で検索して、すぐに統計データを入手できるようになります。

なお、新聞記事等で資料作りに使えそうな統計データを見たときには、そのデータが掲載されている統計調査をインターネット等で閲覧しておくと良いでしょう。「どのようなデータが、どの統計調査から入手できるのか」という知識を広げれば、データ探しを効率的に進めることができるようになります。

▷使った統計調査名を表・グラフの下に記載した例　【図表４－５】

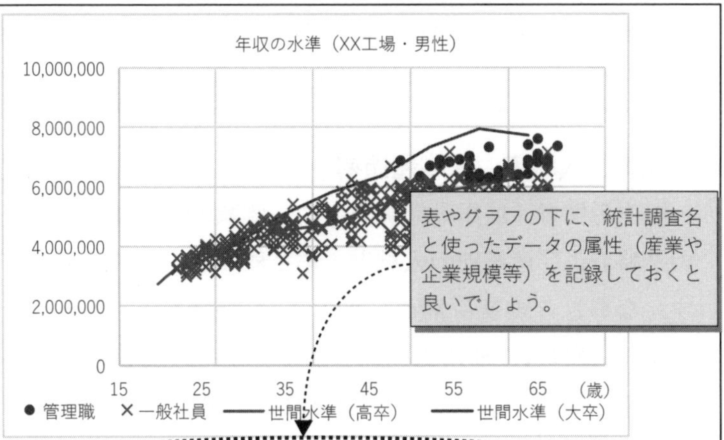

資料出所：厚生労働省「2019年　賃金構造基本統計調査」
※「世間水準」は、輸送用機械器具製造業、100～999人規模の学歴別水準によります。

それでは、人的資本に関する指標の統計データの入手先についてご紹介します。

3　人員構成に関するデータが入手できる統計調査

◆正社員比率（非正規社員比率）

総務省統計局「労働力調査（基本集計）」に「雇用形態別役員を除く雇用者数」のデータから、正社員比率（正規の職員・従業員÷役員を除く雇用者総数×100（%））を算出することができます。なお、この統計調査では、非正規の職員・従業員の内訳（パート、アルバイト、嘱託等）も表示されているので、雇用形態別の従業員数の比率（非正規社員比率）を算出することもできます。

月次の調査結果のサイト（時系列表）を閲覧するときには「第6表　雇用形態別役員を除く雇用者数」を、四半期平均・半期平均・年平均および年度平均のデータをe-Statから入手するときには「就業者　II-1　産業、従業上の地位・雇用形態（雇用者については従業者規模）・雇用契約期間別就業者数」を使います。

・総務省統計局「労働力調査（基本集計）」のURL
https://www.stat.go.jp/data/roudou/index.html

◆離職率、入職率、入職超過率

厚生労働省「雇用動向調査」に、離職率、入職率、入職超過率の推移および産業別の入職者・率と離職者・率が掲載されています。なお、この統計調査に関しては、e-Statのデータが若干使いにくいため、「雇用動向調査」のサイトに掲載されている「調査結果・結果の概要」や「関連資料・図表データのダウンロード」からデータを入手したほうが良いでしょう。

・厚生労働省「雇用動向調査」のURL
https://www.mhlw.go.jp/toukei/list/9-23-1.html

なお、新卒入社者の早期退職に関するデータを入手したい場合は、厚生労働省の「新規学卒者の離職状況」をチェックします。

ここでは、学歴別および事業所規模別・産業別に新規学卒者の入社3年目までの離職者数・離職率のデータが掲載されています。

・厚生労働省「新規学卒者の離職状況」のURL
https://www.mhlw.go.jp/stf/seisakunitsuite/bunya/0000137940.html

◆平均年齢、平均勤続年数、年齢別人員構成割合

厚生労働省「賃金構造基本統計調査」には、性別、産業別、学歴別に賃金水準のデータだけではなく、対象労働者の平均年齢と平均勤続年数も表示されています。これらと自社データを比較すれば、自社の高齢化の進捗度や定着率の高低が概ねわかります。

また、年齢階級ごとの労働者数（調査した労働者数に復元倍率を乗じた、該当労働者総数の推計値）も表示されています。これを使って世間の労働者の年齢別人員構成割合を算出すれば、自社の人員構成の特徴を把握することができます。

・厚生労働省「賃金構造基本統計調査」のURL
https://www.mhlw.go.jp/toukei/list/chinginkouzou.htm

▷賃金構造基本統計調査からのデータの入手　【図表４－6】

区　分	企業規模計（10人以上）								
	年齢	勤続年数	所定内実労働時間数	超過実労働時間数	きまって支給する現金給与額	所定内給与額	年間賞与その他特別給与額	労働者数	
	歳	年	時間	時間	千円	千円	千円	十人	
男女計 学歴計	43.7	12.3	165	12	340.1	311.8	884.5	2 790 674	
～１９歳	19.1	1.0	167	9	200.3	184.2	150.7	21 120	0.8%
２０～２４歳	23.0	2.2	166	11	240.8	218.5	382.2	202 456	7.3%
２５～２９歳	27.5	4.3	165	14	281.7	251.2	655.5	299 419	10.7%
３０～３４歳	32.5	6.9	165	14	314.1	281.0	799.3	279 813	10.0%
３５～３９歳	37.5	9.6	165	14	346.7	312.5	926.1	305 420	10.9%
４０～４４歳	[illegible]	[illegible]	[illegible]	13	366.1	333.7	1012.8	335 836	12.0%
４５～４９歳	[illegible]	[illegible]	[illegible]	12	[illegible]	[illegible]	[illegible]	393 721	14.1%
５０～５４歳	[illegible]	[illegible]	[illegible]	11	[illegible]	[illegible]	[illegible]	369 125	13.2%
５５～５９歳	[illegible]	[illegible]	[illegible]	10	[illegible]	[illegible]	[illegible]	281 539	10.1%
６０～６４歳	62.3	18.9	164	8	[illegible]	[illegible]	[illegible]	189 222	6.8%
６５～６９歳	67.2	16.1	164	7	[illegible]	[illegible]	[illegible]	73 590	2.6%
７０歳～	73.2	17.1	162	6	[illegible]	[illegible]	[illegible]	39 414	1.4%

労働者の平均年齢、平均勤続年数をチェックします。

「年齢階級別労働者数÷総計×100（%）」で構成割合が算出できます。

資料出所：厚生労働省「令和4年　賃金構造基本統計調査」

◆役職別人員構成割合、管理職比率

厚生労働省「賃金構造基本統計調査」の「役職別」統計表には、「部長級、課長級、係長級、職長級（鉱業、採石業、砂利採取業、建設業、製造業のみ）、非役職者」に区分して集計したデータが掲載されています。ここに表示されている労働者数から、各産業における役職別人員構成割合を算出することができます。

また、管理職の範囲を「部長級、課長級」とするとき、その2つの役職の労働者数合計を全労働者の合計値で割れば、管理職比率を算出することができます。

役職の名称や定義は、企業によって様々です。統計データと自社との比較を行うときは、統計で使われている各役職の定義を「役職及び職種解説」で確認し、自社の役職と対応させてください。

なお、管理職比率は、産業により大きく異なりますので、自社のデータと比較するときには、極力「産業別」に集計された統計データを使うようにしましょう。

・厚生労働省「賃金構造基本統計調査」の URL
https://www.mhlw.go.jp/toukei/list/chinginkouzou.html

▷役職別人員構成割合、管理職比率の算出 【図表４－7】

区分	企業規模計（10人以上）								
	年齢	勤続年数	所定内実労働時間数	超過実労働時間数	きまって支給する現金給与額	所定内給与額	年間賞与その他特別給与額	労働者数	*構成割合*
	歳	年	時間	時間	千円	千円	千円	十人	
部長級	52.8	24.5	170	3	579.9	572.5	2120.5	19 346	*3.7%*
課長級	48.9	22.0	169	4	495.2	485.2	1967.9	38 846	*7.5%*
係長級	46.0	19.8	167	20	416.7	363.4	1453.3	33 855	*6.6%*
職長級	44.2	19.5	165	23	398.2	332.5	1308.3	29 861	*5.8%*
非役職	40.9	12.7	165	15	304.5	268.3	861.1	394 365	*76.4%*
							合計	*516,273*	*100.0%*

・管理職比率＝（部長級＋課長級）÷合計労働者数×100（%）
＝（193,460＋388,460）÷5,162,730×100（%）
≒ 11.3（%）

資料出所：厚生労働省「令和４年　賃金構造基本統計調査」（製造業・男女計・学歴計）
※労働者数の「合計」と各役職の「構成割合」は筆者が加筆しています。

◆職種別人員構成割合、直間比率

経済産業省「企業活動基本調査　確報（データ）」の「統計表（第１巻）〔事業組織に関する表〕第８表　産業別、企業数、事業組織別従業者数」には、部門別の常時従業者数のデータがあります。厳密にいえば「職種」ではありませんが、このデータを使って部門別の人員構成割合を見れば、特定の職種の人員構成割合が大まかに掴めます。

また、間接部門（本社部門、研究所等）の人員を集計し、それを直接部門の人員（総人員から間接部門人員を差し引いた人数）で割れば、直間比率を求めることができます。なお、直接・間接部門の区分けは、世間的に定まっている基準が存在しないため、自社の考え方に沿って振り分けてください。

・経済産業省「企業活動基本調査」の URL
https://www.meti.go.jp/statistics/tyo/kikatu/index.html

▷職種別人員構成割合、直間比率の算出　【図表４－8】

第1巻〔事業組織に関する表〕第8表　産業別、企業数、事業組織別従業者数

（単位：人）

	企業数（社）	本社・本店												
		本社機能部門						現業部門						
		調査・企画部門	情報処理部門	研究開発部門	国際事業部門	その他	計	製造・鉱業・電気・ガス部門	商業事業部門	飲食サービス事業部門	情報サービス事業部門	サービス事業部門	その他部門	合
製造業	12,771	68,596	31,169	224,852	22,477	352,745	699,839	1,028,573	206,323	1,961	5,550	18,926	80,617	1,341,950

	企業数（社）	本社・本店以外									
		製造・鉱業・電気・ガス事業所	商業事業所	飲食店	情報サービス事業所	サービス事業所	研究所	倉庫・輸送・配送等事業所	その他	海外支社、支店、駐在所等	計
製造業	12,771	2,348,669	435,359	9,477	17,280	28,097	184,169	16,997	39,140	10,998	3,090,186

総計
5,131,975

・研究職人員比率　＝（本社・本店の研究開発部門人員
　　　　　　　　　　＋本社・本店以外の研究所人員）÷ 総計 × 100（％）
　　　　　　　　　＝（224,852＋184,169）÷5,131,975×100（％）
　　　　　　　　　≒　8.0（％）

・直間比率　　　　＝（本社機能部門人員＋本社・本店以外の研究所人員）
　　　　　　　　　　÷ それ以外の人員 ×100（％）
　　　　　　　　　＝（699,839＋184,169）÷（5,131,975－699,839－184,169）×100（％）
　　　　　　　　　≒　20.8（％）

資料出所：経済産業省「2021年　企業活動基本調査確報－2020年度実績－」
※データを抽出し、見やすくなるように筆者が表を加工・修正しています。

4　賃金水準・格差構造に関するデータが入手できる統計調査

◆所定内賃金、年間賃金の平均値（年齢階級別、役職別等）

賃金水準の統計データは、様々な機関から公表されています。

その中で最も使われているものは、厚生労働省「賃金構造基本統計調査」でしょう。この調査は毎年７月に実施され、翌年３月中旬にインターネット上で結果が表示されます。

１か月間に支給された賃金および調査前１年間に支給された賞与等の金額が、年齢階級別、性別、学歴別、企業規模別、産業別、役職別等の区分けで表示されており、賃金水準を調べるときや、性別の賃金格差等を見るときなど、様々な場面で使われます。

自社との比較においては、この調査の次のデータを見ます。

①　残業代等を含まない、毎月固定的に支給される賃金について
　→「所定内給与額」

②　残業代や休日出勤手当等も含んだ月例賃金の総額について
　→「きまって支給する現金給与額」

③　残業代や賞与を含んだ年間賃金について
　→「きまって支給する現金給与額」× 12 +「年間賞与その他特別給与額」

この統計データを使うときには、次の点に注意してください。

・「所定内給与額」には、現金で支給された通勤手当も含まれています。通勤手当を含まない自社の賃金と比較するときには、統計データから通勤手当分 11,700 円を引いて使いましょう。
・「所定内給与額」と「きまって支給する現金給与額」は、直近のデータでも前年６月、「年間賞与その他特別給与額」は調査前１年間に支給された額であり、使用の際はタイムラグが生じます。

・厚生労働省「賃金構造基本統計調査」の URL
https://www.mhlw.go.jp/toukei/list/chinginkouzou.html

▷所定内賃金、年間賃金のデータの入手

【図表４－９】

区　分	企業規模計（10人以上） 年齢	勤続年数	所定内実労働時間数	超過実労働時間数	きまって支給する現金給与額	所定内給与額	年間賞与その他特別給与額	労働…
	歳	年	時間	時間	千円	千円	千円	
男女計 学歴計	43.7	12.3	165	12	340.1	311.8	884.5	2
～１９歳	19.1	1.0	167	9	[illegible]	184.2	[illegible]	[illegible]
２０～２４歳	23.0	2.2	166	11	240.8	218.5	382.2	202 456
２５～２９歳	27.5	4.3	165	14	281.7	251.2	655.5	299 419
３０～３４歳	32.5	6.9	165	14	314.1	281.0	799.3	279 813
３５～３９歳	37.5	9.6	165	14	346.7	312.5	926.1	305 420
４０～４４歳	42.6	12.2	166	13	366.1	333.7	1012.8	335 836
４５～４９歳								
５０～５４歳								
５５～５９歳								
６０～６４歳								
６５～６９歳								
７０歳～								

②残業代などを含む月例賃金

①残業代などを含まない月例賃金

③年間賃金（推計値）
＝きまって支給する現金給与額×12＋年間賞与その他特別給与額
＝340.1千円×12＋884.5千円
＝4,965.7千円

資料出所：厚生労働省「令和4年　賃金構造基本統計調査」

◆所定内賃金の平均値（職種別）

近年、職務給やジョブ型雇用を導入する企業が出現しており、これらの企業では、販売店員や事務主任等のように職種別の賃金水準と自社データとの比較が必要になります。

職種別の賃金データは、厚生労働省「賃金構造基本統計調査」にも掲載されるほか、毎年８月に人事院から公表される「人事院勧告」の「参考資料　民間給与関係（職種別民間給与実態調査）」からも入手できます。なお、人事院は全国のデータですが、都道府県や政令指定都市の人事委員会でも同様の調査を実施し、その結果をインターネット等で公表していることがあります。公務員に準じた賃金水準を設定したい企業は、人事院や都道府県人事委員会が公表する職種別賃金のデータを参考にすると良いでしょう。

・人事院「人事院勧告」の URL
https://www.jinji.go.jp/kyuuyo/index.html

◆モデル所定内賃金

学校を卒業後、直ちに入社して同一企業に継続勤務し、標準的に昇進した人の所定内賃金（モデル賃金）のデータは、次の統計調査から入手することができます。

① 中央労働委員会「賃金事情等総合調査」

産業、学歴、労働者の種類、コース（総合職・一般職）に区分けされた、年齢・勤続年数別モデル所定内賃金が入手できます。なお、この調査は大企業・施設（原則として、医療施設以外は資本金5億円以上かつ労働者1,000人以上、医療施設は病床数400床以上）を対象としたもので、モデル賃金も高水準となっています。

② 東京都産業労働局「中小企業の賃金・退職金事情」

産業、学歴、従業員規模、職種（営業販売系、事務系、技術系、生産系等）に区分けされた年齢・勤続年数別モデル所定内賃金が入手できます。なお、この調査は、都内の中小企業（従業員規模は製造業等が30〜299人、卸売業・小売業等が10〜99人）を対象としたものです。中小企業の場合、特段の理由がない限り、「賃金事情等総合調査」よりも「中小企業の賃金・退職金事情」のデータを使ったほうが良いでしょう。

モデル賃金を比較に使う場合は、原則として、統計調査のモデル賃金の前提条件に沿って、自社のモデル賃金を算出するようにしなければなりません。なお、モデル賃金は、実際の賃金水準よりも高めの金額になることが多いので、ご注意ください。

・中央労働委員会「賃金事情等総合調査」のURL
https://www.mhlw.go.jp/churoi/chingin/
・東京都産業労働局「中小企業の賃金・退職金事情」のURL
https://www.sangyo-rodo.metro.tokyo.lg.jp/toukei/koyou/chingin/

▷都内中小企業のモデル所定内賃金 【図表４－10】

【単位:円】

年齢	高校卒		高専・短大卒		専門学校卒		大学卒	
	所定時間内賃金（通勤手当を除く）	上昇係数	所定時間内賃金（通勤手当を除く）	上昇係数	所定時間内賃金（通勤手当を除く）	上昇係数	所定時間内賃金（通勤手当を除く）	上昇係数
18歳	190,873	100.0	-	-	-	-	-	-
20歳	197,129	103.3	201,389	100.0	201,938	100.0	-	-
22歳	204,882	107.3	209,742	104.1	210,542	104.3	215,809	100.0
25歳	222,460	116.5	224,690	111.6	225,816	111.8	233,634	108.3
30歳	252,002	132.0	257,600	127.9	259,959	128.7	272,125	126.1
35歳	280,082	146.7	286,204	142.1	287,916	142.6	308,755	143.1
40歳	305,551	160.1	313,187	155.5	316,820	156.9	344,993	159.9
45歳	332,336	174.1	345,390	171.5	346,854	171.8	383,085	177.5
50歳	358,465	187.8	376,033	186.7	377,741	187.1	417,395	193.4
55歳	375,257	196.6	394,478	195.9	397,696	196.9	436,296	202.2
60歳	384,880	201.6	403,271	200.2	405,356	200.7	444,233	205.8

資料出所：東京都産業労働局「中小企業の賃金・退職金事情（令和４年版）」
※上昇係数は初任給を100として算出しています。

◆男女の賃金差異

女性活躍推進法の改正により、2022年７月から従業員301人以上の企業は「男女の賃金差異」を公表することが義務化されました。これに伴い、対象企業は、少なくとも年１回、男女の賃金差異を集計することが必要になります。

「男女の賃金差異」の世間水準は、厚生労働省「賃金構造基本統計調査」のデータから【図表４－11】の要領で男女の年間賃金（推計値）を算出し、その割合を求めることで入手できます。

・厚生労働省「賃金構造基本統計調査」のURL
https://www.mhlw.go.jp/toukei/list/chinginkouzou.html

▷男女の賃金差異の算出

【図表４－11】

区　分	企業規模計（10人以上）							
	年齢	勤続年数	所定内実労働時間数	超過実労働時間数	きまって支給する現金給与額	所定内給与額	年間賞与その他特別給与額	労働者数
	歳	年	時間	時間	千円	千円	千円	十人
男 学歴計	44.5	13.7	167	14	376.5	342.0	1031.1	1 775 567
女 学歴計	42.3	9.8	163	8	276.3	258.9	627.9	1 015 107

・男性の年間賃金　＝きまって支給する現金給与額 ×12
　　　　　　　　　　＋年間賞与その他特別給与額
　　　　　　　　　＝376.5 千円 ×12＋1031.1 千円
　　　　　　　　　＝5,549.1 千円
・女性の年間賃金　＝276.3 千円 ×12＋627.9 千円
　　　　　　　　　＝3,943.5 千円
・男女の賃金差異　＝女性の年間賃金 ÷ 男性の年間賃金 ×100（%）
　　　　　　　　　＝3,943.5 千円 ÷5,549.1 千円
　　　　　　　　　≒ 71.1　（%）

資料出所：厚生労働省「令和4年　賃金構造基本統計調査」

◆所定内賃金の構成割合、基本給比率

厚生労働省「就労条件総合調査」では、企業の労働時間制度や賃金制度等を総合的に調べて、その結果を公表しています。

この賃金制度の調査項目において、数年おきに「産業・企業規模、常用労働者１人平均所定内賃金額及び手当の種類別常用労働者１人平均賃金額構成比」が組み込まれており、これを見れば、基本給比率や所定内賃金に占める各手当の構成割合に関するデータを入手することができます。

なお、「手当の種類別支給企業割合」や「手当の種類別支給した労働者１人平均支給額」のデータも掲載されているので、例えば、「家族手当を導入している企業は何％で、平均支給額はいくらか」を把握し、手当を見直すときの資料作りに活かせます。

・厚生労働省「就労条件総合調査」の URL
https://www.mhlw.go.jp/toukei/list/11-23.html

▷所定内賃金の構成割合・基本給比率　【図表４－12】

	計		基本給	諸手当計	諸手当：業績手当など（個人、部門・グループ、会社別）	諸手当：勤務手当計	諸手当：役付手当など	諸手当：特殊作業手当など	諸手当：特殊勤務手当など	諸手当：技能手当、技術（資格）手当など
調査産業計	千円 319.7	% 100.0	% 85.1	% 14.9	% 1.2	% 4.9	% 3.0	% 0.2	% 0.8	% 1.0

	諸手当：精皆勤手当、出勤手当など	諸手当：通勤手当など（１か月分に換算）	諸手当：生活手当計	諸手当：家族手当、扶養手当、育児支援手当など	諸手当：地域手当、勤務地手当など	諸手当：住宅手当など	諸手当：単身赴任手当、別居手当など	諸手当：左記以外の生活手当（寒冷地手当、食事手当など）	諸手当：調整手当など	諸手当：左記のいずれにも該当しないもの
調査産業計	% 0.3	% 2.7	% 3.8	% 1.3	% 0.7	% 1.2	% 0.3	% 0.3	% 0.8	% 0.9

資料出所：厚生労働省「令和２年　就労条件総合調査」　賃金制度
産業・企業規模、常用労働者１人平均所定内賃金額及び手当の種類別常用労働者１人平均賃金額構成比（令和元年 11 月分）

◆所定外賃金比率・賞与比率

厚生労働省「賃金構造基本統計調査」の「（きまって支給する現金給与額－所定内給与額）× 12」で１年間に支給した所定外賃金の額を算出できるので、それを年間賃金で割れば、時間外手当比率（年間賃金に占める所定外賃金の割合）がわかります。

また「年間賞与その他特別給与額÷年間賃金× 100（%）」で賞与比率（年間賃金に占める賞与の割合）を算出することもできます。

・厚生労働省「賃金構造基本統計調査」の URL
https://www.mhlw.go.jp/toukei/list/chinginkouzou.html

▷時間外手当比率、賞与比率の算出　【図表４－13】

区　分	企業規模計（10人以上）：年齢	勤続年数	所定内実労働時間数	超過実労働時間数	きまって支給する現金給与額	所定内給与額	年間賞与その他特別給与額	労働者数
	歳	年	時間	時間	千円	千円	千円	十人
男女計 学歴計	43.7	12.3	165	12	340.1	311.8	884.5	2 790 674
～１９歳	19.1	1.0	167	9	200.3	184.2	150.7	21 120
２０～２４歳	23.0	2.2	166	11	240.8	218.5	382.2	202 456

・年間賃金（推計値）　=340.1 千円 ×12＋884.5 千円＝4,965.7 千円
・時間外手当比率 ＝（きまって支給する現金給与額－所定内給与額）×12÷ 年間賃金 ×100（%）
＝（340.1 千円－311.8 千円）×12÷4965.7 千円 ×100（%）
≒6.8（%）
・賞与比率＝年間賞与その他特別給与額 ÷ 年間賃金 ×100（%）
＝884.5 千円 ÷4965.7 千円 ×100（%）
≒17.8（%）

資料出所：厚生労働省「令和4年　賃金構造基本統計調査」

◆賃上げ（昇給）の平均額、賃上げ率（昇給率）

従業員１人当たり賃上げ額、賃上げ率は、厚生労働省「賃金引上げ等の実態に関する調査」にデータが掲載されています。この調査では、「定期昇給制度、ベースアップ等の実施状況」や「賃金カットの実施状況」に関するデータ等も入手できます。

なお、この統計調査は、毎年11月中旬に、その年に行われた賃金改定の結果を公表するものです。1月～3月の賃上げ交渉期間中にその年の世間動向を掴みたい場合は、日本経団連「春季労使交渉妥結状況」や連合「春闘　回答速報」等のサイトから情報を入手すると良いでしょう。

- 厚生労働省「賃金引上げ等の実態に関する調査」の URL
  https://www.mhlw.go.jp/toukei/list/12-23.html
- 日本経団連「春季労使交渉／賞与・一時金　妥結状況」の URL
  https://www.keidanren.or.jp/policy/index09a.html
- 連合「春闘（春季生活闘争）」の URL
  https://www.jtuc-rengo.or.jp/activity/roudou/shuntou/

◆賞与（一時金）の平均支給額等

厚生労働省「毎月勤労統計調査」は、毎年９月と２月の速報と併せて、その年の夏季賞与（9月）および前年の年末賞与の結果を公表します。また、賞与に関する労使交渉の妥結額等を把握できた民間主要企業（資本金10億円以上かつ従業員1,000人以上の労働組合のある企業）については「民間主要企業夏季（年末）一時金集計」でも情報を公表しています。

なお、賃上げと同じく、労使交渉期間中にその年の世間動向を掴みたい場合は、日本経団連や連合等のサイトから情報を入手できます。

- 厚生労働省「毎月勤労統計調査」の URL
  https://www.mhlw.go.jp/toukei/list/30-1.html

・厚生労働省「民間主要企業夏季一時金集計」のURL
https://www.mhlw.go.jp/stf/seisakunitsuite/bunya/koyou_roudou/roudouseisaku/shuntou/roushi-c2.html
・厚生労働省「民間主要企業年末一時金集計」のURL
https://www.mhlw.go.jp/stf/seisakunitsuite/bunya/koyou_roudou/roudouseisaku/shuntou/roushi-c3.html

◆モデル退職金、退職年金の支給水準

厚生労働省「就労条件総合調査」では、概ね５年おきに「退職給付（一時金・年金）制度」および「退職給付（一時金・年金）の支給実態」の調査を行っています。ここから、退職金・年金制度の世間動向（ポイント制退職金や確定拠出年金の導入企業数割合等）や退職金の支給水準等のデータが入手できます。

また「モデル所定内賃金」で紹介した、中央労働委員会「賃金事情等総合調査」と東京都産業労働局「中小企業の賃金・退職金事情」では、勤続年数ごとのモデル退職金（学校を卒業してすぐ入社した人が普通の能力と成績で勤務した場合の退職金水準）を隔年で調査し、結果を公表しています。

なお、退職金の支給額は、企業規模や退職事由（定年・会社都合・自己都合等）により大きく異なるので、これらの統計データを使う場合は、調査対象等を必ず確認してください。

・厚生労働省「就労条件総合調査」のURL
https://www.mhlw.go.jp/toukei/list/11-23.html
・中央労働委員会「賃金事情等総合調査」のURL
https://www.mhlw.go.jp/churoi/chingin/
・東京都産業労働局「中小企業の賃金・退職金事情」のURL
https://www.sangyo-rodo.metro.tokyo.lg.jp/toukei/koyou/chingin/

▷モデル退職金のデータの入手先と定年退職金額　【図表４－14】

調査機関	調査名（資料出所）	集計対象	モデル定年退職金（千円）	
			大卒	高卒
中央労働委員会	令和３年賃金事情等総合調査（退職金、年金及び定年制事情調査）	資本金５億円以上かつ労働者1,000人以上	25,639	18,397
東京都産業労働局	中小企業の賃金・退職金事情（令和４年版）	卸売業、小売業、サービス業は「10～99人」規模、それ以外の産業は「30～299人」規模の都内中小企業	13,192	12,778

※中央労働委員会の「高卒」は「高卒、生産労働者」のデータ、東京都産業労働局は「退職一時金と退職年金を併用している企業」の「モデル定年退職金」のデータを表示しています。

5　働き方（労働時間等）に関するデータが入手できる統計調査

◆所定労働時間、所定休日数

厚生労働省「就労条件総合調査」では、１日の所定労働時間、週所定労働時間、週休２日制採用企業割合、年間休日数等を毎年調査し、その結果をインターネット上で公表しています。

自社の労働時間を世間水準と比較するときには、まず、このデータを使うと良いでしょう。

・厚生労働省「就労条件総合調査」のURL
https://www.mhlw.go.jp/toukei/list/11-23.html

◆１か月当たり平均所定外労働時間、平均出勤日数

「当社は残業が増えてきたが、他社の状況はどうだろう？」

このようなことを調べるときには、厚生労働省「毎月勤労統計調査」を使います。この調査は、毎月実施されて、その２か月後に調査結果（速報）が公表されるため、自社と世間の動きをリアルタイムで比較したいときに適したものです。また、年、年度単位の集計結果も掲載されているため、１年間の状況をチェックするときにも使えます。

e-Stat上の「毎月勤労統計調査」に掲載されている「毎勤原票」等は、元データに近い状態で見にくいので、それらのデータ

を整理した「概況」を使うと良いでしょう。

・厚生労働省「毎月勤労統計調査」の URL
https://www.mhlw.go.jp/toukei/list/30-1.html

◆フレックスタイム制、裁量労働制が適用される従業員の割合

厚生労働省「就労条件総合調査」では、変形労働時間制（フレックスタイム制を含む）や裁量労働制等を導入している企業割合および適用されている労働者割合も掲載されています。

自社の労働時間制度を見直すときには、このデータを参考にして、柔軟な働き方の世間動向を把握しておくことが必要です。

・厚生労働省「就労条件総合調査」の URL
https://www.mhlw.go.jp/toukei/list/11-23.html

◆テレワーク（在宅勤務）が可能な従業員の割合および利用率

テレワークの利用率等に関して、官公庁が定期的に実施してきた統計調査はありません。ただし、テレワークや在宅勤務等は、コロナ禍をきっかけに急速に広がり、世間の関心が高い働き方であるため、様々な機関・企業が、その利用状況等に関するアンケート調査を不定期に行っています。これらの調査をインターネット等で検索して、参考情報として資料作りに使うと良いでしょう。

◆年次有給休暇１人当たり年間取得日数および取得率 特別休暇の種類別企業割合および最高付与日数等

厚生労働省「就労条件総合調査」で、年次有給休暇１人当たり付与日数、年間取得日数および取得率を毎年公表しています。

同調査においては、調査年によって、特別休暇の種類別企業割合、各特別休暇の賃金の支給別企業割合および最高付与日数等を調査項目に組み込むこともあるので、これらのデータを入手したいときにはチェックしてみましょう。

・厚生労働省「就労条件総合調査」の URL
https://www.mhlw.go.jp/toukei/list/11-23.html

6 人材育成に関するデータが入手できる統計調査

◆ OFF − JT、自己啓発支援の費用、参加者割合および受講時間

厚生労働省「能力開発基本調査」の企業調査に OFF − JT、自己啓発支援の費用の平均額等が掲載されています。

また、OFF − JT の参加者割合や受講時間に関するデータは、同調査の個人調査に掲載されています。

・厚生労働省「能力開発基本調査」の URL
https://www.mhlw.go.jp/toukei/list/104-1.html

◆職業能力評価において利用している検定・資格別事業所割合等

「職業能力評価」とは、職業に必要となる技能や能力の評価のうち、厚生労働省が作成した「職業能力評価基準」に準拠した評価基準、企業が独自に作成した評価基準や業界団体で作成した評価基準、あるいは、既存の各種検定・資格に基づいて評価が行われているものをいいます。厚生労働省「能力開発基本調査」の事業所調査には、職業能力評価において利用している検定・資格別事業所割合が掲載されています。

ただし、表示されている検定・資格は「技能検定」「国家検定・資格（技能検定を除く）または公的検定・資格」「民間団体が認定する民間検定・資格」「事業主等が認定する社内検定・資格」「その他」という大まかな区分けであるため、「具体的に利用されている資格名（弁護士等）」を知りたい人には、十分な情報とはいえないかもしれません。これらの人は、自社の業務に関係ありそうな検定・資格のウェブサイト（例えば、技能検定のウェブサイト等）を見て、その利用状況等をチェックしたほうが良いでしょう。

・厚生労働省「能力開発基本調査」の URL
https://www.mhlw.go.jp/toukei/list/104-1.html
・厚生労働省「技能検定制度」の URL
https://www.mhlw.go.jp/stf/seisakunitsuite/bunya/koyou_roudou/jinzaikaihatsu/ability_skill/ginoukentei/index.html

7 ダイバーシティに関するデータが入手できる統計調査

◆女性管理職・役員比率、採用者のうち女性が占める割合等

厚生労働省「雇用均等基本調査」の企業調査に、これらのデータが掲載されています。毎年10月に実施され、翌年7月に調査結果がインターネット等で公表されます。調査結果が公表されたら、チェックするように心がけてください。

なお、この統計調査は、平成18（2006年度）まで「女性雇用管理基本調査」という名称で実施されていました。

・厚生労働省「雇用均等基本調査」の URL
https://www.mhlw.go.jp/toukei/list/71-23.html

◆男女の管理職割合の差異

厚生労働省「賃金構造基本統計調査」の「役職別」統計表のデータには、性別に区分された集計結果も掲載されており、男女別に従業員に占める管理職の割合および男女差異を算出できます。

・厚生労働省「賃金構造基本統計調査」の URL
https://www.mhlw.go.jp/toukei/list/chinginkouzou.html

▷男女の管理職割合の差異の算出

【図表４－15】

区　分	企業規模計（10人以上）		
	年齢	勤続年数	労働者数
【男性】	歳	年	十人
部長級 学歴計	52.8	22.4	82 256
課長級 学歴計	48.8	20.7	145 016
係長級 学歴計	45.3	18.0	108 553
非役職者 学歴計	41.4	11.2	1 086 601
		合計	1 422 426

【女性】	歳	年	十人
部長級 学歴計	52.1	18.6	8 608
課長級 学歴計	49.2	18.8	24 339
係長級 学歴計	45.8	17.1	35 060
非役職者 学歴計	40.7	9.3	738 050
		合計	806 057

男性社員の管理職割合
＝（部長級＋課長級）÷合計労働者数×100（%）
＝（822,560＋1,450,160）÷14,224,260×100（%）
≒16.0（%）

男女の管理職割合の差異　：11.9%ポイント

女性社員の管理職割合
＝（部長級＋課長級）÷合計労働者数×100（%）
＝（86,080＋243,390）÷8,060,570×100（%）
≒4.1（%）

資料出所：厚生労働省「令和4年　賃金構造基本統計調査」

◆男女の平均年齢、平均勤務年数の差異

厚生労働省「賃金構造基本統計調査」の「性別」の集計から、男女の平均年齢、平均勤続年数の差異のデータが入手できます。

・厚生労働省「賃金構造基本統計調査」のURL
https://www.mhlw.go.jp/toukei/list/chinginkouzou.html

◆男女の育児休業取得割合、育児を行う従業員への支援策の内容等

厚生労働省「雇用均等基本調査」の「事業所調査」に、これらのデータが掲載されています。なお、「育児のための所定労働時間の短縮措置等の各制度の利用状況」には、①短時間勤務制度、②所定外労働の制限、③育児の場合に利用できるフレックスタイム制度、④始業・終業時刻の繰上げ・繰下げ、⑤事業所内保育施設、⑥育児に要する経費の援助措置、⑦育児休業に準ずる措置、⑧テレワーク（在宅勤務等）の利用状況が集計されています。

・厚生労働省「雇用均等基本調査」のURL
https://www.mhlw.go.jp/toukei/list/71-23.html

◆高年齢者雇用に関するデータ

厚生労働省「高年齢者雇用状況等報告」に、60歳以上・65歳以上の従業員の雇用に関するデータが掲載されています。この調査は、毎年6月に実施され、同年11月から翌年1月までの間に報道発表資料として厚生労働省から公表されます。

・厚生労働省「令和4年　高年齢者雇用状況等報告」のURL
https://www.mhlw.go.jp/stf/newpage_29133.html

◆障害者雇用に関するデータ

厚生労働省は、毎年6月1日現在の身体障害者、知的障害者、精神障害者の雇用状況について事業主等に報告を求め、その集計結果を「障害者雇用状況」として、同年12月頃に公表しています。

なお、障害を持つ雇用者の所定労働時間、賃金、障害者雇用上の課題および配慮等に関するデータは、概ね5年おきに実施される、厚生労働省「障害者雇用実態調査」に掲載されているので、これを参考にしてください。

・厚生労働省「障害者雇用対策」のURL
https://www.mhlw.go.jp/stf/seisakunitsuite/bunya/koyou_roudou/koyou/shougaishakoyou/index.html
※このウェブサイトの「公表データ等」に、「障害者雇用状況の集計結果」と「障害者雇用実態調査」のリンクが貼ってあります。

◆外国人雇用に関するデータ

厚生労働省は、毎年10月末現在の外国人雇用の届出状況を取りまとめて、翌年1月末に公表しています。外国人雇用の状況については、このデータを参考にすると良いでしょう。

・厚生労働省「外国人雇用対策」のURL
https://www.mhlw.go.jp/stf/seisakunitsuite/bunya/koyou_roudou/koyou/gaikokujin/index.html

※このウェブサイトの「関連情報」に、「外国人雇用状況の届出状況（報道発表）」のリンクが貼ってあります。

8　職場環境等に関するデータが入手できる統計調査

エンゲージメント、従業員満足度およびウェルビーイングについては、国・国民を対象とした統計調査（例：内閣府「満足度・生活の質に関する調査」）は実施されていますが、企業・従業員を対象とした、公式な統計データはありません。

一方、労働災害やハラスメントの相談件数等は、客観的な事実として捉え、自社のデータを世間水準と比較して、問題点等を抽出することが可能です。ここでは、労働災害等の統計データの入手先を紹介します。

◆労働災害に関するデータ

厚生労働省「労働災害動向調査」において、労働災害の度数率、強度率が毎年公表されます。また、無災害事業所（労働災害を発生させなかった事業所）の割合も公表されます。

・厚生労働省「労働災害動向調査」の URL
https://www.mhlw.go.jp/toukei/list/44-23.html

◆ハラスメントの相談件数、対応措置等に関するデータ

厚生労働省「雇用均等基本調査」の「企業調査」に、過去３年間のハラスメントに関する相談・事案への対応の有無、ハラスメント防止のための取組みの内容別企業割合等のデータが掲載されています。自社のハラスメント対策を検討するときの参考資料にすると良いでしょう。

・厚生労働省「雇用均等基本調査」の URL
https://www.mhlw.go.jp/toukei/list/71-23.html

9　生産性、人件費に関するデータが入手できる統計調査

労働生産性や労働分配率等の財務が関係するデータは、経済産業省「企業活動基本調査」、財務省「法人企業統計調査」から調べます。

◆企業活動基本調査

「確報・概況」の「付表」に産業別の付加価値額、従業員数、給与総額のデータが表示されており、これらから労働生産性や労働分配率を算出することができます。自社データと比較するときには、下記の式を使ってください。

・労働生産性＝付加価値額÷従業員数
・労働分配率＝給与総額÷付加価値額× 100（%）

・経済産業省「企業活動基本調査」の URL
https://www.meti.go.jp/statistics/tyo/kikatu/result-2.html

◆法人企業統計調査

調査結果の概要を見ると、主要産業の労働生産性、労働分配率等のデータが掲載されています。なお、この統計調査の元データ（企業の財務データ）が入力されているデータベースにアクセスすることもできるので、自分が入手したい年度、科目（人件費に関する科目等）をデータベースから抽出して、労働生産性、労働分配率以外の指標を算出することもできます。

・付加価値率＝付加価値額÷売上高× 100（%）
・労働分配率＝給与総額÷付加価値額× 100（%）
・労働生産性＝付加価値額÷常時従業者数

・財務省「法人企業統計調査」の URL
https://www.mof.go.jp/pri/reference/ssc/results/index.htm
※このウェブサイトの「結果（年次・四半期）」から「時系列データ」を選択し、表示された e-Stat の画面から、入手したいデータを抽出します。

▷**産業別　労働分配率、労働生産性**　【図表 4 － 16】

	付加価値額（百万円）		付加価値率		労働分配率		労働生産性（万円）	
	2020 年度	前年度比	2020 年度	前年度比	2020 年度	前年度比	2020 年度	前年度比
合計	4,383.0	−1.0	18.9	0.9	50.7	0.6	848.4	−1.6
鉱業、採石業、砂利採取業	4,253.1	−39.9	50.6	−12.7	17.2	5.9	3,535.3	−40.5
製造業	4,510.6	−1.3	22.0	1.0	51.0	0.2	1,075.9	−2.3
電気・ガス業	37,671.8	−8.0	22.3	−1.1	22.3	0.4	3,047.1	−8.7
情報通信業	4,890.5	5.0	38.4	1.9	53.7	−1.1	1,101.8	3.2
卸売業	2,969.0	−0.2	8.0	0.6	49.7	0.2	1,060.2	−0.9
小売業	4,942.3	1.7	19.6	0.9	49.4	−0.6	494.4	−0.4
クレジットカード業、割賦金融業	11,973.3	−5.9	29.6	−0.2	30.7	2.1	1,587.8	−7.1
物品賃貸業	6,972.3	−4.7	21.9	0.8	25.1	0.5	1,853.0	−0.4
学術研究、専門・技術サービス業	4,344.1	1.5	21.5	0.0	61.2	0.7	996.4	3.3
飲食サービス業	2,881.8	−23.3	39.1	−3.0	74.9	10.5	201.3	−15.7
生活関連サービス業、娯楽業	1,263.2	−41.3	38.3	−7.6	72.9	25.7	320.7	−39.7
個人教授所	2,088.9	−29.4	39.7	−3.8	85.7	20.8	309.0	−24.0
サービス業	4,179.4	2.9	52.6	0.3	72.0	1.6	452.7	2.1

資料出所：経済産業省「2021 年　企業活動基本統計調査」（2020 年度実績）

労働生産性、労働分配率等の世間水準を知りたい場合は「企業活動基本調査」を、労働生産性・分配率以外にも様々な財務データを入手して細かい分析をしたい場合、あるいは時系列での財務分析を行いたい場合は、データベースから抽出するデータを選択できる「法人企業統計調査」を使うと良いでしょう。

10　人的資本に関するその他のデータの入手方法

ここまで、官公庁の統計調査からデータを入手する方法を説明しました。場合によっては、統計調査から入手できる世間水準のデータではなく、特定の会社（ライバル会社や同業でトップの会社等）のデータを入手したいこともあるでしょう。このようなときには、次の方法でデータを入手します。

◆企業のホームページから人的資本に関する情報を入手する

企業は、投資家や入社希望者等に向けてホームページ上で様々なデータを公開します。例えば、「投資家情報」「IRライブラリー」等に掲載されている「有価証券報告書」や「統合報告書(またはアニュアルレポート)」には、その企業の人的資本に関する情報・データが開示されています。

近年、多くの上場企業が有価証券報告書とは別に、統合報告書を作成するようになり、その中で人的資本の現状や取組みを「見える化」して、わかりやすく伝えるようになっています。特に投資家の関心が高い「女性活躍推進」「人材育成」「従業員のエンゲージメント」については、統合報告書の中で積極的に情報開示が行われています。

大まかにいえば、有価証券報告書では、事業運営の現状と課題について財務情報を中心とした報告が行われています。一方、統合報告書では、社会貢献を含む企業の取組みと今後の方向性について非財務情報も使った説明が行われていると捉えれば良いでしょう。このように、有価証券報告や統合報告書から、他社の人的資本の情報を入手できます。

◆厚生労働省の「しょくばらぼ」から情報を入手する

厚生労働省では、各社の勤務実態や採用状況に関する情報・データを見ることができる「職場情報総合サイト　しょくばらぼ」を運用しています。このサイトを使えば、自分が入手したい企業のデータを入手することができます。

・厚生労働省「しょくばらぼ」のURL
https://shokuba.mhlw.go.jp/

▷「しょくばらぼ」から情報を入手する方法　【図表４－17】

STEP 1　しょくばらぼの検索BOXに情報を入手したい会社名を入力する

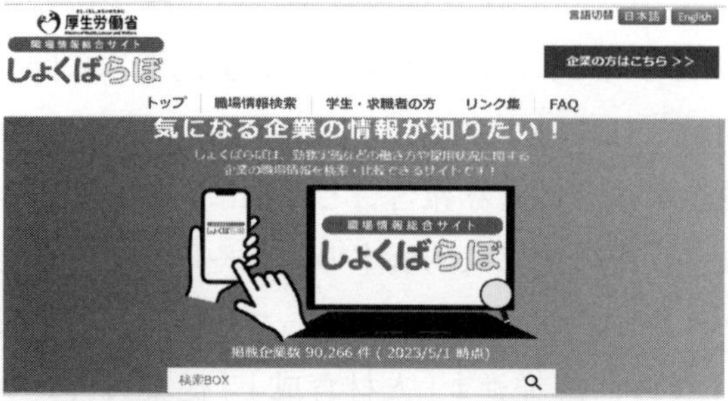

STEP 2　情報を入手したい会社名を選択する

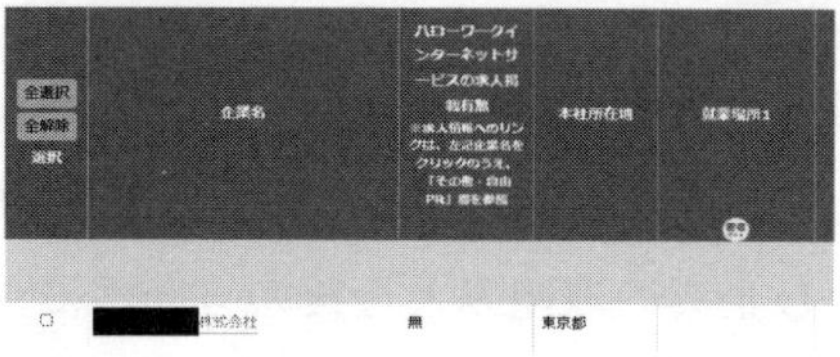

STEP 3　働き方や採用情報等の情報を入手する

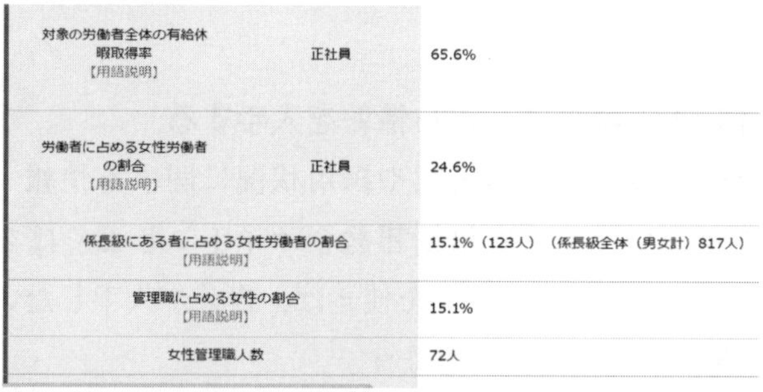

第5章

人的資本に関する資料作りの事例

情報開示が進んでいる企業においては、人事関係者が経営層に対して人的資本に関する資料を定期的に提出し、取締役会等で報告を行っています。ここでは、先行企業において作成されている人的資本に関する資料の事例をご紹介します。

1 「人的資本の情報開示」の基本的な考え方の整理

人的資本の情報開示を進めるにあたり、まず、「誰に、何を使って、どのような情報を開示するのか」および「開示する情報を改善するためには、社内でどのような情報をモニタリングすれば良いのか」という点を検討します。

人的資本情報の主な提供先は、「投資家」と「労働者（求職者、就活中の学生）」です。なお、経営層が人的資本情報に関する説明を社外から求められることもあるので、人事関係者からすれば、経営層も情報の提供先と捉えて、人的資本の状況や目標・施策について、定期的に報告することが必要です。

【図表５－1】は、ある企業（上場企業）で、情報の提供先、情報開示の方法、開示する情報、モニタリング情報等を整理した一覧表です。

この企業では、投資家、顧客向けに「有価証券報告書」と「統合報告書」を開示しています。法令やガイドライン等に基づき記載するべき事項が定められている有価証券報告書は、財務情報を中心に経営の現状と事業の中長期的な見通しを示すものとして、一方、写真等も盛り込んで視覚性が高いレポートとして作成できる統合報告書は、社会貢献や人的資本等に関する非財務情報を中心に経営の方向性などを示すものとして、それぞれ位置付けられています。

また、求職者や就活中の学生向けには、厚生労働省の「しょくばらぼ」や自社の採用サイトを通じて、労働法令で公表が義務付けられている「男性の育児休業取得率」や「男女の賃金差異」等を中心に情報開示を行うこととしています。

有価証券報告書に情報を掲載すると株主総会で質問されたり、また、インターネット上に情報を公表すると報道機関等からも問合せが寄せられたりする可能性があるので、人事関係者は経営層に対して「人的資本に関する報告書（社内資料）」を提出して、社外からの問合せに的確に対応できる体制を整えています。

この事例を参考に、それぞれの企業で、人的資本に関する開示情報、モニタリング情報および資料に掲載して経営層に報告する情報を、検討・設定してみてください。

▷「人的資本の情報開示」の基本的な考え方の事例　【図表５－１】

情報の提供先	情報開示の方法	対象	基本的な考え方	開示・報告する情報	モニタリング情報
投資家、取引先（金融機関等）	有価証券報告書	上場企業	財務情報を中心に、経営の現状と事業の中長期的な見通しを示す。	財務諸表 従業員数 平均年齢、勤続年数 平均年間賃金 人材育成方針 女性管理職比率 男性の育児休業取得率 男女の賃金差異	労働分配率 労働生産性 60歳以上従業員比率 年間賃金の推移 男女別管理職比率 男女別育児休業取得日数 等級別の賃金差異
投資家（ESG関連）、顧客	統合報告書	任意	社会貢献、人材育成、ダイバーシティ等に関する非財務情報を中心に、経営の方向性などを示す。	上記項目に加えて… 人材育成施策（研修受講者数） 女性役員比率 両立支援施策 エンゲージメント指数	公的資格保有者数 部長、役員の社内昇格率
求職者（就活中の学生）	しょくばらぼ 自社サイト	全企業	雇用や働き方に関する情報を中心に、職場環境や基礎的な労働条件を示す。	直近3年度の入社、退職者数 男女の採用者数 中途採用比率 平均所定外労働時間 年休取得率	男女の競争倍率 中途採用のコスト 長時間残業者数
経営層	人的資本に関する報告書（社内資料）	人事部門	人的資本の状況や目標値、施策の進捗度等について、利害関係者に的確に説明できるように情報を整理する。	上記項目全般 （人的資本の状況や目標値や施策の進捗度等）	

2 開示情報、モニタリング情報の設定

基本的な考え方を整理した後に、人的資本に関する開示情報と、開示情報の改善のため、または日常的な人材マネジメントに活用するためのモニタリング情報を設定します。これについては、まず、「法令により公表が義務付けられている情報」を抽出します。具体的には、次のような情報が挙げられます。

・有価証券報告書への記載項目である、正社員の平均年齢、勤続年数、平均年間賃金

・女性管理職比率、男性の育児休業取得率、男女の賃金差異、中途採用比率（一定の規模を超える企業に義務付け）

これらの情報に加えて、「投資家や求職者の関心が高そうな情報（投資の呼び込みや採用力強化に効果がありそうな情報）」を開示情報とします。具体的には、次のような情報が挙げられます。

・従業員の育成に関する情報（例：教育コスト、研修受講時間等）

・働き方に関する情報（例：所定外労働時間数、年休取得率等）

・従業員の定着、モチベーションに関する情報
（例：過去３年間の退職率の推移、エンゲージメント指数等）

開示するべき情報を設定したら、それぞれの情報と関係性が強く、社内で定期的にチェックするべき「モニタリング情報」を設定します。例えば、「女性管理職比率」と「男女の賃金差異」を開示情報とする場合、モニタリング情報は、次のように設定します。

〈例 1〉「管理職登用・女性割合」

女性管理職比率を改善していくためには、まず「管理職登用に

占める女性の割合を意識的に高めていくことが必要

→「管理職登用・女性割合」をモニタリング情報として、管理職への新規登用を行うときにチェック

〈例 2〉「女性の平均勤続年数」「ハラスメント件数」

男女の賃金差異を是正する（女性の賃金水準を引き上げる）ためには、女性従業員の勤続年数を長くすることが必要

→女性が働きやすい（出産育児を経験した女性が復職しやすい）環境等を整えることとし、その進捗度のモニタリング情報として「女性の平均勤続年数」をチェック

→ハラスメント被害による退職を防止するため、「ハラスメント件数」をモニタリング情報に挙げて、毎年チェック

先行企業においては、下図のように、開示情報を改善していく流れを見える化して、モニタリング情報の選定を行っています。

▷見える化による開示情報とモニタリング情報の設定【図表５－２】

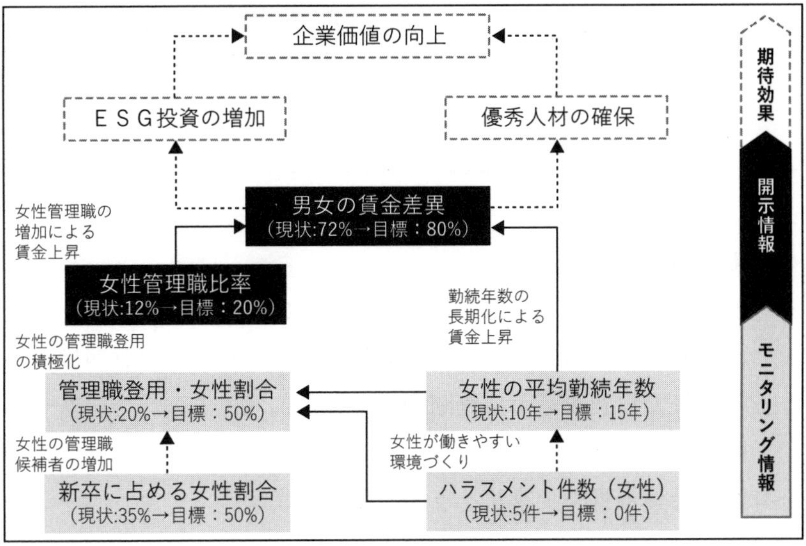

3　人的資本の資料作り・報告の年間スケジュール

前述したとおり、企業としての説明責任を果たすために、人事関係者は「人的資本に関する報告書」（社内資料）を作成して投資家等からの質問に対応できるようにしておくと同時に、経営層に定期的に人的資本の状況報告を行うことが必要です。

先行事例の企業では、年２回（5月中旬と10月中旬）、人事部門から経営層に対して「人的資本に関する報告書」を提出して、役員会の席上で状況報告を行うルールが決められています。年２回の報告の位置付けは、次のとおりです。

▷**人的資本に関する報告の年間スケジュール**　【図表５－３】

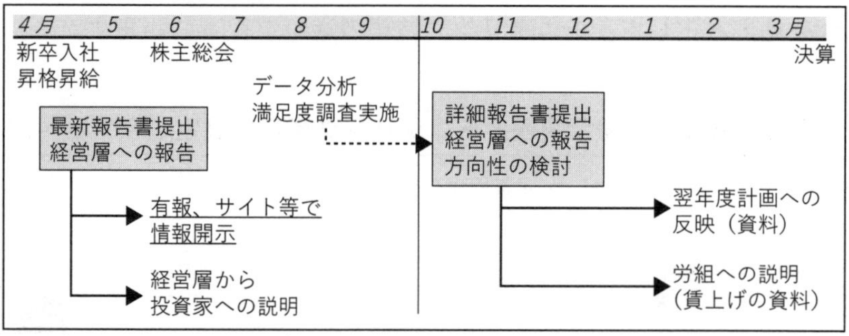

◆最新報告（5月報告）

前年度のデータを集計して「人的資本に関する報告書」を作成し、経営層に提出した上で、状況報告を行います。経営層は、株主総会等で投資家等から質問が出たときには、この報告に基づいて回答・説明を行います。また、ここで集計・整理された情報を有価証券報告書や企業サイト等で開示します。

◆詳細報告（10月報告）

前年度決算、6月の賃金、7月の満足度調査のデータを集計して、人的資本の詳細報告書を作成して、経営層に提出します。この報告書の内容に基づいて、経営層と人事部門で開示情報や目標値等の見直し、今後の人事施策の検討を行います。また、この報告書は、翌年度の事業計画（人員計画を含む）や賃上げ検討の基礎資料としても活用されます。

この事例では、3月末の決算に合わせて人的資本の最新情報を集計したり、毎年7月～9月の人事部門の業務が落ち着いている時期に人的資本のデータ分析を行ったりするなど、他の業務との関連性にも注意を払って、年間スケジュールを設定しています。

この事例を参考に、それぞれの企業で、人的資本に関する経営層への報告と資料作りの年間スケジュールを決めてみてください。

4 「人的資本に関する報告書」（社内資料）の事例

従業員100名規模の中小企業（製造業）において、人事部門から経営層に提出する資料として作成した「人的資本に関する報告書」の事例を紹介します。この資料の原本は、2022年度に作成されたものですが、コロナ禍が収束した2024年度を想定した架空の数字に置き換えています。

パワーポイントを使ったA4判横書きのスライド形式で、目次を含む15枚の構成となっています。この資料を参考にして、それぞれの企業で「人的資本に関する報告書」の内容と書式等を検討してみてください。

目 次

1－(1)　人員構成 ～雇用形態別労務構成～
1－(2)　人員構成 ～入社・退職の状況～
1－(3)　人員構成 ～年齢階級別人員構成～
2－(1)　賃金 ～所定内賃金の水準～
2－(2)　賃金 ～年間賃金の水準～
2－(3)　賃金 ～等級間の賃金格差～
3－(1)　労働時間 ～所定労働時間・休日、働き方～
3－(2)　労働時間 ～所定外労働時間～
4－(1)　人材育成 ～1人当たり研修時間・費用～
4－(2)　人材育成 ～公的資格保有数～
5－(1)　ダイバーシティ ～女性活躍の取組み～
5－(2)　ダイバーシティ ～高齢者などの活用～
6　エンゲージメント／ウェルビーイング
7　業績、人件費

1 －(1)　人員構成 ～雇用形態別労務構成～

2024 年度末時点の従業員数は 137 名、うち正社員は 100 名（正社員比率 73.0%）である。
従業員数は、コロナ禍に見舞われた 2021、2022 年度には減少したが、2023 年度から増加に転じている。この 5 年間、正社員および嘱託（定年再雇用者）は増加、パートタイム労働者と技能契約社員は減少傾向にある。今後も、パートや契約社員などの採用が困難な状況が続くこと見込まれるため、人材確保は、正社員を中心に行っていく計画である。

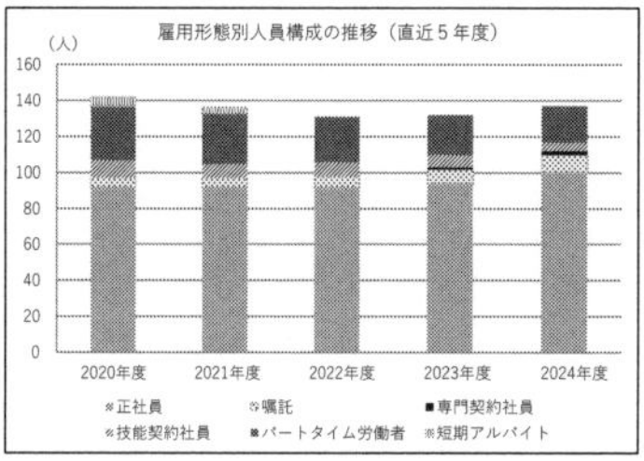

（単位：人）

		2020 年度	2021 年度	2022 年度	2023 年度	2024 年度
正社員		92	92	92	94	100
非正規社員		50	44	39	38	37
	嘱託	5	5	6	8	10
	専門契約社員	0	0	0	1	2
	技能契約社員	10	8	8	7	5
	パートタイム労働者	30	28	25	22	20
	短期アルバイト	5	3	0	0	0
従業員合計		142	136	131	132	137
指標	正社員比率	64.8%	67.6%	70.2%	71.2%	73.0%
	正社員増加率	3.3%	0.0%	0.0%	2.2%	6.4%
	従業員増加率	3.0%	-4.2%	-3.7%	0.8%	3.8%

1 －(2)　人員構成 ～入社・退職の状況～

2024 年度の正社員の入社者数は、25 名（うち高卒新卒 5 名、大卒新卒 10 名、中途入社 10 名）、退職者数は 16 名（うち自己都合退職 15 名、定年退職 1 名）であった。
正社員の入社者数、退職者数は、コロナ禍が収束した 2023 年度からともに増加している。
2024 年度の正社員退職率は 16.0%と大幅に上昇しており、特に入社 3 年以内退職率が 4 年度連続で 30%以上となっている。新卒を中心とした入社者の定着率向上が課題である。

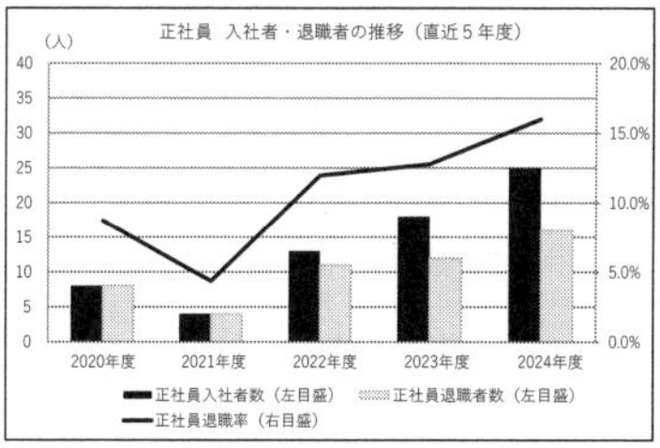

（単位：人）

			2020 年度	2021 年度	2022 年度	2023 年度	2024 年度
正社員			92	92	92	94	100
	入社		8	4	13	18	25
		新卒入社	5	3	10	12	15
		中途入社	3	1	3	6	10
	退職		8	4	11	12	16
		自己都合退職	8	3	9	10	15
		定年退職	0	1	2	2	1
		会社都合退職	0	0	0	0	0
	増減		0	0	2	6	9
非正規社員			50	44	39	38	37
	入社		5	0	2	5	5
	退職		11	5	3	6	7
		期間満了	0	0	0	1	2
		その他	11	5	3	5	5
	増減		-6	-5	-1	-1	-2
従業員合計			142	136	131	132	137
指標	正社員退職率		8.7%	4.3%	12.0%	12.8%	16.0%
	正社員入社 3 年以内退職率		20.0%	33.3%	30.0%	33.3%	33.3%
	非正規社員退職率		22.0%	11.4%	7.7%	15.8%	18.9%

1 －(3)　人員構成 ～年齢階級別人員構成～

正社員 100 人の平均年齢は 38.5 歳（男性 40.2 歳、女性 31.1 歳）、平均勤続年数は 16.9 年（男性 18.3 年、女性 10.9 年）である。
左下のピラミッド図からわかるとおり、当社は「35～39 歳」「40～44 歳」の従業員数が他の年齢階層と比べると少ないことから、現状において課長クラスの人材不足が生じている。
今後、34 歳以下の中堅社員のマネジメントスキルやリーダーシップの向上に力を注ぎ、優秀人材については、30 歳代前半から管理職に登用していくことが必要である。

〈年齢階級別人員構成〉

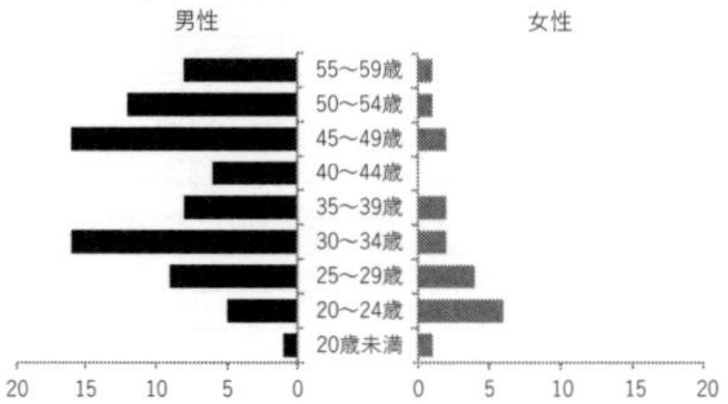

（単位：人）

年齢階級	男性		女性		合計	
	人数	構成割合	人数	構成割合	人数	構成割合
55～59 歳	8	9.9%	1	5.3%	9	9.0%
50～54 歳	12	14.8%	1	5.3%	13	13.0%
45～49 歳	16	19.8%	2	10.5%	18	18.0%
40～44 歳	6	7.4%		0.0%	6	6.0%
35～39 歳	8	9.9%	2	10.5%	10	10.0%
30～34 歳	16	19.8%	2	10.5%	18	18.0%
25～29 歳	9	11.1%	4	21.1%	13	13.0%
20～24 歳	5	6.2%	6	31.6%	11	11.0%
20 歳未満	1	1.2%	1	5.3%	2	2.0%
総計	81	100.0%	19	100.0%	100	100.0%
平均年齢	40.2 歳		31.1 歳		38.5 歳	
平均勤続年数	18.3 年		10.9 年		16.9 年	

2 － (1)　賃金 ～所定内賃金の水準～

所定内賃金には、次のような傾向がある。

① 男女ともに 35 歳未満の一般社員の所定内賃金は、世間水準と同等か若干下回る水準。

② 男性の 35 歳以上・一般社員の所定内賃金は、世間水準とほぼ同等。
女性の 35 歳以上・一般社員の所定内賃金は、世間水準を上回る。

③ 男女ともに管理職の所定内賃金は、同年齢の世間水準を大きく上回る。

35 歳未満の一般社員については、退職防止や採用強化のためにも、所定内賃金を世間水準並みに引き上げていくことが必要である。

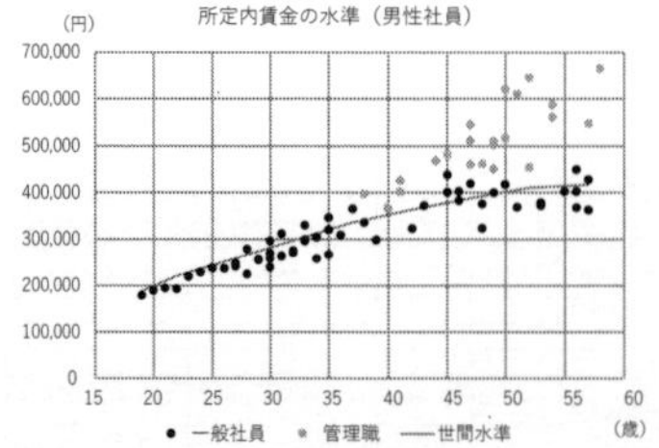

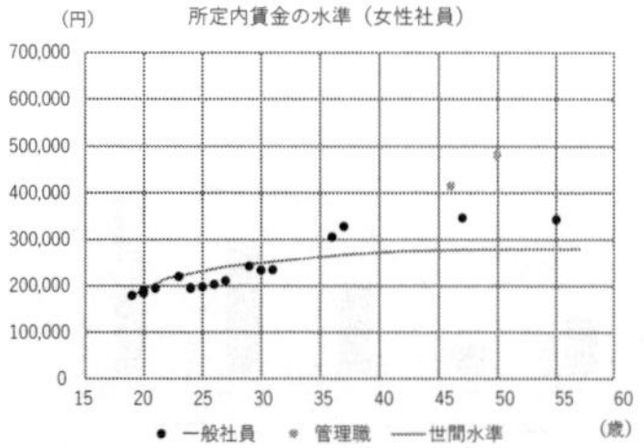

資料出所：厚生労働省「令和４年　賃金構造基本統計調査」
産業計、学歴計、労働者数10名以上のデータ

2 −(2)　賃金 〜年間賃金の水準〜

年間賃金（時間外手当、賞与を含む）の分布は下図のとおり。
前ページの所定内賃金の傾向とほぼ同じだが、2024年度の賞与支給月数が多かったことから、当社の年間賃金が引き上げられ、男性は30歳未満の一般社員、女性は全体的に世間水準を上回るようになっている。
時間外手当を含む年間賃金ベースで見ても、初任管理職と一般社員との明確な差が見られない。「管理職になりたい」という人材を増やすためにも、2025年度に、初任管理職の賃金水準の引上げ（具体的には、課長の役職手当の引上げ）を実施することを予定している。

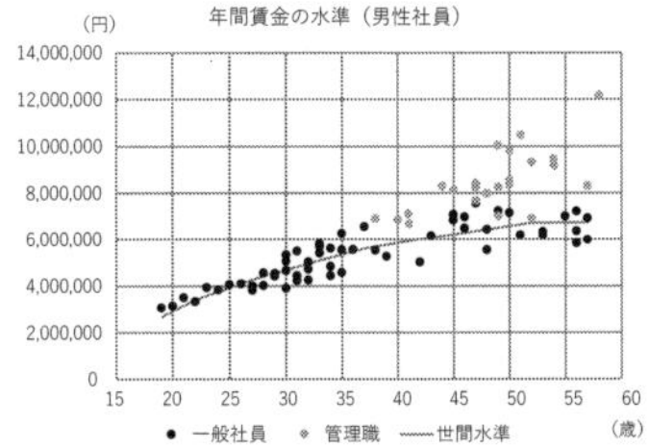

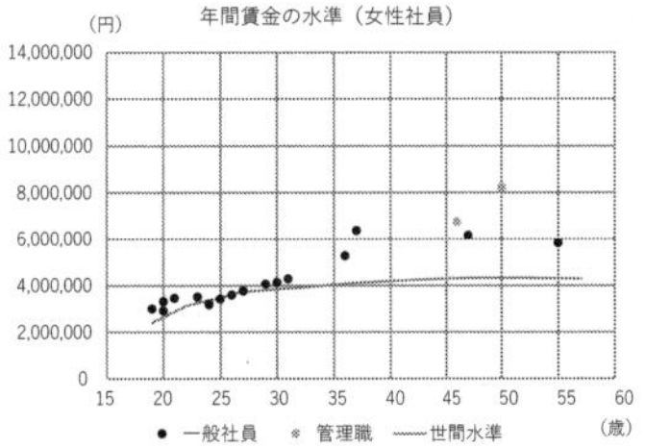

資料出所：厚生労働省「令和４年　賃金構造基本統計調査」
産業計、学歴計、労働者数10名以上のデータ

2 −(3)　賃金 〜等級間の賃金格差〜

月例賃金（所定内賃金と時間外手当の合計額）について、等級ごとに分布および平均額を見ると、下図のとおりとなる。
左下図を見ると、時間外手当を含む月例賃金の分布範囲は、6等級と7等級で重なっており、6等級の時間外手当の支給額が多い人は、7等級（課長クラス）の賃金を上回っている。
月例賃金の平均額で見ても、6等級と7等級との間には約12,000円の差しかついていない。
現在、「管理職に登用されて年収が下がった」との不満を持つ人が多いことから、早急に7等級の賃金の引上げ（課長の役割手当の引上げ）を実施することが必要である。

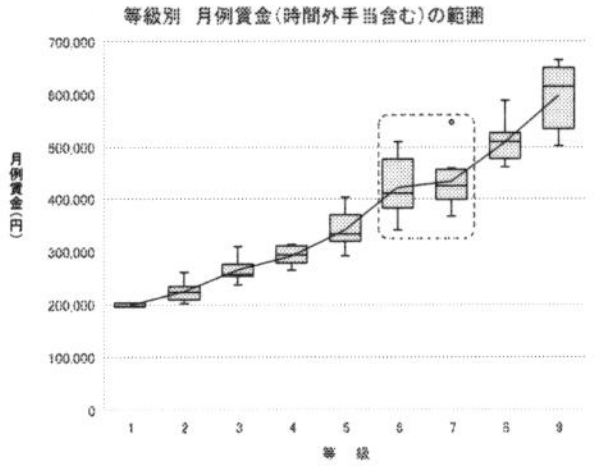

（単位：円）

等級	人数（人）	所定内賃金	時間外手当	月例賃金	
		平均	平均	平均	標準偏差
1	3	179,667	18,900	198,567	3,156
2	11	200,773	23,582	224,355	17,562
3	10	233,600	31,930	265,530	19,296
4	11	257,227	34,545	291,773	16,307
5	11	299,273	42,536	341,809	30,663
6	29	369,379	53,555	422,934	50,203
7	9	435,111	0	435,111	48,889
8	10	509,100	0	509,100	38,051
9	6	597,667	0	597,667	56,726
総計	100	345,100	30,364	375,464	112,978

3 −（1）　労働時間 ～所定労働時間・休日、働き方～

所定労働時間は、1 日 7 時間 30 分、1 週 37 時間 30 分で、世間水準よりも短い。また、年間所定休日数は 125 日で、世間水準を上回っている。
なお、所定労働時間、所定休日ともに、直近 10 年で変更していない。
フレックスタイム制は、営業部と技術部の全社員に適用、コロナ禍を機に導入したテレワークは現在も 38 名（管理職を含む）に制限付きで利用を認めている。
現時点で、労働時間や休日に対する従業員満足度は高く、当面は、現行制度を継続する。

〈所定労働時間・所定休日〉

	自社	世間水準
所定労働時間（日）	7時間３０分	7時間４８分
所定労働時間（週）	３７時間３０分	３９時間２８分
年間休日数	１２５日	１０７日

資料出所：厚生労働省「令和４年　就労条件総合調査」

〈柔軟な働き方の導入状況〉

（単位：人）

	管理職		一般社員				
	対象者	テレワーク可	対象者	フレックスタイム		テレワーク可	
	人数	人数	人数	人数	適用率	人数	適用率
総務部	2	0	8	0	0%	3	38%
営業部	5	5	15	15	100%	8	53%
技術部	10	10	20	20	100%	12	60%
製造部	8	0	32	0	0%	0	0%
総計	25	15	75	35	47%	23	31%

3 −（2）　労働時間 ～所定外労働時間～

2024 年度の所定外労働時間（1 か月平均）は、男性は 30.0 時間、女性が 10.0 時間であった。
コロナ禍収束に伴い、技術部、製造部で時間外労働が急増している。
月 60 時間超えの時間外労働を行った社員は、技術部 8 名、営業部 2 名で、延べ回数（月数）は 32 回であった。また、月 80 時間超えの時間外労働を行った社員は、技術部 3 名で、延べ回数（月数）は 12 回であった。今後、これらの社員については、業務分担の見直しなどを行い、長時間労働の回数を減らしていく。

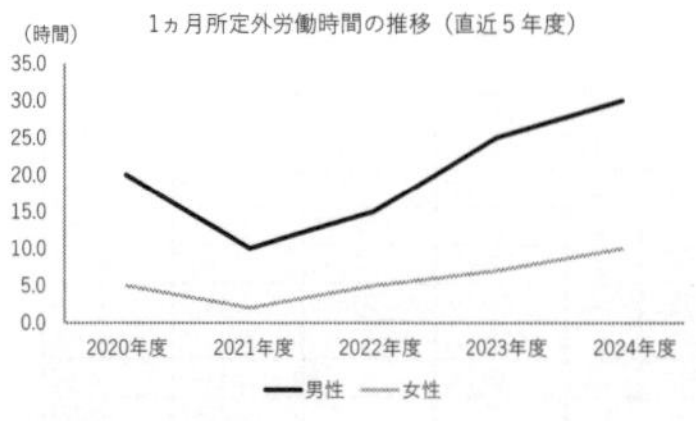

（単位：時間）

		2020 年度	2021 年度	2022 年度	2023 年度	2024 年度
一般社員		16.6	8.2	12.7	21.6	25.5
	男性	20.0	10.0	15.0	25.0	30.0
	女性	5.0	2.0	5.0	10.0	10.0

〈長時間労働の延べ回数〉

月 60 時間超え回数	0	0	5	12	32
月 80 時間超え回数	0	0	2	6	12

長時間労働防止の目標値（2025 年度）
月 60 時間超え回数：32 回→ 20 回以下
月 80 時間超え回数：12 回→ 0 回

4 －(1)　人材育成 ～1人当たり研修時間・費用～

2024年度の従業員1人当たり年間研修時間は、31.2時間、OFF-JT延べ時間は4,277.5時間であった。従業員1人当たり年間研修費用は、34,700円（年間総費用476万円）で、これは世間水準を大幅に上回っている。
研修時間、費用は、コロナ禍収束後の2022、2023年度に落ち込んだ（自宅でオンライン研修を受講する機会が減った）ものの、2024年度は大幅に増加し、コロナ禍前の時間・費用を超えた。2025年度以降も、人材への投資を活発化していく計画を策定している。

〈1人当たり研修時間・費用の推移〉

		2020年度	2021年度	2022年度	2023年度	2024年度	世間水準
従業員1人当たり研修時間（時間）		28.7	30.3	26.9	28.7	31.2	—
	正社員（時間）	37.5	40.0	35.0	37.5	40.0	—
	非正規社員（時間）	5.0	4.0	5.0	5.0	7.5	—
従業員1人当たり研修費用（千円）		30.5	32.0	26.9	30.8	34.7	15.0
	正社員（千円）	40.0	42.0	35.0	40.0	45.0	—
	非正規社員（千円）	5.0	5.0	5.0	6.0	7.0	—

資料出所：厚生労働省「令和３年度　能力開発基本調査」
世間水準の研修費用は「OFF-JT」と「自己啓発」に支出した費用の合計値。

〈2025年度の人材投資目標〉

	2024年度実績		2025年度目標
OFF-JT延べ時間数	４２７７．５時間	➡	４５００時間
OFF-JT受講者割合	８０．３％	➡	９０．０％
1人当たり研修費用	３４，７００円／年	➡	３６，０００円／年

OFF-JT延べ時間数＝（研修時間×受講者数）
なお、研修時間は、社内の集合研修、社外の研修、セミナー、オンライン研修の受講時間

4 －(2)　人材育成 ～公的資格保有数～

会社が認定する公的資格保有数は、延べ78で、前年度より6増加した。語学検定を除く資格保有率（＝資格保有数÷正社員数×100（%））は52%であった。

資格名		2024年度	前年度	増減
税理士		1	0	1
社会保険労務士		2	1	1
キャリアコンサルタント		2	1	1
中小企業診断士		0	1	-1
ITパスポート		1	1	0
衛生管理者		10	10	0
フォークリフト運転技能者		2	2	0
危険物取扱者		5	6	-1
技能士	電子回路接続	5	5	0
	電子機器組立て	5	4	1
	シーケンス制御	1	0	1
	電気機器組立て	8	6	2
国家資格・検定　小計		42	37	5

（単位：人）

資格名		2024年度	前年度	増減
ビジネスキャリア検定	人事・人材開発・労務管理	1	0	1
	経理・財務管理	1	1	0
	営業・マーケティング	1	2	-1
	生産管理	3	2	1
	企業法務・総務	0	0	0
	ロジスティクス	0	0	0
MOS	スペシャリスト	2	2	0
	エキスパート	0	0	0
日商簿記	1級	0	0	0
	2級、3級	2	2	0
実用英語検定（3級以上）		25	25	0
中国語検定（4級以上）		1	1	0
民間資格・検定　小計		36	35	1
資格・検定保有数　総計		78	72	6

管理・事務系　資格取得比率

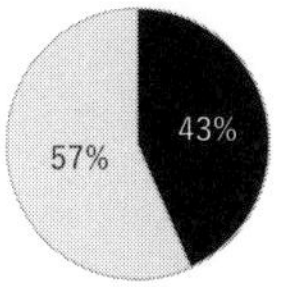

技能系　資格取得比率

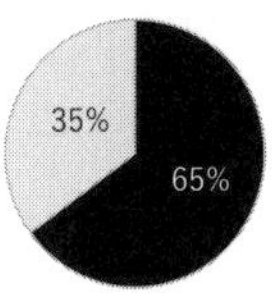

資格保有率の目標（語学認定を除く）
2027年までに100%

5－(1)　ダイバーシティ ～女性活躍の取組み～

当社は、女性活躍に対する取組みが世間に比べると遅れていることから、今後は、女性の採用および管理職登用を積極的に進めていくことが必要である。
今後3年間で、女性社員数を約10名増員して、女性社員比率を19.0%から25.0%に、女性管理職数を3名増員して、女性管理職比率を8.0%から14.8%に引き上げていく。
これにより、男女の賃金差異（正社員）は、現状の71.8%から75.0%に縮小する見通しである。
併せて、男性社員への制度説明を徹底し、育児休業取得率を高めていく。

	2024年度実績		2027年度目標
女性社員比率	１９．０％	➡	２５．０％
女性管理職比率	８．０％	➡	１４．８％
男女の賃金差異	７１．８％	➡	７５．０％
男性育児休業取得率	２．５％	➡	６．２％

5－(2)　ダイバーシティ ～高齢者などの活用～

当社は、これまで労働力不足に対応するために、60歳以上の高齢者および外国人雇用などに取り組んできた。今後は、これらの人材のさらなる活用の観点から、高齢者、障害者および外国人の雇用を積極的に行っていくこととする。
これに伴い、高齢者等が働きやすいように職場環境の整備を行い、また作業の割振りの見直しを行っていくこととする。
当社は、今後5年間、毎年2名以上の定年退職者が出ることが見込まれており、60歳以上の従業員の比率は、現在の7.3%から5年後には13.6%に上昇すると試算される。従業員の高齢化に備えて、今年度より様々な高齢者雇用施策を実施していく。

	2024年度実績		2027年度目標
６０歳以上従業員比率	７．３％	➡	９．９％
障害者雇用率	２．５％	➡	３．０％
外国人従業員比率	３．０％	➡	６．０％

6　エンゲージメント／ウェルビーイング

今後は、従業員のエンゲージメントの向上、ウェルビーイングの改善にも力を入れる。

① エンゲージメントについては、従業員満足度が相対的に低い「技術部門の仕事満足」および「製造部門の給与満足」の改善に取り組むことにより、その向上を目指す。

② ウェルビーイングについては、「管理監督者へのハラスメント研修の実施」および「パルスサーベイに基づく対策の実施」を通じて、快適な職場作りと従業員の心身の健康増進を図り、その改善を目指す。

	2024年度実績		2025年度目標
エンゲージメント指数	3．00	➡	3．50
ハラスメント相談件数	5件	➡	2件以下
メンタル休業者数	3人	➡	0人

7　業績、人件費

コロナ禍収束に伴い、2023年度から売上高は増加に転じ、2024年度は48億円に達したが、原材料費および人件費の高騰により、営業利益は額、率ともに大幅に落ち込んでいる。
今後も人件費の増加が見込まれることから、外注費などのコスト削減を徹底して行うことが必要である。

（単位：百万円）

				2020年度	2021年度	2022年度	2023年度	2024年度
業績	売上高			4,480	4,320	4,160	4,640	4,800
	原材料費、仕入れ			1,800	1,750	1,670	1,900	2,000
	外注費、ほか支出			1,200	1,100	1,000	1,200	1,200
	粗利益（付加価値）			1,480	1,470	1,490	1,540	1,600
	人件費			769	770	773	823	907
		正社員人件費	単価	7.00	7.14	7.28	7.65	8.03
			人員（人）	92	92	92	94	100
			人件費	644	657	670	719	803
		非正規社員人件費	単価	2.50	2.58	2.65	2.73	2.81
			人員（人）	50	44	39	38	37
			人件費	125	113	103	104	104
	その他コスト			600	595	620	625	620
	営業利益			111	105	97	92	73

経営指標	売上高対前年増減率		−3.6%	−3.7%	11.5%	3.4%
	人件費対前年増減率		0.2%	0.4%	6.4%	10.3%
	営業利益対前年増減率		−5.6%	−7.9%	−4.3%	−21.0%
	売上高営業利益率	2.5%	2.4%	2.3%	2.0%	1.5%
	労働分配率（人件費／粗利益）	52.0%	52.4%	51.9%	53.4%	56.7%
	労働生産性（粗利益／従業員数）	10.4	10.8	11.4	11.7	11.7

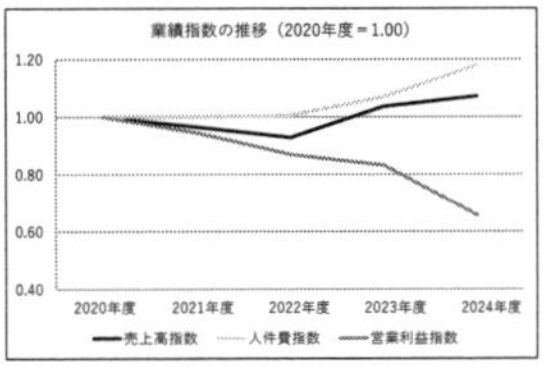

5 人的資本に関する資料作りを進めるにあたって

人的資本に関する資料作りを進める上では、次の点に注意してください。

資料には「客観的な事実」のみを記載すること

人的資本の情報やデータについては、見る人によって捉え方が異なります。ここで、資料作りを行う人が注意しなければならないことは、「世の中には、自分の捉え方と異なる見解が書いてある資料を見たがらない人もいる」ということです。したがって、人事部門から経営層に提出する資料は、客観的な事実だけを記載し、その「良し悪し」には触れないようにします。誰もが受け入れられる資料にすれば、関係者からの協力を得やすくなります。

定期的に資料を提出し、状況報告を行う流れを作ること

人的資本に関する資料作りを始めると、それを行う人は、「もっと情報量が多く、見栄えの良い資料にしたい」という意識が強くなります。しかし、完璧な資料を作ろうという気持ちが強すぎると、経営層への報告のタイミングが遅れてしまったり、資料のページ数が多くなって「言いたいこと」が伝わりにくくなってしまったりします。

当面は、人事部門から経営層に定期的に人的資本に関する資料を提出し、状況報告を行う流れを作るように心がけましょう。

とにかく資料作りを始めてみること

そして、人的資本の資料作りにおいて、何よりも重要なことは、まずは「始めること」です。

人的資本の情報開示およびそれに関する資料作りは、これから本格化します。最初のうちは「情報が収集できない」「言いたいことが十分に伝わらない」等の問題が生じて当然です。ですから、人的資本に関する資料作りを行う人は、社内外関係者への資料提出や状況説明を通じて「誰が、どのような情報を必要としているのか」「どのように説明すれば相手に伝わるのか」等をあらためて考え、「見える化」の方法等を改善しながら、より良い資料にしていきましょう。

今後、データサイエンスの浸透やAI導入等が進めば、人的資本に関する分析や情報開示の在り方は、大きく変わるはずです。人事関係者は、このような最新技術も取り入れながら、人的資本の分析等に取り組んでいかなければなりません。このような取組みを進める上でも、できるだけ早い時期に、人的資本に関する資料作りを「始めること」が重要になります。

本書を参考にして、それぞれの企業で、人的資本に関する資料作りを始めてみてください。

おわりに

私は、これまで10年以上にわたり、人的資本に関するデータ分析のコンサルティングやセミナーを行ってきました。本書で取り上げたデータ分析や資料作りの事例は、過去のコンサルティングの中で実践されたもの、あるいはセミナー受講者が実際に行ってみたものばかりです。つまり「実際にできること」が証明されている事例なので、読者の皆さんは、是非、本書で紹介した「人的資本の資料作り」を行ってみてください。

今後、人的資本の情報開示が進めば、見栄えの良い統合報告書やデータを使った的確な説明等の事例がたくさん出てくるでしょう。読者の皆さんには、これらの最新事例も参考にしながら、自社の人的資本に関する戦略策定や資料作り・説明を行っていただきたいと思います。

最後になりますが、社内資料を本書の事例として取り上げることをご承諾いただいたクライアントやセミナー受講者の皆さま、本書の執筆にご協力いただいた富田純子様、宮城宏美様、そして、本書を刊行する機会を与えてくださった株式会社日本法令の皆さまに、厚く御礼を申し上げたいと思います。

2023年10月

深瀬　勝範

参考文献

Human Capital: A Theoretical and Empirical Analysis, with Special Reference to Education（Gary S. Becker／University of Chicago Press／2009年5月）

Human Capital Management Standards: A Complete Guide（Wilson Wong, Valerie Anderson, Heather Bond／Kogan Page／2019年7月）

ISO 30414:2018　Human resource management — Guidelines for internal and external human capital reporting（2018年12月）

GRI Standards（https://www.globalreporting.org/）

コーポレートガバナンス・コード（株式会社東京証券取引所／2021年6月）

持続的な企業価値の向上と人的資本に関する研究会報告書 ～人材版伊藤レポート～（経済産業省／2020年9月）

人的資本経営の実現に向けた検討会　報告書　～人材版伊藤レポート2.0～（経済産業省／2022年5月）

新しい資本主義のグランドデザイン及び実行計画　～人・技術・スタートアップへの投資の実現～（内閣官房／2022年6月）

人的資本可視化指針（非財務情報可視化研究会／2022年8月）

企業評価と戦略経営 新版 ～キャッシュフロー経営への転換（トム コープランド、(訳) 伊藤 邦雄／日本経済新聞出版／1999年6月）

ビジネス・ゼミナール会社の読み方（松田修一／日本経済新聞出版／2006年12月）

ゼミナール現代会計入門 第9版（伊藤邦雄／日本経済新聞出版／2012年3月）

企業価値経営（伊藤邦雄／日本経済新聞出版／2021年4月）

人的資本可視化ハンドブック
Excelでできるデータ集計・分析・資料作成　　令和5年10月1日　初版発行

検印省略

日本法令®

〒101-0032
東京都千代田区岩本町1丁目2番19号
https://www.horei.co.jp/

著　者　深　瀬　勝　範
発行者　青　木　鉱　太
編集者　岩　倉　春　光
印刷所　日　本　ハ　イ　コ　ム
製本所　国　宝　社

（営　業）　TEL　03-6858-6967　　Eメール　syuppan@horei.co.jp
（通　販）　TEL　03-6858-6966　　Eメール　book.order@horei.co.jp
（編　集）　FAX　03-6858-6957　　Eメール　tankoubon@horei.co.jp

（オンラインショップ）　https://www.horei.co.jp/iec/
（お 詫 び と 訂 正）　https://www.horei.co.jp/book/owabi.shtml
（書籍の追加情報）　https://www.horei.co.jp/book/osirasebook.shtml

※万一、本書の内容に誤記等が判明した場合には、上記「お詫びと訂正」に最新情報を掲載しております。ホームページに掲載されていない内容につきましては、FAXまたはEメールで編集までお問合せください。

ISBN 978-4-539-73001-0